刘上洋 主编

中外
创业传奇100例

ZHONGWAI CHUANGYE CHUANQI 100 LI

百花洲文艺出版社

■ 从零开始

■ 失败了再来

■ 在网络江湖当英雄

■ 用风险投资演绎财富神话

从零开始
CONG LING KAISHI

"从零开始"需要非凡的梦想。同样大的一块铁，铸成马蹄铁只值10元钱，制成手表的发条，就值30万元。梦想是一种具有想象力的思考，创业者的事业可以说就是寻梦的历程。一个个充满想象力的梦就是行动的先导。随着事业的发展，梦也越来越多，一切皆从梦想开始。敢于梦想是飞翔必不可少的一根羽毛。把一个个美梦变为现实，是创业者的宿命。

　　"从零开始"需要非凡的勇气。成功只偏爱于那些勇于从零开始、迈出第一步的人。因为他们的勇于尝试，勇于挑战，自信而执着地迈向自己确立的人生最高目标，他们成为了成功的宠儿。

　　"从零开始"需要发掘自己独到的才智。一个人只要勇敢地开拓，就会发现自己到底能干什么。因为惯性或惰性将自己束缚在一条固定的生活轨道，从而失掉能够使自己的长处得到最大限度发挥的应当属于自己的天地，在创业者看来，这无疑是人生的莫大遗憾。

　　许多成功的企业家都是从零开始的。他们刚起步的时候什么都没有，有的只是一个美丽的梦、一双坚强的手和一个聪明的大脑，凭着这些最终成就了自己的事业，实现自己的理想。在今天这个时代，白手起家已经不是神话，也不需要半辈子的努力。在成熟的资本市场中，只要你的创意能带来商业机会，你就有可能获得创业所需要的种种帮助，就能创造没钱也能做成大生意的奇迹！

　　成功的创业者大都具备从零开始的心态，能够抛下包袱，轻装上阵。零是每个阶段的起点，有了这个新的起点，才证明你从前的一切有了质的飞跃，上升到一个新的层次，新的高度。

石油大王约翰·洛克菲勒

——来自贫民窟的第一个亿万富翁

历史上最富有的美国人究竟是谁？根据世界著名财经杂志福布斯最新测算，不是已连续15年被《福布斯》评为美国首富的比尔·盖茨，而是创立了标准石油公司的石油大王约翰·洛克菲勒。如果将约翰·洛克菲勒当年赚到的财富，换算成今天的金钱，他的个人资产将达到2000亿美元，足足是盖茨的数倍。

谈到自己赚钱的本领，洛克菲勒有一句名言："如果把我剥得一文不名丢在沙漠当中，只要一行驼队经过——我就可以重建整个王朝！"

"捡"来十万美元发家

1839年7月8日，洛克菲勒出生于纽约州里奇福德镇，父亲是一个无牌游医，长年在外以药贩身份流浪，导致家庭生活艰难。母亲伊莱扎肩负起养家糊口的繁重任务，独自抚养五个子女。穷人的孩子早当家，洛克菲勒作为长子，从小就学会赚钱养家。和很多出生在贫民窟的孩子一样，洛克菲勒争强好胜，也喜欢逃学。但与众不同的是，洛克菲勒从小就有一种发现财富的非凡眼光。在学校时，他把一辆从街上捡来的玩具车修好，让同学们玩，然后向每人收取0.5美分。在一个星期之内，他竟然赚回一辆新的玩具车。1855年，由于父亲长年在外，家庭经济困难，洛克菲勒高中未毕业便辍学了。随后，他做过复式簿记员，卖过电池、小五金、柠檬水，每一样都经营得得心应手。与贫民窟的同龄人相比，他已经可以算是出人头地了。

洛克菲勒真正赚取的第一桶金，是捡到一批丝绸。那批丝绸来自日本，数量足有1吨之多，因为在轮船运输当中遭遇风暴，这些丝绸被染料浸染了。如何处理这些被浸染的丝绸，成了日本人非常头痛的事情。港口有一个地下酒吧，洛克菲勒经常到那里喝酒。那天，洛克菲勒喝醉了。当他步履蹒跚地走过几位日本海员身边时，海员们正在与酒吧的服务员说那些令人讨厌的丝绸。说者无心，听者有意，他感到机会来了。第二天，洛克菲勒来到轮船上，用手指着停在港口的一辆卡车对船长说："我可以帮你们把这些没用的丝绸处理掉。"结果，他没花任何代价便拥有了这些被染料浸过的丝绸。然后，他用这些丝绸制成迷彩服装、迷彩领带和迷彩帽子。几乎在一夜之间，他拥有了10万美元的财富。洛克菲勒从一名小商贩一跃成为大商人。

机遇是策划出来的

捡到大批丝绸发家，许多人认为洛克菲勒太有运气了。但洛克菲勒认为他不是靠天赐的运气活着，而是靠策划运气发达。

洛克菲勒生平所办第一家公司，是与克拉克合股在克利夫兰市创办的一家经营谷物和肉类的公司。有一次，洛克菲勒无意中听到英国即将发生饥荒。对其他人来说，远隔重洋的英国发生饥荒和自己没有什么关系，但对于洛克菲勒就不同。他敏锐地意识到这是商机，并自作主张大量收购食品，以致老板恼羞成怒。但不多久后的饥荒证实了洛克菲勒的眼光，让公司大赚一笔，老板这才偃旗息鼓。而经此一役，洛克菲勒也为当地商界所熟知。

择机而动投身石油业

洛克菲勒在克利夫兰市经营的谷物和肉类公司正办得红红火火时，这时候在美国宾夕法尼亚州已经发现了石油，当时成千上万的人像当初采金热潮一样涌向采油区。克利夫兰的商人们对这一新行当也怦然心动，他们推选年轻有为的经纪商洛克菲勒去宾州原油产地亲自调查一下，以便获得

直接而可靠的信息。

经过几日的长途跋涉，洛克菲勒来到产油地，透过表面的"繁荣"景象，他看到了盲目开采背后潜在的危机。冷静的洛克菲勒没有急于回去向克利夫兰的商界汇报调查结果，而是在产油地的美利坚饭店住了下来，进一步作实地考察。

经过一段时间考察，他回到了克利夫兰。他建议商人不要在原油生产上投资，因为那里的油井已有72座，日产1135桶，而石油需求有限，油市的行情必定下跌，这是盲目开采的必然结果。他告诫说，要想创一番事业，必须学会等待，耐心等待是制胜的前提。

果然，不出洛克菲勒所料，"打先锋的赚不到钱。"由于疯狂地钻油，导致油价一跌再跌，每桶原油从当初的20美元暴跌到只有10美分。那些钻油先锋一个个败下阵来。

3年后，原油一再暴跌之时，洛克菲勒却认为投资石油的时候到了，这大大出乎一般人的意料。他与克拉克共同投资4000美元，与一个在炼油厂工作的英国人安德鲁斯合伙开设了一家炼油厂，公司果然得到迅速发展。

先人一步开创垄断时代

就在洛克菲勒雄心勃勃打造石油王国时，他的合作者克拉克这时却举棋不定，不敢冒风险。两个人在石油业务的决策上发生了严重分歧，最后不得不分道扬镳。

他们两人都知道石油前景广阔，在拍卖公司产权时都不肯放弃他们自己在公司的股权，彼此喊价十分激烈。两人从500美元开始叫起，谁出价最高将购得股权。洛克菲勒已下定决心要投入石油生意，因此每次都毫不犹豫地喊出比克拉克更高的标价。

当时，才26岁的洛克菲勒取得了最终胜利。他后来在回忆这个具有决定性意义的时刻时说过："这是我平生所作的最大决定。"从此，他把公司改名为"洛克菲勒——安德鲁斯公司"，满怀希望地干起了他的石油事业。洛克菲勒的公司成了克利夫兰最大的一家炼油公司。

在成立标准石油公司之后，也是一个偶然的机会，洛克菲勒在一本公开发行的杂志上发现一篇文章，里面有这么一句话："小商人时代结束，大企业时代来临。"当时洛克菲勒正因为石油行业利润的无谓竞争、成本浪费和精力的大量消耗而头疼，这篇文章的出现犹如一道曙光。洛克菲勒开始规划自己的垄断事业。此后不到两年的时间，他就吞并了该地区20多家炼油厂，控制该州90％炼油业、全部主要输油管及宾夕法尼亚铁路的全部油车，随后又接管新泽西一铁路公司的终点设施。接着，为控制全国石油工业，他操纵纽约中央铁路公司和伊利公司同宾夕法尼亚公司开展铁路运费方面的竞争。结果，在8年内，美孚石油公司炼油能力从占全美4％猛增到95％。美孚公司几乎控制了美国全部工业和几条大铁路干线。洛克菲勒成功地造就了美国历史上一个独特的时代——垄断时代。

洛克菲勒把握了机遇，成就了世界第一个亿万富翁，也留给了我们一个神话。

（李晚成）

酒店王国的缔造者康拉德·希尔顿
——发掘自己独到的才华

　　美国的得克萨斯州，位于东太平洋海岸，那儿有一大片广阔的沙漠，印第安风情和沙漠风光让那儿充满神秘而诱人的故事。

　　20世纪初期，那儿的平静和安宁被打乱了，原因就是那儿发现了大块的油田。无数怀着淘金梦的探险者纷纷从美国东部来到那里，企图从那儿挖掘出属于自己的金矿。

　　一个刚刚参加完第一次世界大战，从残酷的战场回到美国的年轻人也来到这里，这个人的名字叫康拉德·希尔顿。乘坐了1000多公里火车，穿越整个北美大陆，希尔顿在一个叫锡斯科的小镇下了车。

　　他看见无数头戴宽边草帽、身穿牛仔裤、操着各地口音的年轻人几乎在同时到达这里，小镇被他们的发财梦搅得热气腾腾，也被来来去去的人流弄得拥挤不堪。

　　这里确实有机会吗？当然有。可是来这里找机会的人比机会更加多得多，所以许多人乘兴而来，败兴而归。

　　希尔顿属于晚到的人，留给他的机会并不多，甚至可以说是很少很少。他踟蹰在街头，希望能发现属于自己的机会。

　　有一家银行张贴告示准备出卖，开价是75000美元。希尔顿从小就有当一个银行家的梦想，他被这张告示所吸引，他走上前去和银行商谈。银行说老板正在外地，他们设法用电报和老板联系，让他过一会来等回电。可是，等他按照约定的时间回到这家银行的时候，银行告诉他：涨价了。老板的意思要80000美元才肯卖。

这样出尔反尔，让希尔顿心情不爽。他不愿和这样的人做交易，就转身离开了银行。

天色已晚，初到锡斯科的希尔顿只能暂时去找个安顿的地方，看看明天是否还有机会。街对面，是一家名叫"莫布利"的小旅店，那里是他眼界里唯一可以住宿的地方。

他把拿在手里的帽子戴到头上，大步朝街对面走去。

一进门，就发现里面比穿越北美大陆的火车厢还要拥挤。许多的人拼命朝柜台边挤去，为的是能够登记到一间客房。

当希尔顿好不容易挤到柜台边时，负责登记的服务员却"啪"地合上了登记簿，嘴里高喊着："客满了，客满了！"

见大家还挤在店堂里不肯离去，一个老板模样的人走来，不顾大家不断发出的怨言，往外面驱赶客人。大家骂骂咧咧地离开了这里，但希尔顿却磨蹭到最后，他希望看一看，最后能不能有机会。

老板铁青着脸对他说："说了没有床铺就没有床铺。你想要休息，过8个小时再来，我们这里每天24小时做三轮生意。"

旅店生意如此之好，这难道不是商机吗？希尔顿心里一动，便问道："这酒店是你开的？"

老板回答："是的，"但他脸色却不怎么高兴，"我被困在这里了。大家都把资金投到油田上，我却在这儿开旅馆，赚的钱比建油田差远了。"

"那你不如把旅店卖了，"希尔顿试探着说。

"好哇，要是有人肯买，只要50000美元，今晚就可以拥有这里的一切！"

希尔顿心中一阵狂喜。不过，他不露声色，通过与老板谈心，详细了解了旅店的经营状况，最后才故作同情地说："是啊，你们这儿人人都在发石油财，失去了这个机会多可惜。要不这样吧，你把这个旅店盘给我，我给你现金支付，你就可以解套了。"

老板以为遇到了救世主，对希尔顿的慷慨行为很是赞赏。最后，双方通过讨价还价，以40000美元办了交割手续，当天，莫布利旅店就改姓希尔顿了。

由一个想住店却来晚了的旅客，到摇身一变成为酒店的主人，这种身份的置换，将希尔顿的人生历程彻底改变了。

当一个银行家的梦被命运暗中改变，希尔顿最终成为旅馆业的巨头。当天晚上，希尔顿以一个旅店老板的姿态开始了他全新的人生道路。第二天，他便开始了对旅店的"改造"。他把餐厅用木板隔成许多小小的房间，每个房间里的客人都住得满满的。他又把大厅的柜台截去一半，腾出的一半设立成一个微型的内部商店，这样既给自己增加了利润，又为旅客提供了方便。短短几周之内，旅店的营业额和利润便直线上升。

"您要什么，我们就有什么"，这是希尔顿的父亲早年在圣·安东尼奥小村里经营杂货店时打出的招牌。当时还是一个少年的希尔顿替父亲"打工"，每月挣取5美元的工资。为了贯彻父亲的要求，他必须绞尽脑汁去完成一些看似不可能完成的任务，他要出去流动售货，要向苛刻的顾客推销商品，要发现每一寸利润空间……等他把少年时的这些历练运用得炉火纯青的时候，他便做到了"使每一寸土地和空间都长出金子来"。

希尔顿帝国开始迅猛成长。

1925年，一座达拉斯希尔顿大饭店落成，它的建设投资是100万美元，这时正是他买下莫布利旅店仅仅6年之后。

再后来，他分别在阿比林、韦科、马林、普莱斯维尤、圣安吉诺和拉伯克等地建立起连锁的希尔顿饭店。

1938年，他买下了位于旧金山的"德雷克爵士"酒店，他事业的触角终于从名不见经传的小城伸进了闻名全美国的大都市里。

1945年，他买下了当时全球最大的饭店——芝加哥的史蒂文斯大饭店。

全世界五大洲，所有的大陆都有希尔顿帝国的踪影，几乎每一个知名的大都市，都有巍峨耸立的希尔顿大酒店。到1979年他逝世前夕，希尔顿帝国已经在全球拥有210座大厦，每座大厦上都标有"Hilton"这样六个字母。

在这个帝国诞生半个世纪的时候（1919—1969），希尔顿基金会出资4000万美元在美国休斯顿大学成立了以帝国创始人康拉德·希尔顿名字命名的酒店和餐饮管理学院，希尔顿的酒店和餐饮管理已经成为全球同行业的一个光辉的并且是无与伦比的典范。

希尔顿总结自己的成功，向我们提供了10条秘密：

发掘自己独到的才华；

志向要大；

诚实；

热诚；

不要被你所拥有的东西占据了你的心思意念；

不要过于忧虑；

不要依恋过去；

尊重别人，而不要轻视任何人；

承担起世界的责任；

充满自信。

我们可以这么认为，希尔顿帝国诞生的全部基础，都包含在这里。

（褚兢）

保险业巨人克莱门提·史东

——永不失败的成功之道

　　克莱门提·史东是美国保险公司的董事长和主要的股份持有人，同时也是阿波特—柯维尔公司的董事和主要股份持有人，霍斯思书店的董事长。他是美国最富有的人之一，上世纪60年代，他的个人资产已达4亿美元之巨。

　　1902年，史东出生了，父亲没有机会见到他日后的发迹，在史东很小的时候，他就去世了，留下孤儿寡母相依为命，日子过得非常艰难。

　　坚强的母亲为了生活含辛茹苦，做过许多年缝纫女工，并用省吃俭用攒下的一点钱向底特律一家小保险公司投资。后来，母亲也成了这家公司的推销员。小史东从小耳濡目染，幼小的心里种下了推销的种子。史东初中毕业将要升高中的那年夏天，母亲见他在家闲着，就让他试试为保险公司拉拉生意。按照母亲的指点，史东走到一座办公大楼前，犹豫了好久，迟迟不敢走进去。后来，他一边嘴里念叨着母亲说过的话："当你试着去做一件对你只有好处没有坏处的事情时，不要犹豫，说干就干！"一边硬着头皮走进门去。

　　就这样，他从底楼一直跑到顶楼，逢人便说，居然争取了两位客户。虽然是很小的成绩，已经使史东兴奋不已了。后来他越干越顺，充分利用课余时间，去推销保险，有时一天可以做成10多笔生意，最多的一天有20多笔。这样一天下来，收入自然可观了。也就在他为自己的成绩而高兴的时候，校长把他叫到了办公室。他被迫离开了学校，但是没有放弃积极向上的生活态度。天将降大任于斯人，史东退学后，一身轻松，他已经开始谋划自己的未来。他来到密歇根州，为她母亲所在的那家保险公司服务。从小的磨炼，使他的工作能力超群，他的业绩显著，每天都可以拉到30至40名客户。

刚满20岁的时候，史东只身来到芝加哥，设立了自己的保险代理公司，取名为联合保险代理公司。事实上，公司成员就他一个人，但是不妨碍他日后成为美国保险业的巨人。

在他出色的经营下，公司的生意越来越好。显然，一个人已经应付不了这蒸蒸日上的生意了。他开始招兵买马，征聘了几个推销员，并且让一些外地的落聘者，为他所代理的公司在当地拉生意，帮助公司开展业务。在他不到30岁的时候，他公司的推销人员已经超过了1000人，从南到北，覆盖面越来越大。他任命了各州的负责人，又任命了区域性负责人来管理这些州负责人。自己身边还有帮手，帮助他统管全国和芝加哥总部的工作。所有的事情都不会是一帆风顺的，再幸运的人，也不能例外。正当史东的公司蓬勃发展的时候，全国性的经济不景气出现了，人们为了考虑眼前的生活，无钱去投保了。面对这个现实，许多推销人员也失去了信心，悲观失望的情绪在蔓延，许多人选择了离开。这让史东悟出一个道理：经济形势好的时候，做事情比较容易，对手下的推销人员不必过多操心，但是一旦遇到困难，许多人就难以承受，可见，提高推销人员的心理素质是非常重要的。

他开始在员工当中大力推销自己那一套积极的人生态度，并开始开展推销训练运动。就这样，他在留下的200多名员工当中大力开展积极人生训练。那些能够留下来的员工，本身就是出色的，经过培训，更是个个都精神过硬，他们训练有素，能够接受史东的经营理念，工作效率也很高。到经济形势好转的时候，他们甚至创造出了单日超过1000人的工作业绩。到上世纪30年代末期，史东已经是年轻的百万富翁了。史东决定成立独立的保险公司。机会留给了有心人。宾夕法尼亚一家曾经兴旺的伤亡保险公司，因为经济不景气的时候生意萧条，想以160万美元出售。

史东决定抓住这次机会，但是手头又抽不出这么多钱。他找到那家

公司老板，对他说："我想买下你的保险公司。"对方说："可以，你只要拿得出160万美元。"史东说："我暂时没有这么多钱，但是我可以借。""向谁借？""向您借。"史东说。对方听了目瞪口呆，以为他开玩笑。史东却有他的道理：商业信用公司是向外提供贷款的，只要史东有较好的信誉，他没有理由不贷款给他。经过一番洽谈，买卖成交了。史东买下的这家保险公司就是后来的美国混合保险公司的前身。日后，在他的一手经营下，迅速发展壮大，业务遍及全美国，接着又延伸到国外。到1970年，公司的保险总额达到2.13亿美元，职工5000多人。他们个个工作出色，待遇优厚，其中有20多人已经跨入百万富翁的行列。精兵强将，上下同心，史东的事业处于蒸蒸日上的状态。

史东的经营之道和冒险精神使他获得巨大的成功。他不仅拥有巨大的财富，而且有一套自己的哲学、思想和理念。他把自己的成功经验，写在书里，教导人们怎样去发财。如他与拿破仑·希尔合作了《以积极的精神态度获得成功》，后来又写了一本《永不失败的成功之道》，都是风行全球的畅销读物。他的思想和观点影响了很大一批人。

（李晓军）

台湾电脑业霸主施振荣

——从母亲卖鸭蛋获得的启示

半个世纪前的台湾，像一条在风浪中颠簸的船，一个孩子在这条船上降生并成长为一名少年。

父亲在他出生的第三年就去世了。母亲一个人含辛茹苦地带着他，艰难地度过那些萧疏、贫穷与冷寂的日子。没有多少文化，也没有工作的母亲为了养家糊口，便在街边摆个小摊，靠卖鸭蛋维持一家生计。少年有空就陪伴在母亲身边，帮助母亲卖鸭蛋。

母亲是个虔诚的佛教徒，她对于一切事情都有着一种朴素、善良的看法，她对于事物的理解也简单而纯粹。每天，来买鸭蛋的无论是街坊邻居也好，临时过路的也好，她总是用很轻柔的声音说："买鸭蛋吧？新鲜的鸭蛋，一点也没有坏，这都是我刚运过来的。"

一只鸭蛋其实挣不了多少钱，但她有耐心，她知道，只要卖够一定的数量，家里买米的钱会有，买菜的钱会有，省一点、抠一点，就连孩子读书的钱也能省出来——孩子尽管没有了父亲，但一定要培养他读书，让他将来成为一个有用的人。

少年跟着母亲卖鸭蛋，母亲的思维和处事方式在不知不觉中影响了他一生。

有一天，来了一个陌生人，他蹲在摊子前，看了看摊子上的鸭蛋，然后仔细地，甚至有些挑剔地挑了起来，就在这么挑挑拣拣的过程中，他弄碎了两个鸭蛋，却一个也没买就走了。要是别的摊贩，多半会揪住对方说："你一个蛋也不买，却把我的蛋弄碎了，你难道不应该赔吗？"可是

母亲没有。母亲说："他不是故意的，那就不要去责怪他。"

母亲对旁人的宽容、信任和善意，使少年获得了人生第一课的知识。

从小亲历了生活苦难的人，多半会异常珍惜来之不易的机会。这位叫施振荣的少年上学之后，其刻苦和努力在班级里是出了名的。他顺利地从小学一直读到大学，成为台湾交大电子工程系和研究所的高才生。

读大学期间，正是世界电子工业兴盛的阶段，眼观六路的施振荣对于全球电子化浪潮的涌动有着一种敏感和直觉，他内心创造的冲动也在萌发。他自己琢磨研究电子计算器，尤其对微处理机产生了浓厚的兴趣。而且，他对电脑的市场前景有一种充满激情的憧憬。

32岁那年，他筹集100万元开始创业，从他为公司取的名字，就可看出他内心的理想有多远大——他的公司名字为"宏基"。

"在1976年宏基宣布成立的第一天，我就把美国的微处理器技术带进台湾。"施振荣这样回忆。

应该说，施振荣是最早将电脑微处理器引入台湾的人之一。

这是引导世界科学技术潮流的技术，是全新的产业。宏基一在台湾落地，就取得了相当不错的业绩。十年后，在台湾独树一帜的宏基又掉返头来进军美国市场，并和戴尔、惠普、IBM等美国知名品牌展开了竞争。

竞争不是一帆风顺的，这期间有消长、有浮沉、有进退，但终究，宏基在美国、欧洲、非洲都站稳了脚跟，在拉美、东南亚和中东地区，其市场占有率位居第一，取得了可以称得上是辉煌的胜利。

宏基成为一个国际化的品牌，一个最终被实现了的灿烂之梦。

宏基梦想成真的原因很多，其中有一个最简单的原因就是施振荣具有一种宽容、信任和善意的品格。

1987年，宏基收购美国康点公司，却因管理人员和研究人员严重流失而导致人才断层危机的出现。1990年，宏基以9400万美元并购美国高图斯公司，也因原有员工难以融入宏基的企业文化，双方沟通困难而导致严重亏损。1997年，收购位于美国得克萨斯州的一家个人电脑公司，同样失败。

相继出现的受挫，使施振荣回想起和母亲卖鸭蛋的情景。那是一段多么艰辛的日子，可母亲却微笑着走过来了。她之所以能顺利走过来，就是因为她以宽容、信任和善意的精神，对待她所接触的每一个人，而对方则因她的宽容与信任，予以回报。

那么自己呢？自己经手的是规模如此庞大的企业，能否像母亲一样去对待自己身边的人呢？

施振荣对自己的回答是肯定的。

于是，他在企业里贯彻一种"人性本善"的理念，对助手、对员工施行"信任之道"。

他的信任之道体现在——放权。一般的经营者总想紧紧抓住权力，不肯放松半点。他们生怕权力落入别人手中，会导致经营的失败。他们只相信自己的能力，而不相信别人不比自己弱，但施振荣不同。他曾经用一个成语来形容自己公司的管理方式，叫"群龙无首"，也就是说，无论在哪个经营环节、哪个地区的分公司，他完全放手让部下去做，不干涉、不指责、不遥控。

不是没有统一的经营战略和方针。每次面对公司新的战略发展局势，他会把位于全球各地的负责人找来开会、研究，制定对策，一旦决策做出，便给他们以全面授权。他旗下的各联属公司经营完全独立，他"听之任之"，还鼓励他们"有资源尽量用，有包袱不要背"，通过将股权分散给经营伙伴和员工们的策略，激励每个员工将宏碁当做自己的公司去做，把每个人的积极性和创造性都调动起来了。

当然会出现失误。有人会因经验不足而走些弯路，也有人会因判断失误而导致错误，不过，施振荣很通达、很理解。他说："小孩子要碰热水，烫过一次就不碰了。你（始终）不让他碰，他总不能知道烫。""你一插手就完了——他怎么长大？"

正因为如此通达，宏碁的团队表现相当不错，他自己得意地回忆："在欧洲，宏碁没有碰到美国市场常见的员工跳槽情况。"——员工们能充分发挥自己的才干，为什么要跳槽？

也正因为如此有凝聚力，宏碁的崛起是快速的。它一年的全球销售额高达数十亿甚至上百亿美元，位列世界第七大个人电脑公司。在1995年，宏基就被评为台湾最佳企业。

最为重要的是，宏基为台湾培养了一批电脑行业的骨干。有人这样说，台湾早期做电脑主板的主要人物都出身宏基，例如，台湾电脑行业的大腕明基董事长李焜耀、华硕董事长施崇堂等等，都是宏基的最早合伙者。所以，有人这么评价：施振荣不仅书写了一个企业的历史，而且书写了一个产业的历史。

从母亲那儿学到卖鸭蛋的技巧，直到被美国《商业周刊》评为全世界25位最杰出的企业家之一，他的成功之道，就是他极力提倡的信任之道。

（褚兢）

台湾首富郭台铭

——像一个地瓜默默地长大

50年之后，他常说的一句话是："阿里山上的神木之所以大，四千年前种子掉在土里就决定了，绝不是四千年后才知道。"

他，是郭台铭。

1950年，郭台铭出生在台湾。父亲是一位年轻警察，每日在街区和警署忙碌，作为一位人微言轻的公职人员，以菲薄的收入养活一家人。

"我们家从小到大，都没有自己的房子，没有公司实习，家里最好的家具是藤椅，但我们不觉得自己贫穷。"父亲给了郭台铭很好的身教，培养了他疾恶如仇的个性。

多年以后，已是位小老板的郭台铭，在一个阳光灿烂的早晨，兴致盎然地坐公务车去拜访一个重要客户。对他来说，这是个让人有些激动的日子，因为他第一次拥有了一辆自己的公车。司机是个谨慎的小伙子，驾驶着方向盘，平稳地行驶在大街上。郭台铭的目光透过车窗看到外面的人流、建筑，心里忽然涌起一种感动来。这份感动，来自于事业小成的满足，更多的是想征服世界的雄心。

偏偏不凑巧，突然从旁边的巷子里飞奔出一辆摩托车来，直直地撞在了小车上。

"晦气！"司机气急败坏地咕哝着，推开车门，就要找倒在地上的摩托车主理论。郭台铭推开司机，将地上的年轻人扶起来，还好，年轻人并没有受伤，但是自己的小车，却被撞扁了。郭台铭从钱夹里拿出1000元来给摩托车司机，让他去修车。

另有一次，他的宾利300和一辆宾利500撞在一起了。他立马拉开车门去找对方算账。这就是郭台铭的性格，对弱者更弱，但对强者更强。

1971年，21岁的郭台铭到台湾复兴航运公司实习，学习贸易。在掌握到一些贸易知识后，他领悟到一条真理，"没有工厂哪来的贸易？"于是萌发开工厂的念头。这个小小的思想火花，对他日后的人生起着不可估量的作用。

他从母亲那里筹到10万台币和几个朋友合伙注册了鸿海塑料企业有限公司，注册资本仅为30万台币。

因为没有模具，为完成订单，不得不四处到模具厂请人帮忙。由于遭受石油危机的冲击，大环境极度萧条，小企业如风中枯叶，陷入困境，股东们纷纷退出。

此时的郭台铭，犹如寒冬中的孤雁，只能在凛冽的寒风中孤独地飞翔，希望寒流退后，迎来春天。

靠着蟑螂一样的生存能力，郭台铭无人相助就自助。"像一个地瓜，在田里默默地长大。"到1977年，资本额已增加到200万台币。

他决心把鸿海"做到最大市场占有率"。为此，他来到美国开辟市场。他说："要在那边做出名了，再回台湾来。要是先卖给本土小厂，他们要求比较不严，我们就无法进步。所以要先挑战美国的主战场。"

郭台铭在美国，连续两年只碰钉子，没有收获。没人相信从没听说过的小小鸿海可以和比它大几十倍的公司，像当时全球最大连接器厂AMP去竞争，而且连试验的机会都不给。

困难重重下，他使出狠招，拼杀市场："AMP卖一块，我就卖六毛钱，我的成本九毛钱，是赔钱在做。可是我要告诉客户，证明我的品质技术可以信赖。"在美国时，客户不和他谈生意，他"只好待在一间小旅馆里等，哪里都不去，每天吃一餐，每餐吃两个汉堡！"见面后，客户给了5分钟："这是一张产品蓝图，你们试试看吧，把价钱开出来！"之后，他找一位美国人做行销经理，精打细算，让人家又跑业务，又当司机，还要顺便教英文，每天早上6点到晚上11点，几年内跑遍美国52个州中的32

个州。

在美国那几年，郭台铭每年夏天都会带着全家到黄石公园玩。"我女儿最喜欢喂鸽子。"他回忆，有一年突然看见禁止喂鸽子的牌子，就问管理员为什么。管理员说，一场大雪后，鸽子都死了，因为人喂食让它们失去了自己觅食的能力，到冬天无人喂时，全都不能适应。

由此，郭台铭得出结论："竞争的环境是最重要的。"为此，当1988年营收突破10亿大关后。他及时为鸿海定下了"建立最强的制造基地，打造长久生存能力"的策略，提速鸿海发展和扩张，以在激烈竞争中占据主动。

1988年，郭台铭在深圳开设了鸿海在大陆的第一个工厂，1992、1993年前后，他又将深圳工厂增加至4万名员工的规模，同时还在江苏昆山新建一个4万人的工厂。到如今，位于深圳市宝安区龙华的鸿海精密工业股份有限公司有员工27万人，相当于美国新泽西州纽瓦克市的总人口。

富士康龙华基地已经变成了中国最大的出口企业，同时还是世界最大的电子产品合同生产商。

如今，郭台铭的鸿海集团以平均每年50％以上的速度增长，1995年营收破百亿新台币，2000年营收破千亿新台币，2005年营收破兆元新台币。并在世界500强中排列第371名，在美国《商业周刊》全球百大科技公司中排列第2名。

郭台铭因此成为名副其实的全球代工王。

（李晓军）

中外创业传奇100例

台塑大王王永庆

——借来两百元起步

上世纪20年代，台湾南部嘉义县，一家不起眼的米店里来了个15岁的赢弱少年。

他叫王永庆，小学毕业后没多久，前来当学徒。

少年祖籍福建安溪，几代人都以种茶为生，家里主要靠父亲王长庚给人家看守茶园的收入维持生计。王永庆9岁那年，父亲卧病在床，他不得不用弱小的肩膀为母亲分担生活的重担。

这家米店，和别的米店没有什么不同，也许更小一些，生意更冷清一些。王永庆每日起早摸黑，勤勉地做事，虽然辛苦，但每月总能从老板手中接过微薄的一点工资。

做了一年学徒，王永庆就做出了一个大胆的决定：自己开一家米店。这个多少有点妄想的念头，像秋天干枯的稻草，一旦点燃，就难以扑灭。

父亲向别人借来200元钱，启动了日后被誉为"经营之神"的王永庆的经商之路。

小店新开张，许多问题接踵而至：没有经营声誉、没有客户、没有流动资金、没有帮手等等。在同其他米店的竞争中，这家米店就像一堆卵石中的鸡蛋，脆弱、无助。

也许是天赋的经营才能，但我们更愿意相信这是穷则思变的危机感，使王永庆把等客户上门购米，变为主动上门挨家挨户推销大米。当时，由于大米加工技术比较落后，一般米店里出售的米，难免会有一些米糠、沙粒、小石子。人们对此也习以为常了。王永庆推销的米，都是将杂物仔细挑拣掉的，这一额外的劳动，获得的回报是意想不到的。他推销的米大受欢迎，很快就聚集了一批固定的客户。

王永庆随身带有一个本子，上面详细记录了每个顾客家里多少人口，一个月消耗大米的数量，何时发薪等等。等到顾客家的米吃得差不多的时候，王永庆总是及时地把米背上门来，而在发薪的日子，王永庆也总能及时地将米款收到。

王永庆的米店从开始一天只卖出12斗，到后来一天可卖出100多斗。不到几年工夫，王永庆完成了个人资本的原始积累，筹办了一家碾米厂。此后，他的命运发生了变化。

王永庆信奉"一勤天下无难事"，但他良好的人脉关系对他的事业也起到关键作用。

1949年，国民党政府到台湾。由于从大陆携带了大量资金，便开始大兴土木，大搞建设。王永庆抓住这个机遇，大做木材生意，获利颇丰。木材生意丰厚的利润也吸引了很多商人的加入，竞争变得激烈。王永庆看到热闹背后的危机，毅然决定退出木材业，而将目光投向了工业。

1953年，台湾当局设立了"经济安全委员会"，筹划运用美国提供的资金发展玻璃、纺织、人造纤维、塑胶原料、水泥等行业。本来，在塑胶原料这个项目上，台湾当局准备让官方企业做，但是美方希望，项目应该由民营企业来做。所以，台湾当局最后还是决定由民营企业来承担PVC项目。

当时台湾有个叫何义的企业家，早在1951年，就从日本引进了PVC技术，从事PVC生产。当局希望何义来投资PVC生产，何认为是个很好的机会，一来可以得到美国的资金支持，二来可以得到当局的帮助，于是爽快地答应了，并赴美国、日本和欧洲进行考察。

何义考察发现，欧美和日本等国，日产PVC都在50吨以上，而台湾当时计划是日产4吨，无疑生产成本要高。并且，台湾全岛日消耗PVC只有2吨，其余2吨还得自己寻找出路。经过权衡，他决定放弃这个项目，但也没有对外公布。

王永庆虽有进入工业的想法，却一时不知从何下手。这时他曾经帮助过的一个私交赵廷箴找上门来了。

赵廷箴找到王永庆，是希望一起合作从事制造业，最后商议投资水泥行业。

当王永庆把报告递到"工业委员会"，才知道水泥项目早被人捷足先登了。王赵二人商量后决定改投轮胎业，但是这个项目也被人抢先了。两人顿时傻眼了。于是，到"工业委员会"去咨询。恰好，"工业委员会"有赵的一位朋友严演存。他们算是旧识。当二人说明来意后，严演存眼睛斜视了一下王永庆，然后漫不经心地说："可以办的厂有的是，像塑胶厂，生产PVC的，不知两位听说过这种产品没有？"

王赵两位的确没有听说过"塑胶"两字，于是面面相觑。

严演存一看他们的反应，更加冷淡地说："我看你们还是先去翻翻资料，了解一下塑胶的性能、用途及加工、生产、制造过程等情况以后再来吧。"

王永庆仿佛受到羞辱一般，拉起赵廷箴的手，气呼呼地往外走。

事也凑巧，何义在办塑胶厂的事情上一直没有答复当局，而且，还在考察日本途中逝世了，使得塑胶厂项目面临夭折的厄运。

正好在这个节骨眼上，王永庆和赵廷箴出现在严演存的上司尹仲容面前。尹如获至宝，吩咐手下的严演存极力说服王永庆和赵廷箴参加PVC项目的投资。

严演存根据上司的指示，找来王永庆和赵廷箴，非常客气地向他们详细介绍了有关PVC投资项目的计划，提出让王永庆放弃轮胎项目，转而投资PVC项目。王永庆经过周密细致的调查研究，请教专家学者，私访企业名人，还亲自到日本考察，并且对台湾岛内外市场进行研究分析，认为塑胶工业作为基础工业，在台湾经济复兴阶段的作用是巨大的。

当时，一位非常知名的台湾化学家知道王永庆准备上马塑胶项目之后，也嘲笑王永庆不自量力，连塑胶是什么都没有搞懂，就做塑胶生产，预言王永庆及其合伙人最后肯定会倾家荡产。

王永庆周围的人也认为王永庆是昏了头，是异想天开。这些，都没有让王永庆减弱对塑胶项目的信心。

王永庆凭着超人的胆识和锲而不舍的精神，获得了空前的成功。

之后，他领导的台塑集团，规模不断扩大，经营范围包括炼油、石化原料、塑料加工、纤维、纺织、电子材料、半导体、汽车、发电、机械、运输、生物科技、教育与医疗事业等诸多行业。尤其是在石化工业领域，建立起从原油进口、运输、冶炼、裂解、加工制造到成品油零售等一体化的完整产业链，成为台湾独一无二的企业集团。

根据台湾《天下杂志》近年对岛内2000家大企业实力状况的调查，台塑集团已经跃居台湾各企业集团的龙头老大。王永庆也以54亿美元的身价登上《福布斯》全球顶级富人榜。

（李晓军）

世界木雕大王张果喜

——小雕刀雕出常青树

"新中国第一位亿万富翁"

世界上享有"小行星冠名权"的首位中国企业家

中国企业界的"常青树"和"东方不败"

他，凭借一把雕刀雕出了一片绚烂多彩的世界，雕出了一段丰富多彩的人生。他，就是被誉为"中国企业界常青树"的果喜实业集团公司董事长——张果喜。

起步：做木雕挖到第一桶金

20世纪70年代，15岁的张果喜初中还没读完，就辍学进了余江县邓家埠农具修造社木工车间当学徒。凭着极强的上进心和没日没夜地用手拉锯，张果喜不仅换来了一个"好木工"的称号，还担任了"车间主任"的职务。可是，车间主任没当几天，农具市场就饱和了。1972年，张果喜的木工车间因无活可干被厂里割离出来，单独成为木器厂，他也被任命为厂长。名为厂长，却一无厂房、二无资金，尤其是无活可干。第一次发工资的日子到了，厂里却连一分钱也没有！木器厂要生存必须找到能挣钱的活干。为扭转乾坤，张果喜振臂一呼："要吃饭的跟我来。"随即带领21名工友创办了中国最早的民营企业之一——余江工艺雕刻厂，迈开了他传奇式的创业之路。

然而，饭在哪里呢？此刻的他想到了上海。因为在邓家埠他经常与"上海知青"聊天，知道上海是一个大世界，在那里或许能找到活做！于是，他带上200元现金和三位伙伴闯进了大上海。历经千辛万苦，经人介绍来到了上海雕刻艺术厂去参观学习。到厂后，他们在陈列样品室里看到了一种工艺十分精美的樟木雕花套箱，每个箱子都是单独的工艺品，套在一起又天衣无缝。当得知这套雕花套箱的价格是200元时，他又惊又喜。200元啊！这是他们4个人千里迢迢来上海的全部盘缠呀！于是，他决定把这个手艺带回余江。4人分好工，一人拜一个师傅，一人学几道工序。就是死记硬背也要把这个产品的工艺流程和制作技巧牢牢地记在脑子里。就这样，他们整整苦学了7天。

回到余江的当天夜里，他就召开全厂职工大会，决定生产雕花套箱。期间，他不仅把工人带到有"木雕之乡"美称的浙江东阳县学习，还将个别老师傅请到余江来传授绝活。套箱需要上等的樟木，余江县城连樟树都很难找到，他便亲自带领职工到远离县城的山区去采购……就这样，经过半年多的时间，终于生产出了第一只樟木箱。由于那时江西还没有外贸，他们把这只樟木箱送到上海工艺品进出口公司，由他们转送给广交会。结果，第一次交易会上就订出了20套樟木箱。这20套樟木箱让他们赚了一万多元，同时还使他们了解到了客户对他们产品的要求。根据客户需求来生产雕木箱后，一下子产品的销路就打开了。成批的订单纷至沓来，白手起家的雕刻厂名声大振，产品远销日本、香港、东南亚等国家和地区。

转型：做佛龛经受技术考验

1979年对于张果喜来说是一个质的飞跃，一个重要的机遇出现在他的身边，他又一次好好地把握住了。1979年秋天，张果喜又来到上海。如果说他第一次闯上海是为了找碗饭吃，那么第二次闯上海就是他走向中国富豪迈出的第一步。

在上海工艺品进出口公司的样品陈列厅里，一尊尊出口日本的雕花佛龛久久地吸引着他的眼球。再一打听，一只佛龛有70%的利润，而他生产的雕花套箱一个只有25%的利润。工作人员告诉他，佛龛是日本的高档工艺品，也是日本家庭必备的"三大件"（轿车、别墅、佛龛）之一，它是

供奉释迦牟尼的木雕宫殿。虽然只有几尺见方，结构却非常复杂。成百上千造型各异的部件，只要有一块不合规格或稍有变形最后就组装不起来。因为工艺要求太高，许多厂家都不敢问津。

面对这些佛龛，张果喜看在眼里，喜在心头——用料不多却价格昂贵，这是把木头变成黄金的生意啊！"这个活，我们能做！"张果喜毫不犹豫地与上海工艺品进出口公司签订了合同。他带着样品回到厂里，一连20天泡在车间和工人们一起揣摩、仿制，终于把"佛龛"做了出来。第二年，果喜木雕厂创外汇100万日元，其中65万日元就是佛龛收入；第三年，果喜木雕厂创外汇156万日元，佛龛收入超过100万日元！而张果喜的此次崛起完全归功于生产佛龛的技术门槛让后来者一时难以跟进；也归功于他对传统雕刻工艺工序的改造，使产品便于大规模生产；更是他对质量的精益求精阻击了韩国、港台的对手，几乎垄断了日本整个佛龛市场。由此，夯实了果喜大业的地基。

提升：再抗波折争创品牌

多年来，规模效益的力量虽然有助于张果喜和他的果喜集团的"和谐"生存，但他的事业却并非一帆风顺。尤其是遭遇1997年的东南亚金融危机后，日本经济严重衰退，佛坛市场也随之变得异常萧条，很多佛坛生产、经销厂商关门倒闭。而这么多年的佛龛生产又一直作为果喜集团的支柱不动摇。对此，张果喜非常冷静，20多年在佛坛摸爬滚打的经验给他一种直觉：这种萧条是暂时的，只要有日本人存在就需要佛坛产品。在市场低迷不前的情况下，他不但没有退出佛坛生产领域，反而令人匪夷所思地投入了4000万元新上了两个完成品厂。两年后，日本经济逐步复苏，张果喜的佛龛生产正好迎合了市场所需，销量大增。这些造型各异、工艺精湛、用料考究的佛龛一举轰动了日本佛教界，产品出现了供不应求的局面。而名不见经传的余江工艺雕刻厂也赚了个盆满钵溢，还获得了"天下雕刻第一家"的美誉，小木匠张果喜更是当之无愧地成了"世界木雕大王"。

考虑到企业产品、市场单一的潜在风险，张果喜又以一个卓越企业家的战略眼光提出了"第二次创业"的发展口号。集团从韩国引进6条生产线，在余江办起了与木雕完全不搭界的化工发泡材料厂。运输搬动间磕磕碰碰的电器产品就少不了它，而电器产品举国疯上的现实告诉他，上发泡正是好时候。起初，如同办木雕厂一样，他将发泡厂办在余江，以示不忘养育之恩。但是，上好的产品一年下来却亏损了400多万元。究其原因，余江离用户太远，发泡材料体积大、重量轻，装载运输中一车看似满满、实际上并运不下多少。来来回回，忙忙碌碌，结果是本可进荷包的几个钱丢在了路上。于是，张果喜将6条生产线全部撤出余江，分别落户上海、厦门、深圳、东莞，独立成厂。这些地方皆为工业密集区，就近推销、就近运输，这才扭亏为盈，撤出后当年就赚了600多万元。

"一着走活，满盘皆赢"，80年代，张果喜就以木雕厂为支柱占领了市场。到1985年，他的资产已经达到3000万美金，毫无异议地成了改革开放之后大陆第一位亿万富翁。而90年代随着产品的不断开发，需求量的不断扩大，原来的余江工艺雕刻厂又很快步入了产业化、规模化和国际化之路，并于1990年11月由余江工艺雕刻厂发展成了"江西果喜实业集团公司"，以惊人的速度和骄人的业绩成为江西省第一个出口创汇大户。张果喜还先后投资5个多亿分别新上了小汽车内饰件、高科技电机、高档保健酒、酒店旅游、房地产经营与开发、金融保险等具有发展前景的项目。在实施中，他坚持审时度势，量力而行，有进有退，有所为有所不为，使这些新上项目始终保持着健康稳定的发展……

30多年来，张果喜带领"余雕人"凭着一把小小的雕刀艰苦创业、顽强拼搏，从生产20套雕花樟木箱起家，将一个作坊式小厂发展成为涉及工艺美术品、金融保险业等多个行业领域的民营企业集团，步入了现代化管理、多元化经营、上规模竞争、集约化发展的良性发展轨道。做大了的张果喜这样告诫自己："我们还要谨慎摆正自己的位置，把自己看得还是和原来的小木匠一样。做到不但善于雕刻木头，还善于雕刻资源，从而雕刻好我们的人生。"他正是以这样的果敢行动和辉煌业绩在不断的自我超越中，实现了一次又一次新的飞跃，成为历30年而不败的中国企业界的"常青树"和外国人眼中的"东方不败"！

（何素红）

新疆巨富孙广信

——一名退伍兵的光荣与梦想

辽阔的新疆，是生长红柳和梦想的最恰当的地方。

金戈铁马的年代早已远离我们而去，但梦想却没有远去，它依然在等待着、呼唤着、造就着新的英雄！

本文的主人公，一个叫孙广信的人，完全可以被看作是一位充满梦想的成功者，一位属于当代的英雄。

1962年，乌鲁木齐市，一个孩子降生在一座贫民聚居的大杂院里。孩子的父亲没有丝毫传奇经历，他不过是从山东那边逃荒而来的一个鞋匠，普通得不能再普通。

这个孩子正是孙广信。

孙广信家一共有5个孩子，由于家庭贫穷，除了他之外，没有一个读完了青年人应该完成的学业，只有他以自己的毅力坚持到高中。

他参加高考，落榜了，对于父亲来说这是预料当中的事，但对于他来说，反而催生了内心的渴望。

他的梦想其实一直在默默中生长，就像一株坚韧的红柳一样。

他参军了。每个年轻人都有自己的梦，但这位有着红柳般意志的鞋匠的儿子，他的梦与别人不同之处，就是更大胆、更狂妄。

刚刚参军，他就给自己订立了一个"199230"计划，这个用代号组成的计划是个什么东西？原来代表了他的"野心"，他计划在1992年也即自己30岁那年，成为一名将军。

不过，到了27岁那一年，他意识到他的将军梦或者说是师长梦彻底破

灭了。

他这时仍是个小小不名的基层军官。他决定转业。遭到挫折，他的梦想却没有受到影响，他的梦同他这个人一样，转向了新的目标，而这新的目标是：用15年时间创办一个全国一流的企业。

这个梦之狂妄，甚至比第一个梦还要更甚，更让人不敢相信，因为他手上的全部资本，就是转业费3200元。

孙广信是个行动力和思想力频率一致的人。1989年3月，他拿到了转业费，两个月后，他的企业就正式挂牌了。

企业全称叫"广汇工贸有限责任公司"（以后改名为"新疆广汇企业集团"），注册资本40万元。当然，这些钱目前没有一分是他自己的，全部来自银行贷款。

不仅如此，他的企业当时还没有项目，也没有具体的目标，唯一的目标就是"全国一流"这个宏伟的指向。

好就好在，他的梦想不是天上的流云，飘浮于不着边际的地方，而是如地上的红柳，扎根于坚实的地面。他要从眼前做起，一分钱一分钱地挣，一个脚步一个脚步地走。

他看到内地一个大型机械厂在新疆推销推土机的广告，他行动了。他主动找上门去，要替这个厂卖推土机。

他是个体户，20年前，国有企业的人对于个体户仍抱有怀疑的态度。孙广信为了让对方放心，采取的是提成的方式，即销售一台便从中提取1%的手续费，卖不掉分文不取。路费等一切开支由自己承担。

对于企业来说，这是一项毫无风险的买卖，于是便答应了孙广信的请求。

孙广信手里拿着一本新疆全区的企业通讯录，开始了他的创业历程。半年时间，他跑遍了新疆大大小小的地方，累计路程超过10万公里。

他的辛苦没有白费。他一共推销出去的推土机有103台，比那家生产企业50年卖到新疆的推土机还要多。

他成功了。他挖到了第一桶金。他获得的劳务费高达60多万元，还被那家企业聘为驻新疆经销总代理，那家企业还把佣金提高到2%。

有了第一桶金，他想到的不再是替人搞推销，而是自己办实业，他花67万元，盘下了一家酒店。

根据计算我们可以得出，这67万元是他当时的全部家当。

当然，办实业也非一蹴而就。他异想天开，在新疆那个牛羊遍野，却远离大海的地方办了家广东酒家，专供海鲜产品，结果，首战告负，开业仅四个月就亏损17万元。

孙广信是个不信邪的人，他不相信新鲜的海风刮不到远离大海的戈壁滩，不相信吃惯了牛羊肉的胃接纳不了生猛的海鲜。他亲自担任前堂经理，通过各种宣传攻势，甚至亲自上户登门，将酒家的特色广而告之，终于迎来了车水马龙的局面。不到半年，他的负债全部偿清，而且有了盈利。紧接着，他趁热打铁，将酒家办成连锁服务企业，其中包括娱乐城、迪斯尼乐园、美食城等等。

他有一个高高在上的梦想，所以他时刻对自己不满足。他发现一些来酒店的私人消费者中，慷慨解囊的不少——他们都是些什么人？这么潇洒难道仅仅是为了摆阔？

他注意观察他们，有时主动送上一道高档的免费菜肴，然后和他们攀谈。在这样的过程中，他获得了一个惊人的信息：新疆塔里木盆地刚刚发现了大油田，国家每年将在这里投入上百亿元的资金，而石油设备贸易是最好的贸易商机。

他决定从中石油、中石化这些巨兽嘴里抢肉吃。通过打通外贸渠道，跻身国际贸易，在两年时间里，他就做成了一个亿的生意，他和他的企业成为新疆一颗耀眼的新星。

他开始实行他的争创一流的战略意图。1994年，他连续投资5.4亿元资金，打造一个亚洲最大的花岗岩石材加工中心。他的目标不仅是大，而且要好。石材到处有，新疆是一个资源的宝库，他要从这座宝库里挖掘出最优质的东西来。

他开发出的石材品种共20多个，被行业内誉为"西部瑰宝"。听听这些名字吧：新疆红、天山翠、雪山青……多么富有想象，饱含多少意蕴！可以说，这既是血汗与智慧的结晶，也是激情与梦想的结晶。

顺着石材开发的路子，他又走上了房地产开发的旅途。他对机会的把握绝对一流，据说在乌鲁木齐市，每5套商品房就有3套是他的公司开发的。

孙广信的名字登上福布斯富豪榜，是在他开办公司的第12个年头。2007年，在胡润百富榜上，他以80亿元的财富位列新疆第一。

他的梦想实现了吗？当然实现了。这是他的光荣，也是我们这个风起云涌的改革时代的光荣。

孙广信的故事告诉我们，没有实现不了的梦想。只要你真正像红柳一样坚守，像红柳一样坚韧，最后的荣光必定属于你！

（褚兢）

中国"赤脚首富"刘永好四兄弟

——凑来千元资本创造百亿财富

1984年4月某一天，四川省新津县"育新良种场"来了个客户。

客户是资阳县一个养殖专业户。这是个看起来有些来头的男子，一口气订了10万只小鸡。对于这个只成立一年多的小场来说，无疑是个天大的喜讯。

经营良种场的是四个姓刘的同胞兄弟：毕业于成都电讯工程学院、供职于成都906厂计算机所的大哥刘永言；有大学专科文凭、在县教育局供职的二哥刘永行；毕业于四川农学院、在县农业局当干部的老三刘永美（现名陈育新，幼时送陈姓农民抚养）；老四刘永好在省机械工业管理干部学校当老师。一年多前，四兄弟在老家古家村，开了个特别的家庭会议，主题是："脱公服"当专业户！在当时，吃皇粮对大多数人来说是梦寐以求的事情。然而这四兄弟却做了件让人大跌眼镜的事——先后辞职，变卖手表、自行车和家中废铁，凑足1000元资本，当起了个体户。他们认为，搞养殖业不需要很多投资，技术含量低，自己也熟悉，于是开办了"育新良种场"。良种场的主营业务是孵小鸡、养鹌鹑和培育蔬菜种。正因为如此，当资阳县客户的10万订单捏在兄弟四人手中时，幸福感从天而降，兄弟四人脑子里满是沸腾的血液。兄弟四人，借来一笔数额不少的钱，购买了10万只种蛋。然而，似乎是命运和他们开了个玩笑。这玩笑几乎一下子让兄弟四个趴下了。2万只小鸡孵出来交给这个专业户之后不久，他们便听说这个专业户跑了。他们去追款，发现交给这个专业户的2万只小鸡，一半在运输途中闷死了，一半在家里被大火烧死了，对方已经是倾家荡产。下单的人已经不见踪影，只见他老婆跪在地上苦苦哀求，希望得到饶恕。正是农忙时节，春阳已经催熟了庄稼。眼看着剩下的几万只小鸡就要孵出来了，而农民们忙于农事，不会要这些小鸡；而借款的期限眼看要临近，兄弟四人绝望了。

兄弟四人最后还是打起精神来，"既然农民不要，就把种蛋和小鸡卖给城里人。"想好以后，兄弟四人连夜编织竹筐。翌日清晨，刘永好带着鸡仔来到农贸市场。但是初来乍到，想要在他们中间占一个小地方，门都没有。眼看天已经黑了，市场的喧嚣渐渐归于宁静。鸡仔是不能带回去的，晚上他向一位好心的大爷借了个板凳，坐了一宿。第二天，刘永好终于靠自己的诚恳得到了一个地方。这一天，一竹筐鸡仔总算卖完了。其他几个兄弟有着刘永好同样的毅力。一个连他们自己都难以相信的事实是：8万只鸡仔竟然全部卖完了，虽然付出的是每个人身上掉下十几斤肉的代价。这不能不说是对他们心理磨炼的一堂大课。

他们重新鼓起斗志，决心将"小"鹌鹑养"大"，将这条路扎扎实实走下去。不久之后，他们开始用电子计算机调配饲料和育种选样，并且摸索出一条经济实用的生态循环饲养法：用鹌鹑粪养猪、猪粪养鱼、鱼粪养鹌鹑，使得鹌鹑蛋的成本降低到和鸡蛋差不多。

到了1986年，育新良种场已经年产鹌鹑15万只，鹌鹑蛋贩卖到国内各个城市。后来生意越做越大，他们又在成都最大的东风农贸市场开了一家奇大无比的店，每天都堆放着数十万只蛋，近的是重庆、西安，远的是新疆、北京，还有老外的订单，成了全国鹌鹑蛋批发中心。在他们带动下，整个新津县有三分之一的农户养鹌鹑，最高峰的时候全县养了1000万只鹌鹑，比号称世界鹌鹑大国的德、法、日还要多，真是当之无愧的世界鹌鹑大王和世界鹌鹑蛋大王。

在办良种场时，刘永好负责采购饲料，这位有心人就开始了对饲料经营的观察、调查与思考。他得出结论：人们对鹌鹑蛋的需求远不如对猪肉的钟爱，谁家的饭桌上都离不开猪肉，而中国传统的养猪方法太落后了，农民喂猪用青草、大麦和红薯，每头猪一般要一年才能出栏。养猪业要想

有飞跃，必须以发展饲料为突破口。

当时，有一家名为"正大"的外资饲料公司（就是著名的《正大综艺》节目的赞助方），已经占据了中国猪饲料市场的半壁江山。"正大"在成都投资一亿元建了一家饲料厂，虽然价格奇贵，但因为对猪的增肥效果奇好，所以，农民购买"正大"饲料还需要排长队。

面对这种情况，四兄弟很快做出决策：自行研制新饲料。他们建起一个有100多头猪的试验场，邀请省内外著名的专家学者共同论证饲料配方，积累研究成果。1988年，希望饲料公司取代了育新良种场，专业户发展成为私营企业。

1989年，"希望"自行开发生产的"希望牌"1号乳猪全价颗粒饲料面世，质量可与泰国"正大"饲料相媲美，每吨价格却比泰国饲料低60元，一下子就打破了洋饲料垄断市场的局面。自此，希望饲料一举成名。其家族企业希望集团由此声名鹊起，规模迅速发展壮大。

最后，"正大"主动找到"希望"，双方达成了协议——"希望"以成都市场为主，"正大"以成都之外的市场为主。这实际上宣告了"正大"退出了成都市场。

兄弟四人1982年创业时，净资产才1000元，到2001年，福布斯对他们财富的估价是83亿元。刘永好任总裁的新希望集团拥有遍布全国的各类型企业76家，员工人数近万人，涉足饲料、食品、金融投资、房地产开发、电子信息产业等领域，控股上市公司四川新希望农业股份有限公司，同时是上市的中国民生银行的第一大股东，中国民生保险的主要发起股东。

（李晓军）

深圳巨富缪寿良

——赤手雄心搏击人生

　　小时候家贫如洗的缪寿良，如今却成了深圳首富，两度登上福布斯中国大陆排行榜首富。他的深圳富源实业公司是中国民营企业百强，集工业、商贸、房地产、教育一体，拥有直属企业23家、合贸合作企业100余家。个人资产逾亿元。

　　他儿时丧父，七岁就开始一边读书，一边打着赤脚上山砍柴卖。

　　成人时他选择了做生意。提起做生意，有人问他成功的秘诀。他说："成功谈不上，教训真不少。我就是踏着教训往前奔的！"

　　1987年，他携全家老小，带着2000元钱，来到深圳宝安落户。缪寿良怀着梦想来到这块生机勃勃的土地上，梦想是美丽的，现实却是严酷的。初来乍到，人生地不熟，又无资金，如何立足？

　　一切从零开始。缪寿良一刻也不敢松懈，他到处打听，一家因经营不善而濒临倒闭的采石场引起了他的注意。经过一段时间的奔波，他发现一个新兴的城市在搞建设，哪里都缺少不了石头，修桥、筑路、建房，他紧紧抓住这一机会不放，找到采石场老板，最后以交500元订金的方式承包了采石场。

　　缪寿良承包的采石场在当地大规模的采石阵地中很不起眼，设备简陋，手工作业。他从改革管理制度入手，建立新的产销关系，调动每一个职工的积极性。很快，石料成批成批开出来了，因为小而无名，开出来的石料无人来买。缪寿良脑子一动，将借来作为开办费的2万元，拿出1.7万元在大路边树起了一块巨型广告牌，广告牌上只写了四个特别引人注目的巨型大字：石料供应。这个广告很快发挥了奇妙的功能，一辆辆购石料的运输车连绵不断地开了进来，把冷清的采石场闹腾起来。员工们不得不佩服缪经理"有招"。1988年，在闯宝安一年后的缪寿良用赚到的钱买下了采石场，取名"富源石场"。同时组建了"深圳市宝安区富源实业公司"，自己挑起了总经理的重担。缪寿良的公司一举包揽了广深一级公路建设所需的全部采石业务，由于是独家生意，缪寿良趁机把石料的价格从18元/m³猛提到了36元/m³，狠赚了一笔。这一年，缪寿良靠那台3万元的柴油发电机赚到了1000万，初显了他的智慧。

缪寿良赚到了钱，开始兼并收购其他采石场，迅速扩张自己的势力。1990年深圳启动宝安机场的工程，缪寿良瞄住这一千载难逢的机会，挤进工程石料招标会场。他沉住气，静候着，观看各路人马激烈的竞争表演，等大家的报价出来后，他出其不意地报出了比别人低一半还多的价格。会场突然死一般的沉静，人们都以为他疯了，这么低的价格，他要喝西北风？接下来，一阵骚动，有的人叫起来，有的人还谩骂起来。招标方负责人忙叫大家安静，他让缪寿良拿出可行性方案。缪寿良礼貌地站起来，说："常言道，耳闻不如目见。我诚意地邀请你亲临我们的采石场考察考察。"

几天后，这位机场工地负责人率领一行人冒着烈日果真出现在缪寿良的采石场。这里机器轰鸣，炮声隆隆，硝烟弥漫，号角声喧天，俨然一幅淮海战场百万雄兵英勇鏖战的壮丽图景。看到此般场景，机场工地负责人十分满意地对缪寿良说："年轻人，我们相信你。"

缪寿良以他的英雄气派一举击败了众多的竞标者，拿下了机场三分之一多的石料供应合同。接下来使缪寿良意想不到的事情发生了。工地上几千名工人，200辆运输卡车，每日的开支需要10万元之多。而机场工地只知进料，资金却不能如期结算。缪寿良已经向几十位朋友借贷了不小数目的款项。每天都有30多位债主上门讨债。这一下把缪寿良抛向了万丈深渊。他一边安慰债主，一边跑甲方讨钱。直到大年二十八了，甲方还支吾着说实在拿不出钱来。吵呀，争呀，一切都无济于事。他着急家里的工人兄弟们正等着血汗钱回去过年啊。当他赶回家，傻眼了：家里围满了人，有的人要动手搬电视机，有的骂得更难听。缪寿良知道此时怎样的解释都没用。他拔脚就跑，跑到一位好朋友那里，求奶奶再借来3万元。他拿出来对大家说："我对不起大家，让你们受苦了。只要挺住这一关，我相信，一切都会好起来！"

同甘共苦的兄弟都能理解他。

机场工程，奋战了两年，他并没有赚到什么钱，但获得了商海中太多太多的教训和经验，获得了用多少金钱买不来的收获，壮大了声威，锻炼了队伍，赢得了社会的认可，登上了采石行业"霸主"的地位。这时，他清醒地预见到石料市场的黄金时间不可能长久下去。不断更新是事物发展的根本规律，自己领导的富源公司已经成长壮大，如果没有新突破将会被时代抛弃。头脑敏捷的缪寿良认真地调查研究了深圳的市场，最后果断地选择了房地产业。摩天大楼是现代都市的象征，他要在深圳建一座摩天大楼。于是，他将一个多亿的资金投进去了。然而他怎么也想不到，这是一次灭顶之灾。仅仅过了一年，深圳房地产业遭遇寒流，高楼蜂拥而立，个别电梯质量不过关，谣言四起，高楼价格猛烈下滑。缪寿良一、两个亿的资金顿时被套死，公司上下笼罩着一种慌乱的气氛，在这种情况下，缪寿良镇静地对大伙说："自古天无绝人之路。万一这一个多亿打了水漂，大不了又从零开始。"缪寿良从绝境中冲了出来，要在阴云密布的楼市危机中去寻觅阳光照射的地方。他花了足足一个月的时间跑遍了深圳所有的房产工地，取得第一手资料，发觉在高层楼市缩水的同时，低层楼房和工业厂房价格却在悄悄地攀升。于是他断然决定停止高楼项目，趁着价低，大量购置土地，大规模上马工厂和商贸城项目。

这无疑不仅是一个大胆的决策，而且也是一个十分冒险的行动。倘若失败，缪寿良只有跳楼的选择了，外人对他不可思议，员工更是忧心忡忡。缪寿良却有着超常的智慧，他很快确定了新的经营方针，他避开黄金旺地，专拣不为人看好的偏僻的地方，因为地价便宜，首先在采石场附近开发"富源工业城"。利用有限的资金把工业城做得极其精致，运动场、花园、雕塑，富于文化和艺术品位，建成后，他的租金比人家低了一大截。果然，尚在兴建中的工业城就有人纷纷前来定租。紧接着，他又在宝安新城海边购地开发"富源工业区"，修建"美加大酒店"和"海淀综合批发市场"等。曾经是一片荒凉之地的富源，仅仅几年便凸现出它优越的地理位置，深圳机场、广深和机荷高速的建成，这里已是宝安新城繁华的中心区，商机扑面而来。富源公司终于从低谷再一次登向高峰，人们都用仰视的眼光在看着缪寿良。

　　缪寿良用坚韧不拔的意志和超出常人的智慧得到了巨大的成功，也拥有了巨大的财富。在他的心中，这些财富不能算作自己的。而是大家共同创造的，应该属于大家的，属于社会的。应该让它为改善人民的生活，为社会的发展，为民族的复兴贡献出一份力量。他除了平时捐资为农民建水电站，修桥修路，修建小学，增设教育基金和妇女儿童的基金以及中国扶贫基金，为少数民族同胞修建住房，为农村医院添置设备等共计人民币6500多万元外，1999年他拿出两个亿的巨资在西乡虎山脚下建起了一所具有现代规模的特色学校——富源文武学校。一流的教学楼，一流的设备，一流的师资，一流的条件，他要为祖国培养出一流的栋梁之材。这是他的精神境界，也是他多年的梦想。他深知，无论是企业的发展还是民族的复兴，祖国的强盛靠的是文化、知识和人才。2002年他又把他的学校办到了英国首都伦敦，让中国教育走出国门为全人类服务。

（吴云川）

失败了再来

SHIBAILE ZAI LAI

在迈向成功的路上，失败总是不可避免的，重要的是不为九十九次失败气馁，而不折不挠地为第一百次成功努力。

在过去的一天中，我们经历的无论是光荣还是失败，都只属于昨天。我们必须坚定地看着远方，那里永远是我们的希冀之地，那里包含着无数的未知和崭新的世界。你会在不经意间忽然惊喜，会发现原来世界在留给你黑暗的同时也带来了光明。正如世上没有永恒的春天，同样也没有不变的逆境。

每一个创业者心目中，都有着盖茨、戴尔这样的榜样人物。创业者的心态和条件各不相同，但期盼成功是他们的一个共同点。然而在现实生活中，比尔·盖茨这样的幸运儿毕竟是少数或者是极少数。根据有关的数据，在美国中小企业中，约有68%的企业在第一个5年内倒闭，19%的企业可生存6～10年，只有13%的企业寿命超过10年。中国中小企业的研究数据可能不至于这样"残酷"，但不可否认的是，许多创业者都在他们的创业之路上遇到过失败和挫折。合作伙伴的不欢而散、产品缺乏市场销路、财务危机等等，都是创业者可能面对的事情。对创业者而言，最重要的是要学会"笑对失败"。

20世纪最伟大的励志成功大师拿破仑·希尔在他总结的十七条成功法则中，有一条就是"笑对失败"。拿破仑·希尔深信，失败是大自然对人类的严格考验，它借此烧掉人们心中的残渣，使人类这块金属因此而变得更加纯净。他忠告道："命运之轮在不断地旋转，如果它今天带给我们的是悲哀，明天它将为我们带来喜悦。"

失败并不可怕。不能从失败的废墟上重新站起，那才是永远的失败。许多成功都是由无数次的失败堆砌起来的。

创造美国汽车业奇迹的艾柯卡

——在大败局中背水一战

许多年来，艾柯卡一直记着父亲尼古拉跟他讲过的那句话："太阳总是要出来的。要勇往直前，不要半途而废。"

父亲讲这句话的时候，艾柯卡还小。父亲是从意大利来的新移民，完全是白手起家，攒起了小小的家产，其中的苦乐辛劳可想而知。并且经历了美国二三十年代的经济大萧条，锻炼成了乐观和坚强的性格。父亲把他的人生经验告诉了儿子，也许，年轻气盛的艾柯卡当时并没意识到这句话多么的重要。

对艾柯卡影响最大的，其实是父亲对汽车的喜爱。在大学里，他学的是工程技术和商业学。22岁那年，他大学毕业，成了福特公司的一名技术人员。但他忽然对这个工作不感兴趣了。他想搞营销。这时，大概是对父亲的叛逆在起作用。在激烈的商业竞争中，他觉得销售一辆汽车比生产一辆汽车更有挑战性。由于他的坚持，公司答应了，他如愿成了福特公司的一名推销员。因麻利踏实，三年后他担任了宾夕法尼亚州一个小地区的销售经理。艾柯卡喜欢用脑，当时公司的推销手段比较笨拙，比如为了说明汽车的安全性能，便在广告短片上介绍说如果从两层楼上扔一个鸡蛋下来，鸡蛋会在新型防震垫上弹起来而不会被摔破。艾柯卡意识到，这种推销手段并不能使顾客得到实惠，或者说不能帮助顾客解决什么实际问题。在经过必要的市场调查后，他大胆地向公司提出一个建议，那就是：任何买当年（1956年）福特新车的客户只要先付20%的购车款，并在此后的三年中每月付56美元就行了。他把这一销售措施简称为"花56元钱买56型福特车"。这是谁都付得起的。这个分期付款的办法非常有效，仅仅三个月时间，他所管辖的城区的销售量从全美倒数第一变成了顺数第一。他受到了当时的福特汽车公司的副总裁罗伯特·麦克纳马拉（后来曾任肯尼迪政府国防部长）的赏识，在全美推广他的办法，并提升他为公司销售部主任。

艾柯卡肯定是一个不安分的人，当然也是一个精力充沛的人。他想自己设计一款受市场欢迎的新型福特车。他的调查范围遍及了美国及欧洲，力图找出现有车型上的不足加以改进。1964年，他设计的新型车问世了，在纽约世博会上引起了轰动，当年总销量达到了40万辆。由于美国人对二战中野马式战斗机的名字印象深刻，用"野马"作为新型车的名字，再适合不过了。它毫不矫揉造作的朴实外形，一切以实用为主，周身散发出稳重硬朗的气质。那野蛮至极的四眼大灯，符合美国人放荡不羁的个性，透露出露骨的激情和霸气。艾柯卡对消费者需求的精准理解，对野马车的准确定位，使野马一上市就受到人们的热切追捧，成为真正的美国偶像。年终统计时公司发现，野马车在一年内创造的纯利润是12亿美元。不久，艾柯卡升任公司总经理，成为唯一可以与公司大老板亨利·福特对面进餐的人物，并登上了《时代》和《新闻周刊》的封面。

这时的艾柯卡，可谓春风得意。然而谁都没有想到，1978年7月，在他担任总经理8年、为公司辛勤工作了32年之后，却忽然被老板炒了鱿鱼。不管是因为他"功高盖主"，还是因为他"缺乏礼貌，太具侵略性"。总之在公司的内部斗争中，他失败了。几天时间，足以让他品尝到世态炎凉。

这时，多年前父亲跟他说的那句话忽然在他耳边回响。"太阳总是要出来的。要勇往直前，不要半途而废。"因为他突然被公司开除，女儿不信任他，妻子也因忧虑和操劳过度撒手尘寰。他要东山再起，不能倒下。

不用说，这个"野马"之父，骨子里自然也是一匹野马。

许多大公司向他发出了邀请，凭他的名气，他完全可以到那里去担任一份闲职，混碗饭吃不成问题。但他接受了新的挑战：出任濒临破产的克

莱斯勒汽车公司总经理。

克莱斯勒原是美国第六大汽车公司，但这时已气息奄奄，产品堆满了各地的仓库难以销售，大量工人面临下岗或已经下岗。公司管理层因循守旧，秩序混乱。艾柯卡大刀阔斧地对公司进行了整改，重新精简、梳理了公司的管理层，提高了效率，甚至亲自担任克莱斯勒汽车广告的主角。他要利用自己的社会影响给消费者带来信心。他成了克莱斯勒的标识。

他说："天下没有倒闭的企业，只有经营不善的企业。"

如果说，艾柯卡当初在福特公司的那些推销措施已经成为营销学的经典教案，那么他在克莱斯勒的一项重要举措更让人拍案叫绝。改革之初，克莱斯勒资金周转不畅，这是一个大问题，不解决会让所有的努力付之东流，为此，艾柯卡向政府请求援助，但遭到了以福特公司为首的一些企业的抵制。他们说，政府不应当帮助那些濒临破产的企业，这有违于美国的自由主义商业精神。为了压制克莱斯勒，福特公司可谓费尽心机。但艾柯卡对议员们说，如果克莱斯勒破产，将会带来数十万人失业，这也意味着议员们会失去这么多张选票。

克莱斯勒得救了。数万名失业的工人重新回到了工作岗位。艾柯卡终于使克莱斯勒起死回生，一跃成为美国第三大汽车公司，成为让福特公司最头疼的竞争对手。

他把克莱斯勒从破产的边缘拉回来，只花了短短六年的时间，就让纯利润突破24亿美元。这比克莱斯勒此前60年的利润总和还要多。

1983年8月15日，艾柯卡把一张面额高达8亿1348万美元的支票交给了相关银行。至此，克莱斯勒还清了所有债务。而恰恰是五年前的这一天，亨利·福特开除了他。

（陈然）

硅谷独狼杰里·桑德斯

——永远打不倒的斗士

　　性格即命运，杰里·桑德斯独特的经历毫无疑问来自他独特的性格。这位住在好莱坞的浪荡子，却是硅谷的掘金人。他开着黑色凯迪拉克，留着长发，住豪华别墅，穿着那条臭名昭著的"粉红色裤子"。与硅谷其他大老板的崇尚勤俭、朴素不同，桑德斯特立独行，偏偏厌恶矜持克制，他赤裸裸地把他的功利主义公之于众，直言"我崇尚金钱"。他的AMD公司也像他本人一样脾气火暴，在硅谷的波峰浪谷中大起大落。几十年来，他始终没能和公司一道登上成功的巅峰，但也从来没有被失败和挫折打垮。他有着天生的叛逆性格。

　　桑德斯在大学里学的本来是工程学，祖父希望他将来当一名工程师。在一家叫道格拉斯的飞机公司工作了一段时间后，他很快对工程师的工作不满意了。他觉得，如果想生活得阔绰大方，他现在的工作根本不对路。他认为推销比工程师赚钱快，便跳槽去摩托罗拉当销售经理，结果发现自己是一个推销高手，很快被挖进了仙童公司。许多电脑史学家都认为，要想了解硅谷的发展史，就必须了解早期的仙童半导体公司。这家公司，曾经是世界上最大、最富创新精神和最令人振奋的半导体生产企业，为硅谷的成长奠定了坚实的基础。它可以说是电子、电脑界的"西点军校"。可是几年后，仙童开始摇摇欲坠，人才纷纷外流，作为副总经理的桑德斯还不想走，但他的忠诚并没有好报。不久因公司管理层重组而惨遭失业，那是1969年。

　　突然的解雇使他一下子懵了，几个月的大手大脚他就把所有的存款花费殆尽，这时他已结婚，对付孩子的消费和昂贵的房租很不容易。走投无路中，他和朋友一起白手起家创立了AMD公司，桑德斯自任总裁同时负责推销。

公司成立了，但桑德斯的选择注定他从一开始就得付出更大的代价来实现他的梦想。当AMD还是一家依靠为别人生产芯片来获利的公司时，桑德斯以他的独特魅力、聪明才智、狂妄甚至恰如其分的疯狂，使AMD成为公众的焦点。因为他挑战的是业内老大英特尔。1976年，AMD与英特尔公司签订了互惠的专利协定，开始了合作，也开始了长达几十年的激烈市场争夺。可以说，桑德斯是硅谷的商业急流中，遭受磨难最多的人。为了AMD，他失去了很多：AMD的创建人之一——他最好的朋友图尼向他要求更多的报酬，被他拒绝。对方一气之下辞了职；始终处于紧张状态的婚姻，苦苦坚持了15年也崩溃了。

当然，最惊心动魄的斗争，还是在他与英特尔之间展开。AMD和英特尔既互相依赖又是一对冤家。AMD从成立之初起，就一直在追赶英特尔。它们的竞争使得CPU市场发展迅速。当初他们合作的原因是，英特尔需要AMD的微处理器生产能力，但没过多久，英特尔又抛弃了AMD。愤怒的桑德斯推出的新产品 Z 8000 又惨遭失败。这差不多给AMD判了死刑。好在IBM救了他，英特尔不得不重新使AMD成为它的第二供应商。虽然如此，英特尔还是在时刻寻找机会想把AMD甩掉。经历了种种磨难和一场漫长的官司，桑德斯终于意识到，不能再被对方牵着鼻子转了，只有拥有了自己的芯片，才能在激烈的竞争中取胜。1989年，AMD终于自己研制出AM386芯片，从而打破了英特尔的垄断地位。

几十年来，AMD一直在英特尔的影子下挣扎与生存，虽然偶露峥嵘，但大多数时候却输给了对手。因为对方太强大了。著名科技作家麦克尔·马龙说："所有的高科技故事中，AMD的故事是最可怕和最英勇的，它年复一年，代复一代，顽强地挑战这个星球上最成功、最著名、最具竞争力的公司。而34年来，英特尔就像一台精密的机器一样，从来没有出过一点差错，从来没有给过桑德斯一点可乘之机。"比如1994年，

AMD准备推出新的K 5处理器，当他们夸耀K 5将比英特尔的奔腾处理器性能提高30％时，实际上产品还没有出来，而且结果他们也没有如期生产出来。

这件事使桑德斯大伤脑筋，但他依然没有气馁。在不到三年的时间里，AMD终于推出了K 6处理器，它和相同频率的奔腾II代的速度不相上下，价格却要便宜25％，这赢得了许多电脑公司的青睐，使英特尔公司在1998年第一季度出现了巨大亏损。1999年，AMD又推出了当时最成功的CPU产品。

桑德斯曾说，竞争有利于新技术的产生。的确，AMD迫使整个行业不断更新。桑德斯的努力不但丰富了整个高科技行业，而且使每一个个人电脑用户免受某家公司的垄断之苦。现在，英特尔处理器不再是个人电脑用户的必然选择，除戴尔公司外，全球10家最大的计算机生产商中有9家采用了非英特尔电脑芯片。

或许，桑德斯要完全打败对手是不可能的，但他改变了芯片市场的格局。他是硅谷最后的斗士，是可以被对手打败却永远也打不倒的对手。他是行走在硅谷的一匹独狼，发出慑人心魂的嗥叫。他永远在"愤怒"，永远在拼斗。他说："当我回过头看，我的上帝，我真希望不跟英特尔竞争，因为那是一个多么可怕的选择。但是，英特尔冒犯了我心中关于公平竞争的原则！英特尔自己不会改变，是竞争迫使他们改变，为此，我感到骄傲。"

（陈然）

巨人集团董事长史玉柱

——重新站立起来的巨人

20世纪90年代中期，珠海，一幢名为巨人大厦的70层高楼在建到第3层的时候便停了下来。这停下的不仅仅是一幢计划中的中国第一高楼，而且是一个新兴企业的全面坍塌。

这是一幢原本18层的楼房，因为当年"十大改革风云人物"之一的史玉柱，头脑发热一下子拔高到70层，并且没有申请银行贷款，全凭巨人生物工程和电脑软件产业的自有资金。这是一个重大的决策失误，当史玉柱把生产和广告促销的资金全部投入到大厦时，巨人大厦一下子抽干了巨人产业的血。

上世纪80年代末、90年代初，研究生毕业没多久的史玉柱，怀揣独立开发的汉卡软件，南下深圳。当时，除了一张营业执照和4000元钱，他一无所有。当时深圳一台电脑的价格最便宜也要8500元。史以加价1000元的代价获得推迟付款半个月的"优惠"，赊得一台电脑。他以软件版权做抵押，在《计算机世界》上先做广告后付款，推广预算共计17550元。1989年8月2日，史在《计算机世界》上打出半个版的广告，到第13天，收到数笔汇款单。至当年9月中旬，销售额就已突破10万元。史玉柱付清欠账，将余钱投向广告，4个月后，M-6401销售额突破100万元。这是史的第一桶金。此后，史又陆继开发出M-6402，直到M-6405汉卡，4个月后营业收入即超过100万元。

1991年4月，史玉柱带着汉卡软件和100多名员工来到珠海，注册成立巨人公司。为了迅速打开市场，他又做出一次豪赌——向全国各地的电脑销售商发出邀请，只要订购10块巨人汉卡，为他们报销路费，让他们前来珠海参加巨人汉卡的全国订货会。史玉柱以几十万元的代价，吸引了全国200多家软件经销商，他们不仅订了货，还组成了巨人汉卡的营销网络。1992年，巨人集团的资本超过了1亿元。史玉柱迎来事业的第一个高峰。

1993年，巨人推出M-6405、中文笔记本电脑、中文手写电脑等，其中仅中文手写电脑和软件的当年销售额即达到3.6亿元。巨人成为中国第二大民营高科技企业。史玉柱成为珠海第二批重奖的知识分子。翌年又当选为"中国十大改革风云人物"。

1994年8月，在国外软件大举进军中国，抢走了汉卡的市场份额，侵占了巨人集团其他软件产品的生存空间之后，急于从IT困境中突围的史玉柱把目光转向保健品，斥资1.2亿元开发全新产品——脑黄金。1995年，巨人推出12种保健品，投放广告1个亿。史玉柱被《福布斯》列为内地富豪第8位。

早在前两年，巨人大厦的方案便出台了，史玉柱基本上以集资和卖楼花的方式筹款，集资超过1亿元。1997年初，巨人大厦未按期完工，国内购楼花者天天上门要求退款，媒体更是地毯式报道巨人财务危机。巨人集团名存实亡，但一直未申请破产。

从一文不名的创业青年，到全国排名第八的亿万富豪，再到负债两个多亿的"全国最穷的人"，史玉柱经历了常人难以想象到的人生体验。

"当我真正感到无力回天时，就完全放松了！"也许换作其他人，背负着2亿元的债务，早就跳楼了，而史玉柱却从一次深刻的教训中悟到了从容和平静。集团好几个月没有发工资了，但是核心干部没有一个离开。有这样一支忠诚的团队，史玉柱决定东山再起。

1998年，史玉柱在上海注册成立上海健特公司。为了研究市场，他来到江苏省江阴市，戴着墨镜在江阴走村串户，挨家去做调查。鲜活的第一手素材为史玉柱创意"今年过年不收礼，收礼还收脑白金"提供了灵感。

"我现在给自己定了这样一个纪律，一个人一生只能做一个行业，不能做第二个行业；而且不能这个行业所有环节都做，要做就只做自己熟悉的那部分领域，同时做的时候不要平均用力，只用自己最特长的那一部分"，经历了人生最低谷的史玉柱如是说。同时他给自己制定了三项"铁律"：第一，必须时时刻刻保持危机意识，每时每刻提防公司明天会突然垮掉，随时防备最坏的结果；第二，不得盲目冒进，草率进行多元化经营；第三，让企业永远保持充沛的现金流。

2001年高调还款之后，曾经的失败反倒更像是史玉柱另一种与众不同且引以为傲的经历。他说："成功经验的总结多数是扭曲的，失败教训的总结才是正确的。"

史玉柱自称骨灰级的网络游戏玩家，2004年，盛大网络一批研发人员出来寻找投资，史玉柱立刻投入2000万元网罗这批人才。2005年4月18日，史玉柱突然在上海金茂大厦宣布了巨人投资集团有限公司投资的新项目——网络游戏《征途》。史玉柱如法炮制了保健品的推广方式，推广团队是行业内最大的，全国有2000人，目标是铺遍1800个市、县、乡镇，到时候这个队伍预计为2万人。

相信大投入才有大产出的史玉柱定期组织"包机"活动，这一活动受到了农村网吧老板的欢迎。史玉柱定期将全国5万个网吧内所有的机器包下来，只允许玩《征途》游戏，一个月就要支出上百万元的费用。但是，对于很多上座率不到一半的农村网吧而言，包场的利润可想而知。加上网吧老板还能分享卖《征途》游戏点卡10%的折扣，这使得史玉柱在农村市场布下的星星之火绵延不绝。

2007年11月1日，史玉柱旗下的巨人网络集团有限公司成功登陆美国纽约证券交易所，总市值达到42亿美元，融资额为10.45亿美元，成为在美国发行规模最大的中国民营企业，史玉柱的身家突破500亿元。

史玉柱，一个从失败中重生的企业家，一个经济巨人。

（李晓军）

经营之神松下幸之助

——不断地寻找新的生机

　　第一次世界大战爆发后，由于物资奇缺，大大刺激了日本工业的发展。一位23岁的日本青年，用全部的积蓄——100日元，和两位朋友，加上妻子和内弟，一共5人，办起了一个不起眼的小作坊。

　　这个小作坊主要是生产电灯插座。产品出来后，他们走街串巷，在大阪的每个角落留下足迹，访遍了每一家销售电灯的商店。数天下来，总共只卖出100来个插座，收入不到10块日元。看着黯淡的前景，两个朋友退了出来，自谋生路去了。

　　这个青年叫松下幸之助，1894年出生在和歌山县海草郡和佐村，排行老八，是家里最小的孩子。他只读到小学四年级，便因家境困难而辍学，从此开始到大阪当学徒。17岁那年，他进入大阪电灯股份有限公司，直到离职自己办厂。尽管以前他曾干过技工和质检员，对自己生产的产品充满信心，但由于不懂得销售，第一次品尝到失败的苦果。

　　这个为人谦和、见人喜欢点头哈腰的人，骨子里很有韧劲，他始终坚信自己通过不懈努力，一定能有好的结果。这样，他苦苦坚持到年底，机会终于出现了：川北县电气电风扇厂想用一种熬炼物取代陶器电扇阻盘。大阪的批发商首先想到幸之助，因为插座同阻盘在用熬炼物制作这点上是相同的。然而，这对幸之助而言仍是一个难题，因为熬炼技术和原料成分及详细比例，他并不清楚，这种现在看来早已属"小儿科"的技术在当时还是科技秘密。他几经努力，终于找出了大致成分和含量。他同妻子、内弟三人日夜奋战，终于在年关迫近时，如约将第一批订单顺利交付了，他们得到了80日元的利润。

第二年年初，他又接到一批数量不小的订单。幸之助意识到必须扩大规模，小小的家庭作坊已经显得地方太小了，于是决定搬迁到大开町（街），租赁一座新建的两层楼房，楼上住家，楼下当工厂。从此，松下电器股份有限公司的前身——"松下电器器具制造厂"诞生了。

幸之助是个善于发明、善于改进的人，他紧紧抓住"研制新产品，开拓新市场"这一环，以电灯为中心，不断地发明出一些相关的新产品。他的主要产品"电灯改良插头"和"双灯用插头"品质优良、价格低廉，其他厂家无法与之相比，因此需求量年年上升，市场渐渐扩大到东京、名古屋、九州乃至日本全国。

那时候，自行车已成为日本日常交通工具，而城市的市政设施还比较落后，道路和路灯跟不上，人们夜间骑车面临着照明的问题。经过约半年的试验，幸之助终于制造出一种炮弹形的电池车灯，用3节干电池，使用时间可达到近40个小时。这种车灯设计巧妙，价廉物美，产品投放市场后，深受人们欢迎，

这时，有一个叫山本武信的商人找上门来，这人极有商业头脑，在大阪商界颇有声誉。他向松下幸之助提出由他担任大阪地区总代理商，保证1个月售出1万只炮弹型车灯，3年代销36万只。如果销售不出去，山本商店愿承担一切损失。更令幸之助大为吃惊的是，山本武信答应将3年的货款一次付给松下电器制造厂。

松下电器从此发展迅速，松下幸之助不断地把新产品推向市场，相继生产出电熨斗、电炉、电热器、真空管和收音机等。他以"高于他人的质量，低于他人的成本，优于他人的服务"为宗旨，在日本国内占据越来越广大的市场。他的工厂多次扩建，并先后购买一些私营企业，到20世纪60年代，松下电器公司一跃而成日本电器制造业霸主。

幸之助的目标是谋求民众的幸福。在物质方面给职工以优厚的待遇，在日本率先采取五天工作制，实行男女工资平等制，工人到35岁就有一套自己的住宅，使松下的职工真正感到幸福。幸之助尊重职工，处处考虑职

工利益，还给予职工工作的欢乐和精神上的安定感。

1930年初，世界经济不景气，日本经济大混乱，不少工厂都陷入经营困境，很多企业都关门倒闭了。松下公司受到极大冲击，销售额锐减，商品积压如山，资金周转不灵。管理人员提出：裁减员工，缩小业务规模。因病在家休养的幸之助，考虑到广大员工的利益，毅然决定采取与其他厂家完全不同的做法："工人一个不减，生产实行半日制，工资按全天支付。"同时，他要求全体员工利用闲暇时间去推销库存商品。当时绝大多数厂家都裁员、降低工资、减产自保，百姓失业严重、生活毫无保障。松下公司的这一做法获得了全体员工的一致拥护，大家千方百计地推销商品，只用了不到3个月的时间就把积压商品推销一空，使松下公司顺利渡过难关。

二战结束以后，是松下公司困难的时期，一方面由于战败，军方无力偿还债款，公司负债累累；另一方面，占领军要惩罚为战争出过力的财阀，松下幸之助被列入受打击的财阀名单，紧接着被开除公职，虽多方奔走，仍无济于事。这时，意想不到的局面出现了：松下电器公司的工会以及代理店联合组织起来，掀起解除幸之助财阀的指定、解除开除公职的指定的请愿活动，参加人数多达几万。这在当时的日本是绝无仅有的事。

在被指定为财阀的经理所经营的企业中，工会纷纷率领工人占领工厂乃至整个企业，松下公司工会与其他企业的工会截然相反的举动，无不令人感动。占领军不得不重新考虑，终于在第二年五月解除了指定。正是因为幸之助始终贯彻为民众服务的经营思想，以人为本，尊重职工，松下公司一直保持良好的劳资关系，松下"经营之神"才能绝处逢生。

从1925年到1988年的63年中，有10年他的收入为日本第一位，有6年居第二位。1989年逝世时，留下了15亿多美元的遗产。

（李晓军）

"达美乐"创始人汤姆·莫纳汉

——在失败中重生

　　提起比萨饼，人们第一想到的是必胜客，其实还有一种比萨饼——"达美乐"。它虽然只是比萨饼的第二集团，但是它是在一个更短的时间里创造出来的传奇。

　　"达美乐"创始人汤姆·莫纳汉曾说："我的一生中，有许多时候是一般所谓的失败者。"正是历经许多磨难，不断从失败中寻找新的生机，成就了这个品牌。

　　1937年3月25日，汤姆·莫纳汉出生在美国一个寻常的家庭，4岁时，父亲就去世了。母亲为了生活，就把汤姆和哥哥送进了孤儿院。中学毕业后，汤姆进入费里斯学院读书，因为没有经济来源，只上了一个学期便退学参军了。退役后汤姆进入大学就读，同样因为经济上的原因，不到一年又退学了。接连的打击，使汤姆对生活很失望。

　　1960年，做邮递员的哥哥吉姆在一次送信的过程中，发现一家比萨店就要倒闭了，正打算低价转让。于是两兄弟借贷了500美元，盘下了这家店。兄弟俩全身心地投入到小店的经营上，汤姆更是一周工作近100个小时，到年底，收入尚可。因为这个小店，汤姆开始对人生有了美好的憧憬。但是哥哥可不是这么认为，他嫌经营小店辛苦，不如回到邮局上班，便退出来了。汤姆购得哥哥的股份，开始独自经营。

　　随着比萨饼店生意的好转，汤姆开始考虑给自己的小店取个名字，后来他决定用"DOMINO'S"这个单词，因为DOMINO译过来就是"骨牌"的意思，汤姆希望自己的生意形成一种骨牌效应，能开两家、三家、四家，为此他选用了骨牌的一点和两点作为商店的标志。"DOMINO'S"音译过来就是"达美乐"。

1968年，汤姆碰到了他创业中的第一次挫折，正在达美乐的连锁不断展开的时候，一场大火不仅烧毁了店铺，还烧毁了所有的账册和凭证。更倒霉的是，因为莫纳汉没有缴纳保险费，不仅没有得到赔偿，还损失了15万美元。

但汤姆咬紧牙，继续实施连锁经营的扩张，到1969年，已经拥有了12家连锁店。不仅如此，他还创造出一种特殊的特许经营制度，就是采取举债经营的方法，他与特许经营者对特许经营店共同投资。为此他把连锁店扩展到44家。

心急吃不了热豆腐，事实证明，急速的扩展带来很大风险。汤姆的资金流通出现很大问题，但是他完全被扩张的雄心所鼓舞，没有看到潜在的危机。到后来，达美乐是负债累累，拖欠1500位债主150万美元，其中有人对他提起了100多次索债诉讼。这只是一方面，另外还有银行的借贷和巨额的税务。

这次教训非常深刻，让汤姆明白了要稳扎稳打，要盯住经营，而不是只顾着扩张。

后来银行接管了达美乐，一年之后，认为已经无可挽救，要求汤姆申请破产。这意味着，从此可以免去债务的苦恼。但这不符合汤姆的性格，而且他不愿破产，也是不想让"达美乐"这个牌子就此倒掉。他记住所有债主的地址，发誓将来会一分不少地还给他们。这个壮举感动了所有的人，在这个重利轻义的商品社会，人们已经很难见到像他这样把声誉当作生命一样来维护的人了。

汤姆兑现了诺言，到1977年9月10日，这笔巨额债务全部还清了。

1973年，达美乐的连锁店达到75家，但前有必胜客虎视眈眈，后有大量克隆者围追堵截，达美乐怎样才能杀出重围，脱颖而出？

汤姆准确地做出了分析，他认为现在的美国人更注重享乐，更注重自我，这是一个讲求快捷、速度的年代，所以，快餐符合潮流。汤姆就在

"快"字上做文章，也正是这个字，让他赢得了市场，赢得了顾客，赢得了财富。

汤姆决定在全国推广"30分钟保证送到比萨饼"，他向顾客保证按时送货上门，只要没有准时到达，顾客就可以拒绝付款。同时，他再接再厉，为了让顾客吃到准时到达而又热气腾腾的比萨，汤姆继续创新，他发明了生面团盘、比萨饼瓦楞箱、隔热纸袋、比萨饼隔板和送货烤箱。

到1979年底，达美乐的发展步伐又变得迟缓起来。汤姆又睡不着了，抱着账本反复琢磨，发现了一个让人吃惊的现象：公司80%以上的比萨都是通过外卖送出去的，连锁店的营业额连20%都达不到，可房租加上员工工资，成本却比外卖高出不少。投入和产出不成正比，还不如专门做外卖。这个突然闪出的念头，把汤姆自己都吓了一跳。如果顾客无法在店里用餐，东西还卖得出去吗？

57

仔细一分析，汤姆认为，店面最大的作用就是形象展示，此时的达美乐已经拥有了一批固定的消费者，店面的作用也就不那么突出了。快餐最讲究方便快捷，而外卖是最能将这一特质发挥得淋漓尽致的方式。事实证明，汤姆的决策是正确的，5年内，达美乐拿下了美国90%以上的比萨外卖市场。

到了80年代中期，达美乐几乎是以每天增加一家连锁店的速度向前发展，到1984年，它已经有1900家连锁店了。这时，达美乐已经成为仅次于必胜客的全美第二大比萨连锁店，也是国内最大的比萨饼外卖公司。

（李晓军）

创立联邦快递的弗雷德·史密斯

——从人生阴暗处看到胜利的曙光

　　弗雷德·史密斯，这个1944年8月11日出生于密西西比州的孩子，很早就遇到了生活的磨难。他父亲在他4岁那年就去世了，8岁的时候，他患上了一种罕见的病，使右腿发育受到了影响。在两年多的时间里，他只能拄着拐杖。童年的这一阴影是否催生了他后来的梦想？反正，对飞行和经商的爱好成为了他青年时代的重要乐趣。15岁时，他就拿到了个人飞机的驾照，并且和两个同学合伙，用借来的5000美元开了家唱片公司。18岁时，他进入了耶鲁大学，攻读经济学和政治学。他的学习并不怎么出众，但他对飞机的兴趣在这里得到了很好的发挥，他报名参加了海军陆战队后备役军官训练班。后来又成为耶鲁飞行俱乐部的会员。

　　1965年，他在大学毕业论文里大胆地提出了以航空中心为基础的空运配送模式，对当时客户的包裹不能及时、直接地送达目的地，而必须经由多家航空公司转运提出了质疑。他指出，这对一个能够直接运输、"非常紧迫、讲究时效"的货运公司来说，可能存在着一个潜力巨大的市场。然而在导师看来，"买飞机专门用来送货"的想法太荒谬，而且是绝对没有经济实用价值的，何况当时美国政府对空运航线设置了诸多限制。弗雷德的论文评分只得了一个"C"。然而谁也没想到，正是这篇不到20页的经济学论文，后来却成了弗雷德的联邦快递公司的纲领性文件。

　　就是从那时起，飞行运输就成了弗雷德经常思考的问题。

　　22岁那年，弗雷德应征入伍，参加了越南战争。战争让弗雷德厌恶。三年后，他从越南回来，基于自己对飞机的浓厚兴趣，他购买了一家叫阿肯色航空公司的股权。这是一家飞机维修公司,长期亏损,前景渺茫。弗雷德了解情况后,改变了公司的经营方针,使它成为收购和销售废旧飞机的交流中心,获得了成功,短短两年时间,公司的营业额就上升到900万美元。美中不足的是,飞机零件的递送让弗雷德郁闷,因为它们总不能按时到达。

这时,他又想起了他的毕业论文。他想创立一家给顾客连夜快递小包裹的公司。他先委托两家咨询公司对运输市场的形势和前景进行了研究与调查,比如这样的服务市场是否真的存在?咨询公司提供的现有状况,进一步证明了这一领域具有巨大的潜力。当时的美国,在这个领域里已经有好几家公司,而且埃默里航空运输公司和飞虎航空公司两家大公司的年收入都在1亿美元以上。但客户对目前的运输服务相当不满,传递不稳定,而且时间上极不可靠。当时,国内全部空运的60%以上是在25个大城市之间进行的,小型紧急递送的80%却是在这些大地方之外进行。如果有这么一个公司,能把一小地区的包裹,有效而快速地递送到另一地区,那么它就会大有市场。客户迫切需要这样的传递服务,愿意为此支付略高的费用。再说,10家国内商业航空公司中就有9家的班机在晚间10至第二天上午8时停留在地面上,这给快递的航线通畅提供了保证。

弗雷德兴奋起来。他意识到,随着新技术的兴起,美国传统的工业重镇日趋没落,而那些名不见经传的小城正在崛起,旧有的货运系统正在改变,包裹托运开始流行。他想筹办的正是这样一个公司。若干年后,弗雷德在接受《财富》杂志的采访时说道:"早在耶鲁大学读书时,我就已经看出计算机将对整个商业社会产生巨大影响。我的想法是:传统的物流运输已无法胜任现代商业社会的要求,比如IBM,如果得克萨斯州的一家银行要买一台机器,银行不在乎机器是何处制造的,他们只关心机器何时到达,以及为了保证机器正常运转,在零件需要更新时能否马上收到新零件。因此,IBM需要一个专业的运输队伍,无论机器被卖到什么地方,它们都能及时地到达客户那里。而为了能够直接运输这种'非常重要、时间紧迫'的货物,他们也许应该有自己的飞机。"

1971年6月，弗雷德·史密斯的"联邦快递公司"正式成立了。刚开始的设想是希望能与联邦储备系统合作，因为他们有许多票据在各地区储备银行间传输，是潜在的大客户。在弗雷德看来，这笔生意肯定能做成。在与联邦储备系统谈判的同时，他便匆忙而自信地购买了两架鹰式飞机，把购得的飞机进行改装，以适用于运送包裹。可是，联邦储备系统拒绝了他。因为长期以来，联邦储备系统内的各地区银行自立山头，很多人就是靠老旧的工作流程生存的，弗雷德的快递服务打破了他们手中的饭碗。计划失败了，弗雷德购买的两架飞机被闲置在机库，刚刚成立的联邦快递公司和年仅27岁的弗雷德首战失利。冷嘲热讽也来了："如果这种服务有市场，其他的航空公司早就干了，还轮得到你吗？再说民用航空委员会也不会批准的。"

难道真像他的大学教授所说，联邦法律和条例会阻挠这样的公司的存在吗？

这时候，他才明白这件事以前为什么没人干。一方面没有法律条例的支持，他这样干简直是在和其他大航空公司甚至是与难以动摇的美国邮政总局较量；另一方面，因为投入资金太大，投资商怕承担风险，也不敢轻易涉足。

可贵的是，弗雷德没有放弃。后来有人说道："联邦快递公司在刚成立的三四年里，五六次面临破产的厄运，但弗雷德·史密斯坚持下来了。"

史密斯开始重新制定计划。新的计划比以前更详细了，但也需要更多的资金。他开始了人生的重大赌博，动用了一切手段，破釜沉舟地投入了他的全部资产800多万美元，并终于征服了华尔街的一些金融大亨，筹得了9600万美元。这是美国商业史上单项投资最多的一次。同时，他把公司搬到了家乡——田纳西州的孟（斐）斯，那里的天气更适合飞机升降。公司一次性订购了33架小型飞机，该机容易获得航空运输的执照。几经周折，联邦快递公司终于在1973年4月正式营业。

刚开始，公司向美国二十多个城市提供服务，但第一天夜里运送的

包裹只有186件。在前两年多的时间里，公司亏损了2930万美元，欠债主4900万美元，随时可能倒闭。为了抵债，他甚至卖掉了私人飞机。他竭力争取客户，开拓市场。在西部开辟了6条航线，在与大公司的竞争中，把价格压得很低。形势终于朝着有利于他的方向发展了。正如他所料，航运业迅速发展，大公司不得不放弃了许多小城市的运输业务。这为联邦快递公司的发展提供了巨大可能。另外，他的老对手联合包裹公司在1974年发生了一次长时间的罢工，终于导致企业倒闭，为联邦快递公司提供了绝好的机会。

1975年7月，是联邦快递公司第一个盈利的月份。1977年，公司年度收入突破了1亿美元，获纯利820万美元，弗雷德被纽约一家杂志评为"全国十大杰出企业家"。同时，他为废除已经过时的《联邦航空法》而进行的斗争也取得了胜利。1978年，联邦快递上市。到了1999年，联邦快递已成为世界上最大的24小时快递公司。

弗雷德领着他的联邦快递公司终于走出了困境，并创造了奇迹。

（陈然）

萍钢骄子涂建民
——挽狂澜于既倒的钢铁汉

2000年6月，地处江西省西部的萍乡市，一家企业的领导因公受重伤。消息传开，在岗的、下岗的、厂内职工、厂外附近村民纷纷自发赶几百里路，从萍乡去南昌看望他。人们的心都吊到了嗓子眼上，生怕他有个闪失。

一个企业的领导何以能得到人们如此的关注？

萍乡，是座人文历史丰厚的工矿城市，因楚昭王在此地得"萍实"而得名。1922年，刘少奇等同志于当年9月领导了震撼全国的安源路矿工人大罢工。

今天，这个被人牵挂的汉子，又为这座光荣的城市添加了浓墨重彩的一笔——他就是涂建民，萍乡钢铁有限责任公司董事长、总经理。外人评价他说：（涂建民）是一名屡次创造奇迹的钢铁骄子，一位在全国钢铁行业和江西省经济界享有盛誉的企业家。"以"'永远的危机，不懈的追求'为座右铭，以敏锐的眼光洞察市场，以科学的管理驾驭企业，使一个濒临绝境的企业成为钢铁工业的一面红旗"。

1996年，在上级有关部门列出的企业"自生自灭"的黑名单中，萍乡钢铁公司赫然在目。当时年亏损逾亿元，累计亏损3.06亿元，资产负债率高达115%的萍钢，就像一艘陷入泥泞中的战舰，锈迹斑斑，沉重无比，满目疮痍。在人们谈之色变的时候，涂建民临危受命、走马上任了。

"萍钢如何求生存？"这是涂建民上任后抛给职工的一个问题，对于这个包袱沉重、管理落后的企业，涂建民以先动员自己的爱人周菊英提前退养作为回答。当时周菊英是厂里有名的预决算好手，又担任着福利部办公室主任，离厂里规定"一刀切"年龄差两岁。为了实行减员增效，涂建民首先动员自己的爱人写了辞职报告，下了岗。为此，其他厂领导的爱人也纷纷提前告别岗位。减员分流虽然给萍钢人带来了强烈的冲击波，但涂建民和萍钢领导班子成员以身作则赢得了人心，萍钢一次性减员6000多人。同时，涂建民对下属十几个经济单位实行剥离，改为股份制企业，让他们自负盈亏，自谋生路。

涂建民就在人们观望、新奇和疑惑的表情中，重新开动了萍钢这艘大船。

他雷厉风行，还采取了一系列的措施：18辆小车被公开拍卖，厂长、书记和大家一起挤公交车，拍卖的车款用来补发拖欠的职工工资；所有厂领导停用手机，电话费、招待费、差旅费在厂电视台节目中统统公开；全厂午餐明令禁酒，不论何方来客，班子成员不陪餐。

为了调动干部职工积极性，涂建民大刀阔斧改革分配制度，全厂工资收入向炼铁、炼钢、轧钢等生产主体倾斜，这些生产主体的职工人数仅占全厂的30%，所得的工资收入却占全厂70%。关键岗位和苦脏累岗位收入最高，工龄相同而岗位不同的收入相差最大的有10倍。能打开局面的管理人员、有突出成就的科技人员、有绝活的工人，被萍钢称为"三大能人"，收入高于普通职工一大截。

在涂建民和新班子身体力行的带动下，萍钢职工们从困惑中看到了希望，濒临绝望的心又开始跳动起来。

萍钢过去生产上不去，大家习惯找客观原因，涂建民却不这么看，他认为要把功夫下在自己身上。他提出一个三年目标，其中一条就是要把高炉利用系数提高到2.214。此言既出，人们惊诧莫名。因为萍钢炼铁40多年，高炉系数一直徘徊在1.5左右，从没突破1.7。为了表明决心，涂建民让人在厂办门口竖了一块牌子，上面白底红字写着生产指标。仅仅两个月，萍钢高炉系数达到2.0，最高达到3.109，进入全国50多家行业企业前列。

人心凝聚后，又不断降低内部成本，在管理和技术上进行创新，萍钢

两年后迅速扭亏为盈。

1999年开始，萍钢以江西冶金集团所赞誉的"萍钢速度"创造了"萍钢效应"，销售收入年均增长5亿元，利润年均增长1亿元，税收年均增长5000万元。

2002年，涂建民做出了一个对萍钢具有历史意义的决定：对萍钢进行"整体改制"。这一想法一出来，质疑声便不断。不难理解，由一名国家正式职工将变为民营企业合同工，许多人是接受不了的。

2002年3月28日，萍钢一万多名员工对企业改制实行"全民公决"，结果得到89.39%的员工赞同。涂建民感到非常欣慰，别的企业通常是政府推着他们改，而萍钢是自己要改。省委、省政府对萍钢积极改制非常支持，并列为了全省第一家首批国企改制试点单位。经过近一年的反复论证，获得了省政府的确定。涂建民在实施改制过程中，严格做到和充分落实了"人员、债务、企业办社会职能全部承接"和"三个不得（国有资产不得流失，不得全员持股，不得财政垫款或以国有资产和财政担保贷款）"的总体要求。萍钢员工纷纷拿出自己的积蓄争相认购萍钢股份，2003年7月23日，萍钢国有资产以6.5亿元的价格整体转让成功。

2004年初，萍钢仅用1年3个月时间完成企业再造，距离老厂20公里之处，再矗立起一座大厂房；2005年，萍钢从公司高层管理班子自我革命开始，深化"二次改革"，推进"二次创业"，实现销售收入破百亿，成为全省第5家销售收入过百亿的企业；2006年，萍钢重组九江钢厂，为企业下一轮的大发展奠定基础。

2006年11月，全国工商联经济部、中国证券市场研究设计中心联合公布了《2005年度全国上规模民营企业调研报告》，萍钢以2005年上缴税收7亿多元位居全国上规模民营企业缴税额第12名。

"纳税7个亿可能看不出什么，但纳税排名第12位却能说明萍钢的责任感，因为在民营企业规模排名中，我们是第50位。"涂建民如是说。

涂建民始终认为做事要先做人，要像做人一样做企业，而做人、做事都必须心怀正气凛凛，必须志存高远。在萍钢，对社会、对政府、对客户、对员工讲诚信已经成为一项基本原则，"造福社会，满足顾客需求"被列为企业核心价值观之首加以明确。

感谢逆境，是后来涂建民嘴上常说的一句话。萍钢从扭亏脱困、挽狂澜于既倒，用涂建民的话说，像是过独木桥，过去后，桥身已然断裂，唯有咬定目标，矢志向前。

那次因公受伤后，对于大家由衷的关切，涂建民动情地说："受伤那次，我压根都没想到有那么多职工牵挂。职工为什么这样？不因为我是萍钢的老总，是因为大家相信我是党的人，相信共产党能带领大家克服困难，搞好我们的国有企业！"

（李晓军）

新东方教育集团俞敏洪

——从绝望中寻找希望

1991年的一天，寂静的北京大学校园，突然从校园广播里传出一条消息：英语系教师俞敏洪因违犯校规，私自外出兼职，给予记大过处分。这一突如其来的消息，一下子在北大炸开了锅，更令事先毫不知情的俞敏洪措手不及，倍感羞辱。

为什么俞敏洪会遭此处分？为什么对俞敏洪的处分要以这种方式公布？俞敏洪何许人也？

俞敏洪，江苏江阴人氏，1962年出生，1980年考入北大英语系学习，期间因病休学一年，1985年毕业后留校任教，1991年从北大辞职。

是的，俞敏洪，就是新东方的创始人，就是新东方的舵手，现任新东方教育科技集团董事长兼总裁，全国青联常委、中国青年企业家协会副会长，被媒体评为最具升值潜力的十大企业新星之一，20世纪影响中国的25位企业家之一。

俞敏洪于1993年创办北京新东方学校，2003年又以此为基础成立新东方教育科技集团，并于2006年9月7日成功把企业带入美国纽约证券交易所上市。从白手起家到成功上市，短短13年，他把一个只有几个外聘教师、靠租场地办学的民办学校，打造成了世界闻名、全国一流的英语培训基地。这一剑，磨得很艰难，但磨得锋利无比，光芒四射。

20世纪70年代末，高考制度的恢复给了无数有志青年一片希望的光芒，俞敏洪也在这个群体中憧憬着"金榜题名时"的幸福时光。1978年，他走进了当年的高考考场，填报的只不过是一所地方普通高校——江苏省

常熟师专，但考试过后两个月漫长等待的结果，是该校大门毫不留情地向他紧闭。

落榜的他回乡干起了手扶拖拉机手的活儿，但在他的心底深处，始终有一颗火苗在燃烧着，有一股暗暗的力量在支撑着。第二年，他再次迈进了高考考场。这一次，他带给自己和全家人的仍旧是一个令人失望的结果，名落孙山再一次属于俞敏洪。如果说第一次落榜，他的心里还能承受的话，那么第二次落榜，对俞敏洪的打击就很大了，他整天把自己关在屋子里闭门思"过"，也思考着自己的未来。这个时候，俞敏洪的母亲给了他最大的鼓励："这次考试你已经很努力了……不要灰心丧气。一件事情一次做不好怕什么？只要肯奋斗，就一定有机会！"

两度落榜，使俞敏洪懂得了在曲折、复杂的人生道路上，要学会坦然面对，勇于克难，决不退缩。俞敏洪重鼓信心，勇闯独木桥，进行了第三次高考冲刺，终于，他闪亮地成为北京大学的一员。

北京大学是俞敏洪的幸福之地——三度高考后，他终于走进了这座殿堂；北京大学也是俞敏洪的伤心之地——留校任教后，却因在外兼职任教而遭受校方突然的处分；北京大学更是俞敏洪成功人生的转折之地——遭受处分的羞辱后，他毅然辞职，独立办学，从高校教师变身私立校长，并造就了业界的第一品牌。

从充满光环的北大教师到无奈辞职失业，俞敏洪突然间成了一个一无所有的人，职工宿舍没有了，生计来源没有了……为了谋生，他只能去民办培训班代课。但他注定是一个不安分的人，一个不甘平庸的人，痛定思痛后，他毅然走上了"单干"的道路。

中关村第二小学一间破败的平房，几张破桌子，几把破椅子，借着民办东方大学的名义，挂上"东方大学英语培训部"的牌子，俞敏洪和妻子就这样开起"夫妻店"，开始了艰难的创业历程，干起了真正属于自己的事业。

为了招生，俞敏洪在零下十几度的冬夜里，拎着糨糊桶，奔向一个个广告牌，奔向一根根电线杆，贴上他的招生广告。北方寒冷的冬夜，糨糊刷到柱子上，广告还来不及贴上，糨糊就冻成了冰。再贴，刷子又被残留的糨糊冻住，等到敲打好了冻住的刷子继续贴，不一会儿桶子里的糨糊也冻住了，他只得回到住处，重新熬起玉米糊，然后重新狂奔到下一根电线杆，左右开弓地"刷刷刷"。前面贴上的广告被别人的广告覆盖，他再锲而不舍地往上贴。有时候，他也有过退缩的念头：唉，太难了，何必这么苦着自己呢？但一转念，他又想起小时候父亲捡砖头的往事。于是，浑身一热，他又铆足劲干了起来，他仿佛看到，自己每贴一张广告，就是贴上了一份希望。果然，在铺天盖地的小广告背后，他一步步收获了大量学子，昔日的"东方大学英语培训部"终于稳健地长大成人，成了今天占有全国60%以上出国英语培训市场的"新东方教育科技集团"。

新东方的今天，是俞敏洪经过了无数次挫折之后创立起来的。曲折艰难的奋斗历程练就的百折不挠、永不言弃的精神，"从绝望中寻找希望，人生终将辉煌"的豪气，如今正是俞敏洪屡屡挂在嘴边的"成功秘籍"。正如俞敏洪自己所言："每条河流都有一个梦想——奔向大海。长江、黄河都奔向了大海，方式不一样，长江劈山开路，黄河迂回曲折。虽然轨迹不一样，但都有一种水的精神。"这种水的精神就是：遇到高山就绕过去，遇到平原就漫过去，遇到栏网就渗过去，遇到闸门就停下来积蓄力量，等待机会喷薄出去。但是，永远奔流向前，永远不会回头！

（杜少华）

把小事情做成大品牌

BA XIAO SHIQING ZUO CHENG DA PINPAI

《财富》曾介绍美国11位靠自己想前人所未想的新奇点子发迹的"点子富翁"。其中有：杰克·卡蓬特，使滑雪成为大众化运动，目前他的公司还牢牢保持着全美三分之一的滑雪运动市场；普桑·罗兰，首先意识到美国7到12岁的女孩实际上是一个庞大的消费群体，并认为以各种人种为原型的布娃娃会让所有肤色的女孩喜爱；弗雷德·史密斯，开创了隔夜交货的速递方式，自联邦速递公司创建以来，许多航空公司、电信公司、金融单位以及出版行业也纷纷效仿；理查德·塔利曼，开创了提供商品目录以供挑选以及专营精美小物品专卖店的方式。

滑雪板、布娃娃、隔夜交货、商品目录，所有这些，在形成产业之前，都是在常人看来的小东西。然而就是这样的小东西，经过创业者们的奇思妙想，最终成为改变人们对世界看法的大品牌，也为创业者带来巨大的财富。

积土成山，积水成渊。由小到大、由微至著的渐进也是财富积累的一种方式，而且是一种更有效、更可靠、更有可行性的方式。经营房地产、经营汽车是做生意，经营针头线脑同样是做生意。对于所有有志向的创业者，把小东西做成大品牌，从而创造巨额财富从来就不是神话。

文无定体，商无定市。拿破仑说："世上没有废物，只是放错了地方。"大凡成功的创业者，都独具慧眼，在别人往往忽略的"小东西"上看到辉煌的前景。智慧从来没有专家和贫民、大师和百姓之分。只要我们善于发现，善于创意，"小东西"就一定能够赢得大市场。

芭比娃娃之母露丝·汉德勒

——以一个玩具拉开成功大幕

露丝·汉德勒是美泰公司的玩具设计师，已经在纸上写写画画忙碌了一早上。她一直在和自己较劲，想要设计出比自己以往更成熟更优秀的作品来。可是，灵感有时是那么喜欢捉弄追求它的人，越是苦苦寻觅，越是搜寻无踪。

这会儿，露丝感到有点疲惫，她想略微放松一下自己，就放下笔。这才想起八岁的女儿已经有阵子没围着她转，围着她吵了。

儿童房间里没有女儿的身影。露丝走到花园门口，看见女儿芭芭拉正和男孩汉森玩耍着。

露丝·汉德勒听见芭芭拉用一种显然是模仿妈妈的声音说："好孩子，我知道你是个好医生，你给大家打针一点也不疼的。"

汉森也装出一副大人的声音接着说："我这个孩子长大要当个顶棒的司机，开雪佛兰车走遍美国。"

露丝边听边乐，这些孩子怎么都跟大人似的？她好奇心上来了，悄悄走到他们身后看个究竟。

哟，原来孩子们正在玩剪纸娃娃呢。

芭芭拉手上的剪纸娃娃穿着白色的护士装，戴着护士帽，俏丽可人；而汉森手中的剪纸娃娃，则穿着工装裤，戴着鸭舌帽，可不就是标准的司机模样么？

"芭比，"露丝忍不住叫着女儿的小名问道，"你们在干吗？"

"妈妈，我们的娃娃在上班。"芭比抬起她的头，眨着一双清澈的眼晴说。

"你在哪里弄这么个娃娃？家里那么多娃娃，怎么都不玩了？"露丝问道。

"它们太幼稚了。我们要长大的娃娃。"芭芭拉说。

八岁的孩子居然说自己的玩具幼稚。露丝笑起来。

芭比为什么不喜欢那些在大人心中标准可爱的娃娃却反而亲近这个有职业并且年龄显得比芭芭拉要大不少的剪纸娃娃呢？

现在露丝明白了，孩子总是向往成熟，期盼长大的呀。即使是个只有八岁的孩子。在孩子眼里，成人的生活方式、成人的职业、成人的穿着打扮……成人世界的一切都给他们无尽的吸引。

为什么我不给像芭比这样的孩子设计一种成熟一些的玩具呢？

露丝激动起来。她像一条幽暗的路，一下子，被自己心中的想法照亮了。

露丝返回设计室，她把刚才的那些设计纸推到一边，重新铺开一沓白纸。在这个早晨，孩子的一句话改变了她，她要重新来过。

她开始起草新的设计图。她随意勾画了几笔，发现事情没有刚才想得那么简单。设计的念头是模糊的，真正落实清晰远没有那么容易。因为不光是在她的脑海里，而且在所有大人的心中，娃娃的形象已经固定成秀兰·邓波儿式了。什么东西一旦固定，就成为一个特别的"世界"了。想要颠覆这个"世界"、推倒重建一个新"世界"，就得具有特殊的想象力和强大的创造力。

露丝要做的正是颠覆一个既有的"娃娃世界"。这可能吗？

在她对面的墙上，正挂着那张著名的照片：玛丽莲·梦露穿着短仅及膝的露肩白裙子站在地铁前，地铁口由下往上送的风把她白裙子吹开，像一朵莲花，梦露一手挡着裙子前片，一手后托，对着镜头几乎是放肆地笑着。她的红唇翘起，仿佛要送出一个香吻，又仿佛要告诉你她神秘的心事。

这个全美男人和女人的偶像，如此性感、成熟、不可抵御。做成玩具

娃娃？不是太过荒唐么？

可是，等等，为什么不呢？梦露是成人们的理想，一样是孩子对未来的理想。

露丝想到这里，几乎是跳了起来。她知道，她已经冲破了想象力里最大的一层阻碍，她见到了新的天地一角。

露丝没日没夜地开始构思和设计起来。作为一个移民美国的波兰人后裔，露丝身上有着波兰这个国度的人们特有的艺术气质，同时她又兼具了美国这块新大陆敢于创造的勇气。她19岁就来到好莱坞学习工业设计，并在大名鼎鼎的派拉蒙摄影场获得了一份工作。在这里，她发展自己的艺术才能，并且，遇到了自己一生的爱人埃利奥特·汉德勒。1945年，夫妇二人开办了一家玩具娃娃公司，露丝正式从事玩具设计工作。

他们的事业蒸蒸日上，生意越来越大。但是露丝是个对于艺术不懈追求的人。她从来没有把给孩子们制造设计玩具当成一件小事情。她知道，在小小的玩具里，同样寄托着人们的梦想、激情以及创造力。而且，这包括了所有的人，不仅是孩子。

当然，这并不是一件简单的事情。

现在，感谢上天，露丝竟从自己的女儿芭比那里得到了如此重要的艺术灵感。她怎么能不为之付出努力呢？

这天，露丝踏上了前往德国的行程。她是代表公司去接一笔生意订单的。

露丝很快谈下了订单。生意伙伴为了表示合作的诚意，邀请她去汉堡最有名的一条商业街道游览。露丝想，何乐而不为呢？

他们在街上漫步着。突然，在一家玩具商店的橱窗前，职业性的敏感使露丝停下了脚步。橱窗里陈列着一长排娃娃，她们穿着华丽的长裙子，扎着长长的马尾辫，身材无可挑剔。

真是太漂亮了。露丝不禁赞出了声。

哦，原来你这个设计师也喜欢丽莉啊！生意伙伴骄傲地说。

丽莉？

是的，这是我们德国最有名的玩具娃娃。是根据我们《西德时报比尔德》上连载的一个漫画人物形象设计的。你看，她是用硬塑料制成的。

露丝连连说，你带我进去，给我当翻译，我要买几个带回美国去。

露丝带着三个美丽可人的"丽莉"回到美国。在她的脑子里，新玩具已经初具模型了。她遏制不住兴奋，告诉同事，我，露丝·汉德勒，要设计一种成熟的娃娃。

露丝觉得自己的想法越来越完善了，现在要做的就是付诸实施。

她首先做出了一个大眼睛，长头发的娃娃，四肢修长，身材飘逸，眼神里流露着玛丽莲·梦露那样扑朔迷离的神秘。漂亮到简直艳光四射，没有人看了不动心不喜爱。可是这还不够，露丝又请了优秀的时装设计师给娃娃设计服装。漂亮时尚的服装紧紧包裹着娃娃无敌的身材。一切都是那么的完美。

露丝简直要爱上自己设计出的这个娃娃了。可是她决定沉住气，先去拿给自己的女儿"鉴定"。

芭芭拉一眼看到娃娃，就抢在自己手上。无论露丝怎么说，也不松开。露丝知道，她成功了，根本无须女儿亲口说是否喜欢这个娃娃。

"那么，这个娃娃叫什么名字呢？"芭芭拉突然冒出一个问题。

露丝沉吟了一下，微笑着说："她叫芭比。"

这年正是1959年。美国玩具博览会盛大召开。露丝当然不会错过。她带着她的"芭比娃娃"隆重登场。令她惊讶万分的是，芭比娃娃获得所有人的青睐，并且人们的这种喜欢随着时间的推移愈来愈强烈。"芭比娃娃"成了世界上最可爱最能带来财富的玩具。

（王晓莉）

肯德基大叔哈兰·山德士

——让炸鸡香飘世界

这天，弗吉尼亚州首府里士满市的一家肯德基快餐店里，来了一位神秘的顾客。营业员像往常一样在热情微笑和甜蜜问候之后，耐心地聆听顾客的要求并提出恰当的建议，然后迅速包装好食品。"感谢您的光临，欢迎您再来！"营业员双目注视顾客，话刚说完，突然她意识到了什么。尽管来人戴着墨镜和太阳帽，营业员终于还是认出他就是肯德基炸鸡的发明者哈兰·山德士。

原来，肯德基大叔哈兰·山德士几乎每个星期，都要抽时间去各地的肯德基快餐厅明察暗访，检查营业员的服务态度和炸鸡的质量。即使在出国旅行时，他也会这样。肯德基的主管人员甚至还从社会上招募一些认真负责的人士，对他们进行专业培训，使他们熟悉肯德基食品的重量、色泽及口感标准，让他们以普通顾客的身份不定期地到各地连锁店就餐，亲自品尝、打分。从那时起，肯德基连锁店渐渐遍布80多个国家和地区，拥有11000多家餐厅，以山德士形象设计的肯德基标志，已成为世界上最出色、最易识别的品牌之一。那个长着花白胡须的老人的笑脸，就是哈兰·山德士。

1890年，他出生在印第安纳州的亨利维尔城，父亲在他6岁那年就去世了，母亲整日在外面做工，哈兰是家中年龄最小的孩子，烧饭做菜等家务事就落到了他肩上。在不长的时间里，他竟然学会了十多个菜的做法，而且味道不错，受到了母亲和邻居的称赞。当时他只有七岁。后来母亲再嫁，他和继父的关系不是很好，就去农场当了工人。此后他的就业经历比较丰富，几乎什么活都干过：做过粉刷工、铁路司炉工、铁路路段道工、消防员，卖过保险，推销过汽车，还曾到古巴去当过兵等等。稍微值得多提一笔的是，他通过自学得到过一个函授法学的学位，并在堪萨斯州的一个小城当过一段时间的治安官。对法律的了解，为他日后的事业发展提供了不少帮助。

40岁那年，他带着老婆孩子来到了肯塔基州，在一家加油站找了份工作。当时他并没意识到，这份工作会给他的人生带来转机。那里往来的人很多，路又漫长，看到司机们饿得两眼放绿光的样子，他产生了顺便卖点食品的想法，何况他烹饪的手艺本来就不错，家人也支持他。司机们体力消耗大，需要吃点有营养的东西来补充体力，普通的饭菜名堂多，弄起来比较麻烦，他想起了小时候试着做过的一种炸鸡，只是技术不过关，味道还不尽如人意。如果把炸鸡做好了，自己轻松，顾客们也实惠。在路边餐厅的小厨房内，他开始研究炸鸡的做法。试验了好多次，他终于研制出了一种神秘配方，借此推出了自己的特色食品，这就是后来的肯德基炸鸡的雏形。它口味独特，脆嫩鲜美，受到了顾客的热烈欢迎，餐厅的生意越来越好，影响越来越大，以至很多人慕名而来，不是为了加油，而是为了吃他的炸鸡。

刚开始卖食品的时候，他或许是想多拉点加油站的生意，没想到现在喧宾夺主。顾客越来越多，加油站已经容不下了，山德士在对面盖了一家餐厅，专营炸鸡。

当时山德士的餐厅可容纳一百四十多个人，为了保证炸鸡的质量，他一点都不马虎，亲自动手。这样，他的餐厅就成了最初的炸鸡市场。后来他边经营边继续改进炸鸡的配料。可以说，山德士是最早懂得食品配方的奥妙和价值的人之一。

业务不断扩大，山德士也感到自己管理餐厅的经验不够了，为此他还专门到纽约的一家大饭店学习管理。这时压力锅已经面世了，山德士受到了启发。他买来压力锅试验，终于发现了一种独特的炸鸡方法。用这种方法炸出来的鸡更加味美。这时，配方的原料已经增加到11种。炸出的鸡皮薄透壳，香味诱人。他兴奋地说："用我发现的这11种原料组成的配方使我拥有了世界上最美味的鸡。"这种炸鸡方法一直延续至今，稍有变化的是配方的原料据说已经增加到四十种。1939年，为表彰山德士对烹饪业所作出的贡献，肯塔基州州长授予他"山德士上校"称号。

如果事情仅仅到此为止，山德士充其量也不过是一个赚了很多钱的个体老板，而不会成为某种连锁店的形象或饮食文化的代表。二战爆发后，政府实行汽油配给制，加油站不得不关门了，但餐厅的生意依然不错。然而按照政府的建设规划，有一条高速公路要把他的餐厅和顾客隔开，也就是说，他的餐厅也要关门了。1956年，已经66岁的他，将一桶装有用秘方调出的调料，和那台经过改装的蒸煮器一起装上了他的福特汽车。这是他的全部财产了。他沿途叫卖他的配方。他身着白色西装，打着黑色蝴蝶结，白发苍苍。他对餐厅的老板们说："让我给你们来炸鸡吧，若你们喜欢它的话，我可以把这桶调料卖给你们，并教会你们怎样炸。只不过你们每卖一只炸鸡，就要付我4%专利费。"幸亏学过法律，知道了知识产权的重要性。他的工作进行得很不容易，据说，整整两年，他被拒绝了1009次，在第1010次走进一个饭店时，才得到了一句"好吧"。

然而这一声"好吧"却是星星之火，可以燎原了。四年后，在美国和加拿大，已经有400多家餐厅在卖他的炸鸡。他再次出名了。

1964年，肯德基快餐厅已经拥有了600多个连锁店，全年产值达到了3700万美元。也正是这一年，年仅29岁的律师约翰·布朗和纳什维尔市一位名叫杰克·麦塞的60岁的金融家找上门来，提出付给山德士200万美元，让他同意转让除佛罗里达州等几个州再加上加拿大和英格兰等几处地方以外的全部肯德基快餐厅的业务权，而且还请山德士担任他们的质量顾问，领取终身薪金。山德士心中虽然极为不舍，但想到自己已经七十多岁了，他还是同意了，把事业交给比他年轻的一代去做。肯德基就这样不断地被传递着，每转一次手，都会产生一批富翁。

（陈然）

称雄世界拉链业的吉田忠雄

——再小的事情也可以有大作为

那天早晨，他像往常一样提着包去位于东京一隅的陶瓷店上班。他是一个敬业守时的人，哪怕这是在动乱不堪的第二次世界大战期间。

说是陶瓷店，其实卖的已经是杂货大全了。他本来在上海，为陶瓷店做采购。身处繁华的商业都市大上海，凭着自己的头脑聪明和勤奋卖力，他很快就积累了一整套生意经。现在非常时期，国家经济陷入衰退，日元大幅度贬值，陶瓷店很难经营，同为同乡的老板便把他从上海叫了回来，希望借助他的一臂之力，让店子有点起色。他也非常努力地想着办法。但是杯水车薪，店子还是难以支撑。不久老板一咬牙，陶瓷店改卖杂货了。

他进到店里，一眼看见老板神情萎靡地坐在那里。他预感到有什么不好的事要发生了。

果然，老板声音低沉地说："忠雄，昨天晚上我想了很久，这个店是没法经营下去了。与其这样每天贴钱在这里维持，不如干脆倒闭了。我已经决定放弃这个店了。店里遗留的货物，你要愿意，就接手处理吧。"

老板就这样走了，接下来的几天他都在清理这个倒闭的店子里遗留的那些货物。

在一个角落里，他看见了一大堆蒙满灰尘的拉链。那是拉链商放在店里代销的。但是由于制作过程本来就粗疏，加上长期无人问津，这些拉链普遍都生锈了，有的根本就拉不拢。在一般人眼里，这完全就是一堆废品，大可以扔到垃圾堆里去了。但是吉田忠雄的脑子里却有火苗一闪。他想，拉链这个小东西在日常生活里太管用了，几乎每个人都要用到。而且拉链是第一次世界大战后才传到日本，算是个新事物。只要是新事物，就一定有大的发展空间啊。这虽然是一堆快作废的拉链，但是如果从工艺上加以改造，也许会受到大众和市场的欢迎呢。

再小的商品，也蕴藏着大商机。再小的事情，也可以有大作为。这是他，26岁的吉田忠雄的人生理念之一。

吉田忠雄为自己的想法所激动，他很快行动起来。他先找到那批拉链的所有人。请求他们把这些小拉链盘给他销售，以后他必定筹集款项还清债务。债权人很快答应了。

忠雄开始了他的放手一搏。1934年，他成立了自己的第一家拉链公司，取名"三S公司"。公司员工只有包括他在内的3个人，公司资金总共350日元，都是他平日省吃俭用下的。公司负债却达到2070日元。

起先日子非常难过。他并不熟悉拉链业，而且由于拉链刚刚传到日本不久，制作工艺完全靠人工完成，十分简单落后。拉链动不动就合不上齿，故障频发。忠雄一筹莫展，陷入了事业低谷。

就在他苦苦思索着如何改变现状却百思不得之时，有一天，父亲久太郎来看他。父亲是个山林的鸟贩子，以捕鸟、驯鸟和卖鸟为生。

父亲见忠雄陷入逆境，便劝导他说："我看你还是从最小的细节做起吧。你忘了你小时候跟我一起钻山林捕鸟的情景了吗？"

吉田忠雄有种豁然开朗的感觉。他想，是啊，拉链这么小的东西，在每个细节上一定要做到完美，市场才能接受它。不能因为它小，就感觉无从下手。

于是他专程去大阪了解制作拉链的整个过程，回来后潜心研究如何改进。工欲善其事，必先利其器。为此他专门做了些修理拉链的小工具，使用起来得心应手。他把仓库里那堆坏了的拉链搬出来，一条一条进行修理，并且专门准备了一个小本子，画下图表，记录修理拉链的所有心得。

令他欣喜的是，经他修理的这些拉链全部卖出去后，没有一条遭到顾客的退货。它们全都经久耐用，而且润滑易拉。

他的生意越做越大，三S拉链销量每年以三倍的速度上升。员工也增

加到100多人。1936年，吉田忠雄还清了所有债务。一天清晨，他到债权人那里取回了自己从前写的借条，他激动得流下了泪水。

吉田忠雄彻底爱上了拉链这一行。他每天面对着那一根细细小小的东西，不停地琢磨着其中无限大的发展的可能性。比如材料，忠雄发现铝比钢要轻得多软得多，于是他决定用铝代替钢。不久他又发现铝合金硬度强又轻，于是他成为世界上第一个改用铝合金代替钢做拉链原料的人。

忠雄甚至提出了一个响亮的口号：一年吉田拉链绕地球一圈。希望公司年产拉链长度能绕地球一圈。他把这口号设计为公司的商标，给自己和自己的员工树立目标。

到1970年代中后期，吉田忠雄在拉链市场上已经占有日本的90%、世界的35%的份额，可谓独霸天下。

小小的拉链，终于绕着地球不断奔跑。而吉田忠雄，也成为把小事情做成大品牌的代表人物之一。

（王晓莉）

"剃须刀王"金·坎普·吉列

——来自最初那一刹那的灵感

20世纪初，美国某市街头有一天出现几个广告："新型刀片瞬间就可装换，使用时不仅会保护您的皮肤，还会带给您美妙舒适的感觉。""您想干净卫生、安全轻松地剃去您的胡须吗？您想节省时间和金钱吗？为什么不去试一试新型刀片呢？"

对于习惯了使用传统剃须刀的人们来说，这广告引起了不小轰动。人们纷纷掏钱购买这种质优价廉的吉列刀片。

发明这种剃须刀的是个叫金·坎普·吉列的人，1855年1月5日，出生在芝加哥一个小商人家庭。父亲做小生意，收入并不稳定，家境时好时坏。16岁那年，吉列的父亲生意破产，他辍学了，为了维持生计，不得不去寻找一份工作。

对一个没有学历、没有经验的人来说，比较容易找到的工作是推销员。吉列在这个职业上一干就是24年。

推销员的工作既辛苦又不稳定，收入不高。但是其中的艰难却磨炼了吉列的意志、锻炼了他的能力，积累了社会经验。

作为一名推销员，为了给客户一个良好的印象，他每次会见客户之前，总要修饰打扮一番。有一次，吉列早晨在旅馆的客房里自己剃胡须。天气太热，又急于出去找客户，勉勉强强地刮好胡须，下巴上已变得血肉模糊得惨不忍睹。他恶狠狠地扔掉剃刀，怨恨地说：为什么就没有更方便、更锋利的剃刀呢？吉列的这一番怨气，倒是提醒了自己：我为什么不能来开发自己所想要的剃刀呢？

一次推销经历给了他一个启示。那时他刚好去推销一家工厂生产的新型瓶塞。这种小小的瓶塞样子很不起眼，价钱也比较低，但很受消费者欢迎，在市场上十分畅销。

　　吉列有点好奇地问老板：这种并不起眼的瓶塞为什么会这样好销呢？老板笑眯眯地告诉他：这种新型瓶塞是"用完即扔"的一次性产品，消耗得快，自然也卖得快。由于它价格便宜，人们重复购买也觉得能够承受。这位老板无意中透露的"生意经"使吉列受到强大的心理冲击：既然"用完即扔"的产品如此受消费者欢迎，为什么自己不能设计一种这样的产品来赚钱呢？

　　吉列是个敢想敢干的人。他立即买来锉刀、夹钳、薄钢片等工具和材料，关起门来细心地研究和构思。他想，代替刀身的薄刀片可以"用完即扔"，但刀片必须能和刀柄分开。这样，刀片钝了可以更换，刀柄可以反复使用，剃须刀的成本也会降低，用户才不会有重复购买的心理障碍。这确实是一个成功的构想。

　　吉列把刀柄设计成圆形，上方留有凹槽，从而能用螺丝把刀片固定。刀片用超薄型钢片制作，并夹在两块薄金属片中间，露出刀刃，使用时刀刃与脸部始终可形成固定的角度。这样，既能方便地刮掉脸部和下巴上任何部位的胡须，又不容易刮破脸。确定设计方案后，吉列请专业人员制作出样品，虽然使用效果不算太理想，但与传统剃须刀相比，无论是锋利程度还是安全性能，都有了很大的提高。

　　好的创意终究是有人赏识的，1901年，吉列的好友将这个设想告诉了麻省理工学院毕业的机械工程师尼克逊，尼克逊对此很感兴趣。数周后，尼克逊成为吉列的合伙人。为了筹措所需的5000美元生产设备费用，公司的名称改为美国安全刮胡刀公司（后来改名为吉列安全刮胡刀公司）。

　　吉列的安全剃刀并不比其他剃刀好，而且生产成本也更高。但是吉列剃刀并不"出售"剃刀，他出售的是5美分的吉列专利刀片。由于一个刀片可以使用6~7次，因此每刮一次脸所花的钱不足1美分，甚至不到去理发店所花费用的1／10。而且剃刀和刀片分离，新刀片瞬间就可装上，省时省力，刮时不但不会伤及皮肤，且舒适无比。

吉列对自己的产品充满信心，认为必定会引起消费者极大的热情，产品必定供不应求，财源必定滚滚而来。然而，事实给了过于乐观的吉列当头一棒：新产品上市后竟然滞销！1903年全年的销售纪录是：刀架51个，刀片168片！

多年的推销经验告诉他，坚持才是胜利！他开始总结教训，一方面在刀片上下工夫，一方面开始利用广告攻势。吉列选择几个闹市区设立了几个大标牌，将画卷贴在标牌上，正如前文所述，广告带来了很好的效果，吉列刀片的销售量直线上升。

就在吉列刀片生意逐渐好转的时候，一战爆发了，这次战争给吉列刀片带来了极大的好运。

战争开始时，美国采取了坐山观虎斗的中立政策，并同时与交战双方做生意。对外贸易的增长大大刺激了美国的国内生产，在这有利的形势下，吉列产品的原材料价格下降，而生产工艺进一步提高，从而在市场上更有竞争力。

1917年4月，第一次世界大战已接近尾声，美国向德国宣战，并派兵进入欧洲战场。一次偶然的机会，吉列从报纸刊登的新闻照片上，看见大胡子士兵在前线的照片，灵机一动，以成本价格向军需品采购部门供应安全剃刀，美其名曰："优待前方将士"，立即受到了生活艰苦的大兵们的欢迎。

于是，吉列的安全剃须刀堂而皇之地进入了每一个士兵的背包里。这项举措不仅大规模地增加了公司产品的销售量，更重要的是培育了固定和潜在的消费群体。这些士兵在部队里用惯了吉列的安全剃须刀后，也把这种消费习惯带回家中，成为吉列公司长期和固定的顾客。他们还影响到周围的人，让使用安全剃须刀的人越来越多。

第二次世界大战时，金·坎普·吉列已经去世；但吉列公司仍沿用老吉列在第一次世界大战时候的做法，以"劳军"的名义，把数量巨大的安全剃须刀作为军用品供应美军，随美军走遍世界各地。由此，吉列公司获得了战后的巨大发展。

（李晓军）

牛仔裤发明者李维·斯特劳斯

——条裤子延伸掘金梦想

到达美国西部旧金山后，李维·斯特劳斯，这个来自德国的异乡年轻人，犯了愁。

是一张报纸令他产生来美国的冲动的。那报纸上写着一则惊人的消息："美国西部发现大片金矿。"这短短几个字，大放金光，激发了人们的无限遐想。无数怀揣着发财之梦的人们，开始携家带口涌向通往金矿的道路，景象十分壮观。

李维·斯特劳斯那时只有20岁，犹太人天性里对金钱与财富的敏感，也促使着身在德国的他，不知不觉地就被卷裹进了这股潮流当中。1850年，他踏上了前往旧金山的道路，成了这美国历史上最著名的西部移民运动的一分子。

事实却令李维·斯特劳斯有些失望。前来的淘金者多如蚁群，帐篷一望无际，也许一克金子却有一万个人在挖掘、在等待靠它发财吧？这又如何能够发财呢？李维·斯特劳斯明白，自己的掘金梦是不能再做下去了。他得另辟蹊径，利用现有的条件，创造赢利的机会。

汹涌的淘金人潮，带来了大量的对日用百货的需求。李维·斯特劳斯敏锐地感应到了这一点。他想，也许我要挖掘的金子正在这些淘金者身上。不如为这些人开办一家专门销售日用百货的小商店吧。

有一天，李维·斯特劳斯乘船去采购了一批百货回来，其中也有他认为工人搭帐篷时都需要的帆布。他一下船，人们就拥上来抢购他的货物。很快，他的货就差不多卖空了，他的身边只堆着他特意进的那些帆布，无人问津。这是怎么一回事呢？

李维·斯特劳斯有点郁闷地带着那堆帆布往回走。路上，他遇见了淘金工人科尔。

李维·斯特劳斯把那堆帆布指给科尔看，告诉他自己进了一批有可能会成为滞销品的玩意，犯了个不太高级的错误。

科尔盯着那堆扎实的帆布，不作声。

李维·斯特劳斯心想，莫不是科尔想买点我的帆布？于是问道："你要买点帆布回去做顶新帐篷？"

科尔拍拍自己身上的衣裤，说："嗨，我家帐篷够结实的。一项可以用好久。你不会做像帆布帐篷一样的裤子卖吗？要有我肯定买。"

李维·斯特劳斯没想到科尔突然从帐篷扯到了裤子，一时反应不过来，便问道："裤子？为什么？"科尔说："你看，我这个淘金工一天到晚就是和沙子石头打交道，这棉布做的裤子根本不经摩擦，没几天就（磨）坏了。不实用啊！你如果做得出帆布这么扎实的裤子，我肯定买，我周围那些淘金工人也肯定买。说不定你可以发上一笔呢！"

科尔哈哈大笑着往前走了。

李维·斯特劳斯琢磨着科尔的话，一路迷迷怔怔地回了家。他越想越觉得有道理。就用帆布做一种结实的裤子出售给科尔这样的淘金工，为什么不可以试试呢？

李维·斯特劳斯一夜没睡好。天一亮，他就起来了。他跑到科尔的帐篷前，大声喊着科尔。

"科尔，我带你去一个地方。快，跟我走。"李维·斯特劳斯急促地说。"去哪啊？"科尔疑惑地看着这个典型犹太人长相的德国年轻人。"去裁缝那里。你不是想要做一条耐穿的裤子吗？"李维·斯特劳斯说。

他们来到镇上最好的一位裁缝那里。满头白发的老裁缝虽然从来没有做过帆布材料的裤子，还是欣然答应尽力做出来。

三天过后，李维·斯特劳斯和科尔一同来到裁缝家。他们看见了那条帆布做的新裤子。硬实的布料，棕色的工作裤款式，厚实的手感。看上去

野性、随意。

"这就是我想要的那种裤子呢！"科尔首先叫起来，还没有跟李维·斯特劳斯商量呢，他就迫不及待地试穿起来。

科尔像换了一个人一样。新帆布裤子把他衬托得非常粗犷、坚强。他没有想到自己随口的一句话却被李维·斯特劳斯听在了心里，并且满足了他的愿望。

科尔发觉这条裤子除了穿着随意，而且确实耐磨经穿，在干活时随便怎么和坚硬的砂石摩擦，裤子都没有任何磨损。他更是喜爱了。他穿着这条裤子兴奋地到处走动，逢人就说，这是李维·斯特劳斯的产品。李维氏产品，你们去买吧。

李维·斯特劳斯感到惊奇，裤子这才没做几天呢，就有好多人来到他店里，排队要求买一条"李维氏裤子"。

需求这么大，不如把所有的帆布都做成裤子。李维·斯特劳斯感到，他的生活似乎要从制造这种帆布裤子开始，有个新的转变了。这转变带来的财富将像阳光一样照进他的生活。

面对应接不暇的需求，李维·斯特劳斯关闭了他那家小百货商店，另成立一家裤子公司，开始专心制造帆布工作裤——那是1853年，日后被叫作"牛仔裤"的帆布工装裤，正式诞生。当时，它被工人们叫作"李维氏工作裤"。"李维氏"这一品牌开始了漫长的前行。

李维·斯特劳斯成了一个广受欢迎的大名人。走到哪里都有人要订他的裤子。但李维·斯特劳斯并不满足，他越来越挑剔自己的产品。他发现帆布这种材质虽然厚实耐磨，穿在身上却很硬，"硌"人。而且材料太硬了，款式就不能多变化，往往非常单调。

也许，对任何一次商机都不容错过，对任何一件小事都要力求做到完美，正是所有成功的大商人所必须具备的素质吧。李维·斯特劳斯开始到处寻找适合做牛仔裤的新面料。

李维·斯特劳斯甚至给远在德国的亲戚写信求得帮助。一天，亲戚回信，告诉他，一个叫涅曼的法国人发明了一种叫作"尼姆靛蓝斜纹棉哔叽"的蓝白相间的斜纹粗棉布，在欧洲很受欢迎。

李维·斯特劳斯如获至宝，他毫不犹豫地从法国进口这种布料作为工装裤的专用面料。经过大胆想象，他又对这些工装裤做了一次样式上的改观。结果这种新式面料生产出来的裤子，不但结实耐磨柔软紧身，而且样式也显得漂亮多了，再次受到淘金工人的欢迎。

有一天，李维·斯特劳斯看见裁缝戴维斯在给一条裤子的后兜打黄筒铆钉，他不知用意，便向裁缝请教。

戴维斯说："你看，工人经常把矿石放进后兜，所以这里很容易撑破。我加上黄筒钉在裤兜上面的两个角上，就牢固了。我有时还给裤兜四周加上皮革镶边，也是起同样的加固作用。"

李维·斯特劳斯发现戴维斯的创意十分好，这样一来，裤子不仅牢固，同时显得更美观大方了。

李维·斯特劳斯如获至宝。1873年，他和戴维斯达成合作协议，并对他们钉有铆钉的李维氏靛蓝工装裤申请了专利。

就这样，牛仔裤，这一新型的裤装产品，开始了它在人类社会中漫长的历程。时至今日，它成了全世界几乎所有男女老少的必备品。它创造的财富，也变得无以计数。

（王晓莉）

指甲钳大王梁伯强

——锤子剪刀布各有各玩法

指甲钳是名副其实的小物器，他让部下对外介绍都自称"非常小器"，自己为非常小器王。这小物件硬是被他鼓捣成了气候，一百多项专利，每年几个亿的产值，他成为行业领军人物，广东十大经济风云人物……有点王者风范。

他说他的师傅是"三座山"，他跳水胜过伏明霞。

这个梁伯强你信吗？不妨去探究一下。

一张报纸激活了一个人

这张报纸包过东西，皱巴巴，还被画得乱七八糟，却把一个心灰意冷想退休的中年汉子激活了。这张报纸上一篇小文《话说指甲钳》吸引住了他的眼球，让他呼吸急促起来。

朱镕基总理在一个轻工业会上说："我本人就没有用过一个好的指甲钳。"他拿着一个剪指甲不会乱飞的韩国指甲钳说起轻工业应该努力提高产品质量，开发新产品。

梁伯强被这篇文章激活了。他的聚龙公司制作经营人工首饰、旅游产品，收益尚可。可是受旅游地域环境限制和"群龙"间的以杀价为武器的做法，弄得遍体鳞伤，他已经心灰意冷，整天想什么时候退休找份清静。这张报纸让他一阵激动，他决定开始一次新的搏击。

等他走进这个行业，方知其难——全国五家尚存的指甲钳企业都似乎成了托付后事的晚期病人，一家制定国内第一部指甲钳产品规范的企业，在他的注目下，贴上了封条。但他不退缩。

8个月，他跑了20多个国家，进出韩国30多趟，几乎每个礼拜都去，先后从韩国进口一千多万产品，为的就是学技术。他从不怀疑自己的能力。只是这次不太走运，出了车祸，靠一瘸一拐，走完了这段赶超韩国产品的路。

孵化老板，帮别人赚钱

有人说梁伯强像傻蛋，因为他在帮别人赚钱，他有了高档的指甲钳，却坚持不直接面对客户终端的原则，就是不把产品直接卖给个体客户。他的工夫花在孵化老板上——办培训班，一期三个月，一年办四期，一期三十人。他要孵化出500个老板。他不收加盟费，还给工资、差旅费、车船费。培训完各奔东西，想干就先开办事处，跑超市零售，业务饱和了就开形象店。全国已设了五十多个专卖店。每个孵出的老板，都有钱赚，都忙得不亦乐乎，梁伯强吃饭聊天轻松去收钱。

一般普通指甲钳一个也就两三分钱利润，毛利5%，但梁伯强的高档指甲钳一个有一块多的利润，毛利到了40%，可他只得10%，30%让给了代理商，这大概说他是傻蛋的原因吧！可梁伯强认为："他们赚不到钱，他们不能活，我怎么活。"始终冥顽不化地坚持他的商业观念："不舍就不得，跟养孩子一个理，20岁前统统都是舍，以后才靠他养老。"

"我就像街头卖艺的，师傅上场要耍一把，到一边擦汗去了。这就该徒弟敲锣上去收钱了。"难怪他能如此潇洒，他只干他角色的那份事。

他的"舍得"论，让他的公司疯狂发展，半年的营业额就到了9000多万。下半年招商银行的一张大单就是一亿只。

难怪人们称他是隐形冠军。他是一个个老板身后的老板。

怎样才能让钱追着我跑

梁伯强评价自己：没文化，有想法，不聪明，有悟性……评论较客观，他的一些想法和悟性常能让人觉得眼前一亮。

指甲钳如果作为一种工具，路就越走越窄，它应该像服装一样，不仅是御寒遮羞的东西，它成了一种文化载体，所以才能形成这么庞大壮观的产业——这种想法，让他开始提出经营文化。

他的专卖店叫作"情的驿站"。印有特殊图案和语句的新颖指甲钳成为男女传递爱情或投石问路的信物。

欧洲孩子长到10岁，家长会送一把指甲钳，寓意你长大了、自立了，要自己修饰自己了。我们可以从中受到启发，编一些故事，拍成动漫，让它成为一种文化的载体。

梁伯强曾在北京为公关请人吃饭，所用不菲，送上名片，饭后他发现三分之一放在桌上了，三分之一拿在手里到外面丢垃圾桶了，还有三分之一不知塞何处了。他送的漂亮的有他电话号码的指甲钳却被细心别在钥匙扣上了。由此他的一个想法诞生了，设计各种有针对性的图案，语句有广告效能的指甲钳。许多大的团体、公司也乐意将这种指甲钳作为礼品赠送客户或来宾。许多团体大公司也找上门来，一来往往都是大单。

让我跑着去赚钱实在太累，现在我是让钱追着跑。这话听着有点牛，但却让有想法、有悟性的梁伯强真的感受到了。

经济界有学者提出，企业经营者有三个层次：经营产品、经营企业、经营社会。梁伯强提出经营文化，经营人性，经营人生，也是他从小小指甲钳中悟出来的。

他讲他的师傅是三座大山——孙中山、钟南山、赵本山。他从孙中山那学到了救国理念，从钟南山那学到了专注和勇敢（钟南山专注研究病毒学，勇敢抗击非典），赵本山以他的眼光和能量，能把"二人转"忽悠进了中央电视台，办培训班办剧团，演出拍电视、电影，硬是把二人转忽悠成了一个文化产业。

梁伯强，把指甲钳视为经营文化的载体，他认赵本山为师傅，也应算作英雄所见略同。

小王也是王

梁伯强戏言，他不服伏明霞。

伏明霞10米跳台跳下3秒钟就得了金牌。梁伯强当年两次从10多米高的山崖上跳入海中，游11个小时到澳门找发展空间。中国的改革开放给他提供了最大的发展空间。

古人云："勿以善小而不为。"梁伯强眼中是不认大小，只认发展和成功，所以才能把个指甲钳小器做到了极致。

在亚洲、在发展中国家，梁伯强的指甲钳足以称雄。在发达国家，还未走到这一步。非不为也，目前还不能也。不过他在积蓄力量。蓝海林教授说："与其做世界500强，不如做足500年。""蚍蜉撼大树，并非不自量"，他能有当年蹈海的决心和劲头，也许他就快把成功写在这"小器"上了。

"小王也是王，蚂蚁腿也是肉，锤子剪刀布，各有各玩法"。

这个梁伯强，真能玩到极致，玩到惊心动魄。

（魏东）

全美最成功的女企业家玫琳凯·艾施

——一场最小也是最大的革命

　　玫琳凯·艾施所从事的事业的伟大，在她45岁之前，还没什么苗头。谁也没想到，若干年之后，玫琳凯·艾施所取得的成就，可与任何一位妇女解放运动的领袖相媲美。

　　1918年5月12日，玫琳凯出生于美国休斯顿。6岁那年，父亲就已经患病卧床，需要她的照料。母亲每天要在一家餐厅工作十多个小时。如果要问父母遗传给了她什么，那就是母亲的乐观。它对玫琳凯产生了终生的影响，在她人生的关键转折点上，发挥了巨大的作用。17岁那年，她结了婚，并很快成为三个孩子的母亲。后来丈夫扔下了她和孩子，参军去了海外。20岁时，她带着孩子来到了得克萨斯州的第二大城市达拉斯，艰难地完成了她的大学学业。毕业后，她在一所教会学校教书。达拉斯是重要的工商业中心，玫琳凯刚选择推销这一行业时，主要是因为贫穷。她并不认为自己在这方面有什么天资，更没想过以此为生。

　　这时她已经再婚，丈夫在货运站工作。一次，有个叫艾达的推销员来她的住处推销《儿童心理文选》。这是一套关于儿童教育的故事集，非常实用，年轻的母亲玫琳凯很想买，但她买不起。好心的艾达便让她把书保留到周末再归还。还书的日子到了，玫琳凯因自己的孩子们无法拥有这套书而非常难过。艾达见此情景，便帮她出了个主意，如果玫琳凯能替她卖掉10套，她就可以送她一套。这让玫琳凯兴奋。她开始打电话给她的朋友和她教会学校的学生们的家长，说她读到了一本很好的书。不到两天，她就卖出了10套。艾达简直无法相信。从此她就帮着艾达推销。这件偶然事件让她尝到了推销的甜头，改变了一些观念。当时教会学校的薪水很低，不久她就辞职专门干推销了。

她做推销工作很热忱，也很刻苦。这样，她渐渐积累了丰富的销售经验。11年后，玫琳凯从斯坦利家居用品公司被挖到一家礼品直销公司，并担任部门主管。当时，美国社会歧视劳动妇女，担任与男性同样的工作，报酬却只有男性的一半。玫琳凯能争取到这个职位，完全是因为她的优秀。1963年的一天，玫琳凯出差归来，发现她的一个男助理已经占据了原本该她得到的职位。她的愤怒终于爆发了。

辞职后，她决定把自己二十多年来的工作经历和经验写下来，希望对妇女在男人的天空下生存有帮助。她在餐桌旁列出了两张单子：一张记述她在待过的公司里发生的美好事情和好措施，另一张记述自己数年来所遭遇的问题及改进措施。完成之后，她突然发现自己已经写出了一份完美的早就存在于她想象中的销售方案。她决定做一件向男性证明女性能力和价值的事情。

然而就在她准备付诸行动的时候，她的第二位丈夫突然去世。一个月后，即1963年9月13日，强忍悲痛的玫琳凯，掏出仅有的5000美元积蓄，创办了自己的化妆品直销公司。这时她已经45岁了，并且做了祖母。所以有人说，玫琳凯的事业开始于一般人认为应该结束了的年龄。公司占地仅46平方米。她以自己的名字为公司命名。最初的职员只有她和儿子理查德及9名美容顾问。

32年后，玫琳凯在接受一家媒体采访时说道："很多男人根本不相信女人能做什么，他们不相信女人有商业头脑，我就是要改变他们的观念，不这样，女人就永远得不到机会。"

玫琳凯从自己的美容师手里买下了一个护肤油的配方，开始生产和销售自己最早的化妆品。这意味着和一些大公司竞争，其中包括著名的雅芳公司。但玫琳凯对传统的直销方式进行了一次革命，她把自己的销售员称为"美容顾问"，她要求她们以"教"为目的，而不仅仅是"卖"，使她们帮助顾客树立自信心，并指导她们的人生，以"丰富女性人生"为己

任。比如她的美容讲座里就包括护肤、彩妆、色彩、着装、心理（教授与人沟通的技巧）以及亲子等丰富内容。她的种种措施使许多妇女从中受益。其实她的很多新的销售员，就曾经是公司的顾客。玫琳凯致力于为广大妇女提供前所未有的经济独立和个人成就的机会。她们通过从事玫琳凯美容顾问的工作，学到了许多职业技能，从普普通通的妇女变成了美丽、自信、自强、自立的职业女性或成为拥有自己事业的独立经营者。公司的发展很顺利，头一年就赚了20万美元。她说："没有什么比以一种积极向上的方式触及别人生活，与人心灵交流，更让人欣喜的了。我一直深信，在今日美国，妇女们拥有前所未有的绝佳机会。"她成立化妆品公司的原因之一就是希望帮助更多的妇女实现她们的梦想：工作的梦想和爱美的梦想。她在销售她的化妆品的同时，也在销售她的工作哲学和生活哲学。她既革新了传统的直销方式，也革新了某种社会观念，促进了社会的进步。所以说，她进行了一场最小也是最大的革命。

现在，玫琳凯公司已经从一家小型的直销公司发展成为业务遍布37个国家和地区、年营业额达25亿美元的全美最大的护肤品直销企业，拥有员工80多万人，而且绝大多数是女性。难怪有人惊叹：玫琳凯·艾施所解放的妇女，比美国女权运动领袖贝蒂·弗里丹能解放的还要多。玫琳凯被视为当今世界最成功的女企业家。在美国《福布斯》杂志评选出的两百年来全球企业界最具传奇色彩并获得巨大成功的二十位人物中，她是唯一的女性。

（陈然）

领带大王曾宪梓

——名牌是怎么创造出来的

一个农村的苦孩子，一个在国内读完大学又分到广州一科研单位的高才生，在香港打拼数年，创出"金利来"名震天下。被美国专家评估为一个字一亿美金的商业价值，国际编号3388小行星被命名为"曾宪梓星"……，他是一个谜，可以说浑身都写满了传奇。

做生意先要做人

1968年夏天的一个炎热的下午，香港尖沙咀一个不大的洋服店的门被推开，一个一脸油汗又有点胡子拉碴的黑脸中年汉子提着两个纸盒进来了，眼中堆满谦和的笑意，还有掩不住的疲惫。

"干什么，你干什么。出去，出去，走！走！"老板正一脸堆笑的谈生意，突然变脸，又冷又冲，变化快得让人吃惊。

中年黑脸汉子被人赶到街上。

第二天又是这么个炎热的下午，几乎是同一个时间，这洋服店的门又被黑脸汉推开了，老板认出就是昨天被他轰出去的中年汉子，只不过手中没提纸盒，人也收拾得格外利索，胡子刮得干干净净，眼中还是堆满谦和的笑意。

"老板，昨天多有唐突冒犯，今天登门道歉，请你喝咖啡。"从隔壁叫好的咖啡已端了进来。老板放下了戒意，他们越聊越近，两人最终成了朋友，中年黑脸汉子的货后来也走上了老板的柜台。老板曾感叹：一辈子我轰走的人不知有多少，能这样来道歉又成朋友的就一人，真会做人，这人能成事。

这黑脸汉子就是曾宪梓，老板不知道，昨天被轰到街上的他，靠在一个冷僻的街角墙上，任两行热泪流下，心里翻腾着数年来漂泊闯荡的一幕幕：在泰国帮哥哥管理领带工厂百般辛苦换来的却是嫂嫂的猜忌而下的逐客令。卖了手表、相机，借缝纫机自做领带遭封杀。回到香港东拼西凑靠借来的缝纫机做领带累到麻木的不知道累。每天提着两大盒200条领带四处奔客户，赔笑脸推销……

曾宪梓在商界广有人缘，在新闻界和其他方面也都有不少朋友，他常说"做生意，要先做人"，"做人要讲诚信"。

从船上蹦出来的"金利来"

曾宪梓的领带已经到了同世界名牌领带放一起，行家也难分伯仲的地步，有的也走进了大百货公司。以往香港领带是进不了像样的店，更别讲进大百货公司柜台了。他曾买了数根名牌领带数日数夜地拆了缝，缝了又拆，他渐渐看到了成功的曙光。最后以外国原产地料子做了四条领带，同四条名牌领带一起拿到大百货公司的男装部经理面前让他辨别，这些业内行家竟难以分辨出真假，他开心地一串大笑，他知道挑战名牌的功夫到了，可是他的名牌起个什么名呢？

他苦思冥想了多天，用大小硬币画圆也画了多次，英文字母已定为"goldlion"，中文名呢？这时有朋友邀他坐船去澳门玩，他在船上还念念有词，同来的几个大公司男装部部长也参与进来议论。有一位试着英文读音发出金——利——连——三字时，曾宪梓脑中觉得电光一闪，兴奋得有点忘乎所以。他以最快的速度注册了新商标，以最快的速度寄出一份份圣诞贺卡，下面注着"金利来恭贺"，一个从船上蹦出来的新名字金利来开始一步步走进千家万户。

酒香也怕巷子深

"广告是投资，是重要投资。"

"成功在于到位的广告。"

曾宪梓的经验之谈，也是成功之谈。

他最先于父亲节前在报纸上刊出："向父亲致意，送金利来领带。"花了3000港币，换来了知名度和张张订单。

1971年囊括世界杯奖项的中国乒乓球队途经香港受邀进行表演赛，独家转播权3万元，曾宪梓因一下付不出而犹豫（后来协议分期付），可后来的金利来在港家喻户晓的程度和雪片般的订单让曾宪梓也吃了一惊，所以后来人说中国乒乓球队留下的微笑，成了曾的微笑。所以后来尼克松访华，无线电视台老总一来找老曾，两人都会心一笑，这次来的"雪片"就更厚了些。报上评议：曾创造了一个属于香港人甚至可以说中国人的名牌，使香港人不再认为香港货是廉价货，比不上外国货，这应该是每一个香港人感到骄傲的事。

金利来进军新加坡在一著名公司设专柜，新加坡的报上就刊出了"××公司独家代理金利来产品"——借船出海的广告效应更强烈。

大陆刚改革开放，金利来广告捷足先登，先声夺人，30多家电视台同时播，一连20天，加上广播、巨型灯箱，势如铺天盖地。最后产品才"千呼万唤始出来"。

老曾也曾经为他自拟的一句句精彩广告用语而自吟自赏。

信息时代，酒香也怕巷子深。一秒钟有一秒钟的商机。把酒以最快速度送到客户鼻子底下，比等着人家来闻好。兵法云：善攻者，动于九天之上。打广告战也是如此。

世界眼光报国心

今天的金利来已成为世界名牌，堂而皇之地走进世界许许多多的大商场，十多年前美国的评估专家就评定他一字值一亿美金。他已成功上市，产品也不仅仅是领带，成了真正的"金利来，男人的世界"的系列大餐。各种男装、男饰品、恤衫、皮包、皮带——数十项种类数千款式，还有各地的分包商。他不仅有一流的产品，更有一流的人才。

走向世界，必须先有世界的眼光。当初曾宪梓细心研究名牌领带，到后来经常去国外研究产品花色款式后面的文化特点。他就看出世界风行的黄色或黑色不一定在黄色皮肤的亚洲能有流行的魅力。

他从借来的缝纫机缝出第一条领带，到今天的一个个现代化企业；从被一个个商店拒之门外到成为世界商贸大户的贵宾；从一个产品到数十个数千款的产品系列；这每一步的艰辛只有创业者才有切身的体会。

曾宪梓在家乡东山中学捐建了壮观的教学大楼，当年在东山中学读书曾说过将来要建一座好点的教学大楼，"将来"的话，已成现实。他为中国申办奥运发起签名活动。他不断地捐助中国教育，捐1亿元设曾宪梓教育基金会，他不断捐助中国足球，捐助家乡，可是他自己生活却节俭到近乎苛刻，磨歪底的鞋子修了再穿，吃不完的饭菜用公筷分派到每个就餐者的碗中……

"祖国有恩于我，我必须终身回报祖国，只要金利来不破产，曾宪梓不死，我对祖国的回报不会停止。"

曾宪梓回报祖国的赤子之心感人肺腑。

名牌是人创造的，是百折不挠、志存高远、永远记着回报的人创造的。

（魏东）

全球饰品王国大姐大周晓光

——从不起眼绣花针做起来的大生意

　　周晓光，当今世界饰品行业的大姐大，掌控38亿资产的饰品王国的掌门人。她拥有中国十大经济女性年度人物、十大风云浙商和十届全国人大代表等炫目的荣耀。在媒体争相报道周晓光创造商业奇迹的同时，专家也在探讨"周晓光效应"背后令人深思的奇特与神秘。

　　周晓光出生在浙江省诸暨市一个偏远贫苦的山村。她有五个妹妹一个弟弟。她是老大。她从端得起碗的时候起，便成了妈妈的帮手。放牛、放羊，打猪菜，洗碗、煮饭，什么都干。她稍长高一点，母亲便带着她走村串户，做些针头线脑的小生意。母亲教她做生意，更教她做人的道理。

　　1978年，周晓光17岁。她独自离开家乡，去四处流动着卖绣花针绣花样。她每年都去北方。追着铁路线公路线跑，三两天换一个城市赶生意。

　　北方的大嫂大妈很喜欢丝线绣出来的花呀鸟呀。但有些人并不会动手做。周晓光热情地告诉她们绣花一点不难，接着便手把手教。周晓光很喜欢这样教人，教得也很有耐心。这样的日子一晃就是七年。跑遍大半个中国的周晓光也出落成端庄的大姑娘。她赚了两万元。

　　周晓光在回忆这段艰苦岁月的时候，曾说那是一笔"财富"。可以毫不夸张地说，七年的风风雨雨已经完成对一名企业家基本素质的培养：不怕吃苦、商业胆略、沟通能力、高度责任感和服务精神等。周晓光身上最突出也是最宝贵的是服务精神。服务精神正是商业的精髓。

　　1985年，周晓光嫁给了同样卖绣花样的东阳人虞云新。第二年，夫妇俩在义乌第一代小商品市场里，买下了一个摊位专卖饰品。在那七年跑生意时，因为女性爱美的天性，周晓光常佩戴一些喜爱的小饰品，并常在卖绣花样时捎带一些小饰品卖。周晓光这样谈到她从行商变成坐商："其实我们到义乌做生意的时候，已经有很多人做饰品。我们中途86年插进去做饰品。我们的客户资源、货源都不是很充分。当我们一旦做起来的时候，我们客户不愿意离开我们，就一直跟我们走。"

上世纪90年代初期，周晓光赴香港考察。香港"店铺式经营"触发了她敏锐的商业直觉。她于1992年开了义乌第一家饰品专卖店。经营的品种更加广泛多样、款式更加丰富新颖。她做了好几家新产品的代理商。她讲诚信，服务做得好。各方面商家都乐于同她打交道。生意很红火。年利润破百万。

1995年7月，夫妻俩毅然拿出700万元投资创办新光饰品厂。饰品是一种时尚商品。在店铺经营中，周晓光常感进货的种种不如意。想领跑潮流更是不可能。自己办厂，多年来对饰品文化的理解，便可付诸实践，并接受市场的检验。她坚信，她和设计人员、一线制作员工，一定能达成默契，拧成一股创新与冲击市场的巨大合力。

新光饰品厂创办三年，以连续翻番的加速度发展。很快在全国建立了销售网络。一举成为全国饰品行业的龙头企业。

风驰电掣的新光列车，终于迎来了一个难以回避的深刻矛盾。新光饰品成了时尚的象征。购买者争相追捧。她的每一款新产品都引来许多企业仿造。仿造品由于省去昂贵的研发费用而低价进入市场。新光的新产品常常生产一两批后即被迫停产。新光饰品厂到了生死存亡的关口。

检点周晓光与同行交往的做派，大有让人生出"自酿苦酒"之慨。新光饰品厂创办伊始起点就很高，对员工的技术培训自然是重中之重。理应对员工有这样的约束：学会了技术必须干满多少年才能走人，或限制三两年不准进入饰品产业。这是各种技术产业进行技术保护的惯常做法。周晓光没有这么做。新光厂的技术大门洞开。许多人从新光学会了技术，就辞职就近在义乌办厂。更有甚者，有些员工因自身种种原因，不能适应新光厂的工作。周晓光常鼓励他们自主创业，并常给他们一些实际的帮助。至

2007年，全国有两千家饰品厂，义乌占一半即一千家，而其中五百家的老板是从新光厂走出来的。

每逢新光请老师讲课，周晓光总要请同行过来听。2000年以后周晓光经常出国。她每次出国回来，总是把国外一些新的时尚理念和新的技术信息，很及时地告诉同行们。有几家饰品企业突发资金短缺，经营陷入危机。周晓光知道后主动援手，帮助他们顺利渡过难关。

商业的最高原则之一是：时刻对竞争对手保持着敏锐的认识，并随时准备在与之进行的市场争夺中，获取最大利益。周晓光的种种做法显然有悖于商业原则。但却符合她一贯的行事风格：帮助别人。这么些年，她一路走来，从未忘记要帮助别人：亲戚、朋友、生意伙伴、顾客和许许多多员工，用她的话来说，要回过来头来"顾"他们一下。现在倒好，她帮忙帮到竞争对手头上，并且帮到这个分上：近于给自己设路障、下死套。

周晓光有些亲戚朋友觉得很难理解。简单地说周晓光很乐于助人，似乎不太准确。说周晓光对竞争对手太"大度"，似乎更不全面。她帮助的不是一人两人而是数百人。她帮助人不是一天两天，而是数年（甚至是二十年）如一日。她帮人不求回报。甚至于得到负面回报，她仍然要去帮。常人的目光很难"看透"她。当我们尝试顺着罕见的"服务精神"，进入她的内心世界，突感豁然开朗：周晓光是以德立志，商业不过是她服务社会的载体。她进入商业是为生活所迫。但是当生计问题解决之后，周晓光身上宝贵的精神之光，便不可遏制地放射出来，并且还将不断温暖这个世界。

在仿造之风威胁着新光的发展（甚至生存）的关口，周晓光没有去组织打假，更没有消沉。她对义乌的饰品市场与饰品产业，有自己清醒的理解。她认为义乌饰品行业的突飞猛进，有利于建立相对独立发展的小气候，并可增强义乌饰品行业的整体竞争力。

周晓光决心向国外要市场。她频繁出国学习、考察。她精心准备了两年。2000年5月，香港会展中心举行的国际珠宝饰品物展上，周晓光带去的6000件饰品一亮相，便引起轰动，一举打破由韩国和香港称霸饰品市场

的局面。周晓光在参展的57个国家和地区、226家企业中脱颖而出，成为一颗耀眼的东方之星。

近年，周晓光牵手杨澜、席琳·迪翁进军高档流行饰品，颇有建树。她到美国进行战略投资考察，准备收购几家美国的饰品零售企业，此招是"借水行舟"，为一举打开美国市场和国际市场铺平道路。到2007年，新光实现了中国名牌、中国驰名商标、中国出口商品免检企业大满贯。新光迈出现代化资本运营的坚实步伐令人瞩目。以她为核心组建的"义乌资本联盟"身手不凡，在杭州等地以大手笔挥写出壮丽与辉煌。

以德立志，志必高远。这是周晓光的大目标，也是全国人民的期望。

（孔荣林）

世界打火机行业老大周大虎
——从流浪汉到亿万富翁

　　他是个流浪汉，有七年"流龄"；他是世界打火机行业老大，亿万富翁。他的经历被学者称为一本中国企业运作的教科书；他的工厂成了当地一个新的旅游点。的确，不少人向游客提及他，介绍他——周大虎；更有不少人想去走近他，审视他。因为，他浑身充满了时代的传奇……

总理关切的"官司"

　　每届的广交会，都成为商界的盛事，那世界各地客商大贾云集广州的场面可以称得上惊心动魄。2006年10月第100届广交会，如果要编头条花絮，当属温总理走到周大虎打火机厂专设的展位前，微笑着关切地向周大虎问起那场欧盟起诉中国打火机的反倾销案和他工厂的生产状况的这件事。

　　"你们的官司打赢了，现在情况怎么样？"温总理的关切让周大虎开始有点紧张，是种充满幸福感的激动，他知道总理关注着他同欧盟打的这场"洋官司"，也知道总理关心着温州的打火机制造业的发展状况。他回答了总理的询问，接着又回答了吴仪副总理的询问。这对周大虎来说，足可以向家乡父老，向同业同人们绘声绘色地去说道说道。

　　这场"洋官司"，在对方来温州实地详细调查后，知难知趣撤诉了，术语称"自动终结"。几乎整个行业都长舒了一口气。

　　欧盟对温州打火机案的起诉突然又不突然，因为在此之前两次对一次性打火机的加税和美国实行儿童保护法案，已让中国打火机行业惴惴不安。2002年欧盟就提出反倾销立案调查，不然要加装安全锁装置，而此装置专利又多为国外公司所控制，这明明设了一个套，让你不愿钻也要去钻。

中国入世以后，许多新起的民营企业一听到"反倾销"，像夜里野外走路听到狼嚎一样身上起鸡皮疙瘩。他们对商界的游戏规则还较陌生，人家一举"反倾销"的棒子，多为扭头就走，而不是见招接招。他们赚了一点微薄的利润，还要接受得了厚利的来调查。

但是，这一次他们碰到了周大虎。一只真正的警醒的大老虎，挥舞"棒子"不灵了。

16天的应诉期已过了7天，业内只听得议论，只见义愤，却不见接招人。周大虎以温州烟具协会会长的身份接招了，他送出了四次陈诉报告，也做了耗尽精力、时间、财力的打算，脱层皮也要坚持下去。他接待了调查人员，人家也查了底朝天，账目、技术、结构、档次、价位均无问题。结果是雷声大雨点小，"洋官司"中途就打赢了，周大虎成了业界的守护神，成了我国入世后第一场民间社团胜诉的"洋官司"，给新兴的民营企业壮了胆，大家走夜路不怕听"狼嚎"了。

流浪汉成了亿万富翁

周大虎1952年出生于温州，父亲是老革命，后来不知怎么又成了"右派"，为此母亲也下放到乡下邮电所，童年就过早尝到了世事沧桑。像同年代青少年所走的路一样，初中毕业去插队，饿得待不住了，几个人就出外谋生，那年他才17岁。

1976年，24岁的周大虎顶替母亲进了邮电所扛包。他的目标是："扛邮包要比别人扛得多，扛得好。"

1991年，周大虎妻子所在的汽水厂破产了，领到5000元的安置费。温州80年代末就有人在悄悄生产打火机。周大虎前思后想要干点什么，所以这5000元成了周大虎的启动资金，用这笔钱招了几个人，把40平方米的住房隔出一间做车间，购进材料配件生产打火机。周大虎业余时间帮着跑供销，跑着跑着自己也辞职了，因为开始利润还挺厚。

到了1993年，温州的打火机厂在民间成了雨后春笋，呼啦一下子从几百家到了几千家，整个行业进入疯狂状态。

许多国外客商也纷至温州，你想温州一个10元的打火机，在日、韩等国可以卖到三五百元，多大的利润空间。有人说当时你发给老外的箱子里是石头，老外也不管就提走，这种打火机的疯狂，很快也付出了疯狂代价。

外面世界虽然火热得要命，周大虎始终保持着冷静——坚守产品的高质量。别人一个工人一天能做1500只，他坚持质量一个工人只能做150只。人家想乘机捞一把就走，他想的是品牌最主要。由此他付出了代价：供货商不愿供货，工人跑了不少。人往高处走，人家往做得多给的工钱多的地方跑。他只好再招人，再培训，把前两年赚的全部搭进去，还是不见起色。他骑摩托连出三次车祸，这肯定是急火攻心所致。

好在市场规律是最公平的裁判——一些吃尽打火机质量差苦头的外商，将目光盯住了周大虎。他的单子越来越多，一天5000只的加工量，却能接到10倍于此的订单。而再观周围，呼啦起来的3000多家打火机厂，已倒了九成。

周大虎坚守质量和品牌，坚守者事竟成，这是商界的规律。在外商找到他，要他完全贴牌、定牌生产时，他坚持他的虎牌打火机必须占七成，否则免谈。他看透了，贴牌生产，主动权人家把着，想什么时候停牌就什么时候停牌，到头一场空。

因为他的坚守，他的虎牌打火机不但成为业内品牌，还逐步成了业内龙头老大。因为这份坚守，流浪汉最终成了亿万富翁。

少挣，也是商业兵法

周大虎手中有了品牌，成了业内龙头老大，成了垄断者，按说也就有了定价权。别人也劝他把价定高些，多挣点。

可是，他还是坚持把利润率定在20%。

真让人看不明白，可是慢慢有人看明白了，称他为商界的知兵者。正因为他的这个合理的利润率，让他稳稳地保持着业内的垄断地位。

有位经济界的学者对他说过，其实合理的利润率，对你起了一个很好的保护作用。周大虎也作恍悟状，同意此说。

一个新的产业、新的行业，往往因为垄断者利用其垄断地位，将利率定得超出想象地高，利之所诱，引得过多的跟进者纷纷杀入，结果往往是混战一场，个个满身鳞伤，最后就不知道是几败俱伤。其实这已经有很多的前车之鉴。因为暴利所驱，像加湿器、微波炉、汽车、房地产等行业无不是混战一场，无不遍体鳞伤。少挣点，却让跟进者思量一番，利薄让其却步。

到位的防守，也是一种进攻。善用兵者，莫不先保证自已处于不被对方击倒的有利位置。商战亦如此，要有一种长远的、持久的识见。

周大虎稳固地保持着行业内的垄断地位，因为他是一位商战的知兵者。

（魏东）

永远充满激情

YONGYUAN CHONGMAN JIQING

激情之于事业，如同荷尔蒙之于爱情，是原动力的原动力。没有激情，世界上任何伟大的事业都不会成功。一个有激情的人，无论他投身哪种事业，都会认为自己正在从事的是世界上最神圣、最崇高的事业，因而倾尽心血。

激情是工作的灵魂。没有激情，就会平庸，更不要奢谈什么创造活力了。激情会激发执行力、意志力和创造力，激活智慧、潜能和进取意识。

做任何事情激情是第一位的，没有激情，不可能做出有创造性的业绩。激情是根植于心底的火种，激情是事业发展不竭的动力，激情是对工作的专注和执着。把事业看作生命的一部分，激情才能激发潜能、自我超越、创造价值。

比尔·盖茨有句名言："每天早晨醒来，一想到所从事的工作和所开发的技术将会给人类生活带来的巨大影响和变化，我就会无比兴奋和激动。"

在比尔·盖茨看来，一个优秀员工最重要的素质是对工作的激情，而不是能力、责任及其他——虽然它们也不可或缺。他的这种理念已成为微软文化的核心，像基石一样让微软王国在IT世界傲视群雄。

激情是一种人生情感和品格，是一种精神境界和力量之源。古往今来无数成功的事例告诉我们，在困难和坎坷面前，必须保持一种奋发向上的激情、百折不挠的精神，而每一次的困难和坎坷，都是对我们的意志和激情的一次最好磨砺和考验。

微软帝国的缔造者比尔·盖茨

——世界上有桌子的地方就会有计算机

比尔·盖茨对于全世界的人来说，都是一个谜，都是一个神话。

这个1955年10月28日出生在美国西雅图市一个普通家庭的小男孩，后来却成为全球最有钱的人，他在上世纪末创造的微软帝国几乎让全世界的人一夜之间都知道他的名字。

盖茨的父亲是位律师，母亲是个教师。盖茨是他们唯一的男孩。盖茨自幼聪明好学，1968年他在念中学一年级的时候就接触到了计算机，这个神奇的东西竟让他着了魔。他成天泡在学校的计算机房，去摆弄，去琢磨。在这个小房子里，他不但从数学老师保罗·斯特格林那里学得了计算机知识，同时还结识一个高学部的同学保罗·艾伦。7年以后，他正是和艾伦创办了美国商业史上最成功的微软公司。

比尔·盖茨以他刻苦和勤奋以及天才的智慧，只用了很短的时间就掌握了计算机的全部知识，并同艾伦一起探讨有关未来计算机技术的问题。在深入学习中，他编写了第一个计算机程序"tick—tack—toe"，这是一种电脑游戏。在进一步探讨计算机的过程中，他俩发现了计算机系统中的病毒，这无疑是一个伟大的发现，在随后的"杀病毒"试验中，盖茨真正进入了电脑王国。

1973年夏，盖茨以全国资优学生的身份进入了哈佛大学这座产生顶级科学家的殿堂。在学校里，他无时不显露出好问、好学的秉性，常在课堂上敢于向老师发问，课余爱和同学们开展辩论，有时把老师和同学弄得下不来台。他专注于计算机，别的不感兴趣。因此，他很快发现这所名牌大学与自己的梦想距离很大，计算机以外的课程占去了他大量的时间，而他一门心思钻研计算机，因此只好选择逃学。大三时，他决定退学。

这时他刚好18岁，电脑时代已经到来，他不能等待，计算机的发展太快，如果念完大学，就有可能失去一个实现梦想的机会，只有电脑才是他此生的追求。于是1975年他毅然放弃了哈佛的学业，与艾伦一起创立了自己的微软公司。这个公司只有3个人，三个充满着理想的年轻人努力开发新的电脑编辑程序，而且获得了一份大合同的签约。对方是当时世界第一电脑公司——IBM。在签约洽谈时，盖茨拿出了一个非常出色的可行性报告，并回答了IBM设计组提出的一大堆问题。IBM公司对面前这个乳臭未干的小伙子刮目相看了，最终愿意与他们合作。与IBM合作不仅给盖茨他们带来可观的经济效益，重要的是在商界树立了英姿勃勃的形象。盖茨为IBM开发的MS—DOS软件在计算机的天空中如一颗耀眼的星星，光芒四射，就是这颗星星后来成为行业的唯一标准。

1977年，22岁的盖茨开始把目标盯上了国际市场，这一年他们开发的软件打入了日本，日本成为他的第二大外国市场。正当中国的经济在崛起时，他两次踏入东方这块神秘的土地，认定这块土地有着广阔的前景。于是他在北京设立了机构。

上世纪80年代，世界电子科技发展迅速，软件竞争异常激烈，个人电脑发展很快，原来的软件明显落后于市场。盖茨认为不更新换代，不研制新的操作系统就要遭淘汰，他立即让公司继续推进Windows操作系统的研制工作。这项工作花了三年时间，于1990年推出了Windows3.0，迎来微软市场的又一个春天。这时，盖茨的公司年利润额达250亿美元，终于成为市场上的霸主。

盖茨是个不断创新、不断探索的人。电脑操作系统Windows研究成功后，他又研制了新DOS软件，这两项产品在个人电脑操作系统市场上占了90%以上的份额，使微软公司在个人电脑操作系统软件市场上取得了垄断地位。电脑用户只要用鼠标在图标上点击，就会激活另一个程序，便可以找到自己所需的目标。

随后，他又指挥公司科研小组研究为电视提供一张装有网页浏览器和其他内容的DVD盘。这种软件研究成功后，他只收了每张10块钱的版税。他要的不是高利润，而是占领这个新的领域。

2004年盖茨的微软公司与迪斯尼公司合作，挖掘IT业的商机，将"米老鼠"等卡通形象制成软件，输入手机、个人电脑、数字电视，为亿万用户提供娱乐服务。

市场需求永远是盖茨创新的目标。当发现电脑出现病毒，他研制集成并完善杀毒软件。当人们希望在小小的电脑上能看到电视、电影等文艺节目时，他们又研发出媒体播放器。当大宗的文件占据太多的空间给使用者带来不便时，他们又研制出压缩软件。如此等等，一切为了用户的需求。

2002年盖茨的公司就规划"长角"蓝图，于2005年推出的"长角计划"刷新了新的操作系统搜索个人电脑中Word文档。Outlook电子邮件、Excel电子表格和PDF文档中心引擎。一系列软件的开发和投入市场，不但给盖茨的公司带来了巨大的经济效益，更让盖茨在全球成功地创造了一个微软帝国。

20年前，盖茨预言：世界上有桌子的地方就会有计算机。他的这个预言正在逐步变为现实。计算机改变了人类的生活方式，也改变了人类社会发展的进程。计算机从"主机"时代到个人电脑操作系统的递进是电脑科技的飞跃。盖茨的成功恰恰是敢于迎接操作系统软件的创新和开发。所以他不失时机，不知疲倦地在不停地研制新的软件，以适应时代进步的需要。

成功后的盖茨更注重研发新产品，他在研发Office2000时，调集了全球8000名工程师共同研发，耗时2年，投入巨大经费，进行了75万人次的测试、修正，最终成功了。微软公司正是有盖茨这样的企业领袖，才能在创新的道路上生产出一代又一代的新产品。迄今微软公司已经获得了数千项发明专利权。

盖茨的微软公司从开始创办时的三个青年学生到现在拥有5万员工，公司聚集了世界上成千上万的顶尖级电脑科技人才，拥有全球最广阔的市场，成为全球最具雄厚资金的企业。他本人也成了当今世界首富。

盖茨是一位极有爱心的人。成为世界首富后，他热心于慈善事业。为了救助世界各地极度贫困的人民，于1993年捐资9400万美元成立了"盖茨——美琳达基金会"，2002年两次向中国青年发展基金会、中国残疾人联合会、特困大学生以及抗非典机构捐赠人民币250万美元；2003年他向全世界宣布："有生之年，我打算将价值400多亿美元的财富全部捐献给社会。"至2004年秋，他已将他37%的价值283亿美元的财富用于各种公益事业。此后的几年，每年都有巨额的资金用于社会慈善事业。对于他来说，再多的钱都不是个人的，应该归结于社会，归结于人类。他是为社会创造财富，为人类创造财富。他希望人类越来越美好，越来越幸福。

（吴云川）

钢铁大王安德鲁·卡内基
——下决心要从自己手中击败穷困

安德鲁·卡内基生于苏格兰，12岁时随全家移居美国，当过纺织童工，后又当过电报员、铁路公司管区主任。29岁时开始创业，创办钢铁公司一举成功，后成为美国鼎足人物、世界钢铁大王。

一百多年前的美国，上演过一场现代版的《三国演义》，三个主角分别是钢铁大王卡内基、汽车大王福特和石油大王洛克菲勒，他们割据一方，其强大的经济实力曾经影响着整个美国的金融状况。

三个巨头中，要数钢铁大王安德鲁·卡内基的经历最为奇特，比起另两个巨头来，他的确算是一个草根大王，没有任何的祖传法宝。

卡内基的老家是苏格兰，是个吹着风笛过日子的美丽国家。1847年，12岁的卡内基跟随他的家庭移居到遥远的美国，祖父和父亲都想在美国发点小财，于是从美国东海岸的纽约港辗转来到匹兹堡。移民的生活是非常清苦的。小小的卡内基白天做童工，晚上读夜校，十分辛苦，只有极少的时间供他回忆苏格兰老家那片绿草如茵的开阔地。到美国的第二年，卡内基好不容易挤进了匹兹堡的大卫电报公司做信差，虽然他当时对匹兹堡的所有街道都不熟悉，但他却向公司许下诺言，保证一个星期就能记熟全城的线路，真有点初生牛犊不怕虎的劲头。公司经理被卡内基的毅力感动，留下了他试用。卡内基果真实现了自己的诺言。当年的匹兹堡是美国的交通枢纽，是物资集散中心和工业中心，而电报作为最先进的通讯手段，在这座大都市起着极其重要的作用。卡内基每日进出于各大公司之间，熟读了这部"商业百科全书"，为他日后成为美国经济巨人打下了坚实的基础。

1853年，美国一家铁路公司西部管区主任斯考特，看中了有高超电报技术的卡内基，想聘他去当私人电报员兼秘书。18岁的卡内基求之不得，怀着强烈的上进心来到了这个大世界，于是在铁路公司的几年中，卡内基凭着自己的勤奋和机灵，24岁就升任该公司西部管区主任，并逐步掌握了现代化大企业的管理技巧。这种技巧是他后来组织庞大的钢铁企业时所必不可少的。

作为管区主任，卡内基经常带领员工修桥补路，走过那些木质危桥时，他就老想一个问题，能不能用钢铁代替木头造桥呢？匹兹堡有那么多的钢铁工厂。卡内基向上级部门提出了他的想法，可是因为他太年轻，没有引起上级部门的足够重视。卡内基可不这么拖拉，他马上向铁路公司提出了辞职，理由很简单，他要创办建造铁桥的公司。1862年，他果真和几个朋友干了起来，用钢架代替木头将那些危桥拆了去。有了自己的企业之后，卡内基要想的事情就更多了，比如美国的南北战争，双方开始使用军舰对抗，可那些木质帆船再架上大炮的军舰，没有一点抵抗能力，他就预言：帆船时代即将过去，钢铁军舰必将应运而生。于是他来到欧洲旅行，无心回苏格兰老家寻踪，而是来到伦敦考察那里的钢铁研究所，并果断用重金买下了道茨兄弟发明的一项钢铁专利，还买下了焦炭洗涤还原法的专利。他认为，这两项专利将会带来源源不断的财富，因为此时的美国钢铁工厂，还处在起步阶段，连专利是什么都不知道，原始得就像用土炉子熬铁。

全副"武装"的卡内基回到美国后，开始鼓足干劲想大干一场。他把分散的资金聚在一起，把以前自己入股的两家公司合并起来，成立了联合制铁公司。卡内基深知传统钢铁企业的这些弊病，果断建立一个面目全新的、集整个生产过程的供、产、销一体化的现代钢铁公司。卡内基成了美国第一个尝试吃独食的人，谁也别想从他手里捞到好去。

1873年，出现世界经济大恐慌，许多人以为卡内基完了，他的钢铁公司没法抵御这场大风暴，于是都把手中持有的钢铁公司股份卖给卡内基，风险让卡内基一个人去担。在风浪中迅速成长为钢铁巨舰的卡内基，股份一下子集中在他一人手里，他立即将公司名称变更为卡内基钢铁公司，资金增长到2500万美元，可以抗拒大海的巨浪。

到了19世纪末的时候，卡内基钢铁公司已经成为世界上最大的钢铁企业，它拥有2万多员工，以及世界上最先进的设备，它的年产量超过了英国全国的钢铁产量，年收益额达4000万美元以上。卡内基有一套独特的管理方法，他并不担任钢铁公司的董事长、总经理之类的职务，位子让有能力的人去坐。他的成功在很大程度上取决于他任用了一大批懂技术、懂管理的人才。他常对人夸口说："如果把我的厂房设备、材料全部烧毁，但只要保证我的全班人马，几年以后，我仍将是一个钢铁大王。"

1890年，功成名就的卡内基毅然从他那蓬勃发展的钢铁事业中引退，以5亿美元的价格将卡内基钢铁公司卖给了金融大王摩根，然后，他就拿着这笔巨资，开始实施他要把财富奉献给社会的伟大计划。至此，美国的"三国演义"大戏以卡内基退出而告结束。

此后，直到1919年8月11日卡内基去世的20年间，卡内基成为一个大慈善家，他首先拿出500万美元为炼钢工人设立了救济和养老基金，以向帮助他取得事业成功的员工们表示感谢；接着，他用16年的时间，为帮助有志于上进而家境贫穷的年轻人，捐款建了3500座图书馆，总共捐资1200万美元；他在第二故乡匹兹堡创办了"卡内基大学"，又在美、英各地捐资创办了各种学校和教育机构，用于教育的捐款，超过了9000万美元之巨。他用剩下的最后一笔1000万美元设立了"卡内基国际和平财团"，专门资助为世界和平作出贡献的人们。

草根大王卡内基，真正做到了赤条条来到世上，又赤条条走进天堂的宏愿，这才是一个伟人不平凡的传奇！

（林德元）

时装帝王皮尔·卡丹
——以无法抑制的热情为人们制造美丽

皮尔·卡丹，1922年出生于意大利威尼斯近郊一个贫苦农家。14岁因家庭生活困难失学，在当地一家小裁缝店当学徒；17岁到巴黎学技，后应聘在帕坎和新貌时装店干活。1950年开始自创时装公司，大获成功。通过几十年的奋斗，他已成为世界风云人物，皮尔·卡丹时装品牌在全世界叫得最响。

一个乡下土裁缝，骑着一辆破自行车往巴黎赶去，他要去干吗？是去找事干，还是去旅游？没人知道。而与这辆破自行车形成鲜明对比的是，这个青年裁缝穿着一身亮丽明快的西服，是当时法国上层人士才敢显示的那种绅士派头，尽管乡下的土路尘土飞扬，可仍黯淡不了这个青年裁缝的新潮和浪漫，吸引了沿途的青年男女驻足观看。这个人，就是从乡下挤进巴黎，最终在巴黎建立一个卡丹帝国的世界顶级时装大师皮尔·卡丹。

小时候，皮尔·卡丹因为家穷而失学，母亲无奈，只得将卡丹送到镇上一个裁缝店里当起了学徒。可是少年早成的卡丹不想学裁缝，他的理想是当一名出色的舞蹈演员。被父母"逼"进裁缝店的卡丹很痛苦，他想用死来结束这种由父母摆布的命运。就在准备自杀的当晚，他鬼使神差地想起了从小就崇拜的芭蕾音乐之父布德里，并流着绝望的泪水向他写了一封信，他最后写道，如果布德里不肯收他这个学生为徒，卡丹便只好为艺术献身跳河自尽了。布德里看完少年卡丹的信吓了一跳，赶忙就给他回了信，信里并没提收他做学生的事，只是讲述了布德里自己的人生经历。布德里说他小时候很想当科学家，因为家境贫穷无法上学，只得跟一个街头老人过起了卖唱的日子。信最后说，人生在世，现实与理想总是有一定的距离，在理想与现实生活中，人首先要选择自己，一个连自己的生命都不珍惜的人，是不配谈艺术的。布德里的回信让卡丹猛然省悟，他不再自杀了，把信藏了起来，也不再抱着舞蹈那个肥皂泡过幻想的日子，而是老老实实地跟着师傅学习裁缝手艺。三年后，皮尔·卡丹认为学得差不多了，就想到外面的世界去闯，于是拿着师傅给的零花钱买了辆破自行车，丁零当啷地上路了。

皮尔·卡丹来到了一家帕坎时装店应聘，该店的服装设计师一眼就相中了他的衣服，暗暗揣测这个小青年的来头，当知道卡丹身上穿的衣服是他自己缝纫的时，店老板二话没说就聘用了他。这让皮尔·卡丹激动不已，而更激动的是帕坎时装店的老板聘用他的原因是他正需要一名既年轻又有创新意识的设计师。皮尔·卡丹的到来，让帕坎时装店注入了新的活力，生意火爆得不得了。

在帕坎时装店干了一段时间后，年轻气盛的皮尔·卡丹已不满足现状了，他决定另攀高枝，去投奔由著名时装设计大师迪奥尔开设的新貌时装店，这可是巴黎顶级的时装研发中心，要想进去，需要有相当的时装设计能力。皮尔·卡丹凭着自己扎实的功底，一下子就闯进了新貌时装店，近距离和世界级时装设计大师迪奥尔一起工作，那是他最紧张又最开心的日子，他凭着细心的观察和勤奋好学，成为迪奥尔最得力的助手，同时也增长了见识，积累了领导时装潮流的设计心得和体会，设计水平也得到了大的飞跃。

1950年，年仅28岁的皮尔·卡丹，再也按捺不住那颗躁动不安的心，他毅然离开了恩师迪奥尔，很快开了一家属于皮尔·卡丹自己的时装设计公司，他要用这些年学到的技术和积聚的人气，在世界时装之都的巴黎大街上占有一席之地。他先是为演出团体设计制作演出服装，赚取了第一桶金，继而又推出自己的女装设计，"让高雅大众化"的设计理念，使爱美的巴黎女人一个个成了购衣狂，成了试衣疯子。她们可以不吃饭不睡觉，但不能没有一套雍容华贵但又买得起的皮尔·卡丹时装。巴黎一时间成了

卡丹帝国。

一发不可收的皮尔·卡丹，让女人疯狂之后，又想到了巴黎街头那些灰头土脸的男人，他不满法国时装几百年没有男人"席位"的传统，于1959年又举办了具有男装系列的时装展示会，毅然推出充满了阳刚之美的男性时装，给那些在光鲜的妻子面前显得猥琐的男人增添了自信和朝气。爱美不再是女人的专利，在皮尔·卡丹的怂恿下，男人们穿得更体面、更庄重、更能显示出绅士的派头。

可以说，皮尔·卡丹是世界上第一个提出"让高雅大众化"的人。他经常对人们说："我虽然是高级时装设计师，但我有一股无法抑制的热情，我要使自己设计的高雅服装大众化，让更多的妇女和男士买得起、穿得上，使风格高雅的成衣面向人数众多的消费者。"几十年来，皮尔·卡丹设计的时装，敢于突破传统，式样新颖，富有青春感，色彩鲜明，线条清楚，可塑感强。他的许多时装被推举为最创新、最美丽和最优雅的代表作，并多次获得法国时装的最高荣誉奖"金顶针奖"。

由于爱美成痴，一生致力为别人制造美丽的皮尔·卡丹，竟然忘记了自己的终身大事，忘记了应该为自己寻找爱的港湾。但是已经80多岁的他并不后悔，他把一生的大爱献给了全世界的女人。

现在，在世界五大洲的80多个国家里，有600多家工厂在按照皮尔·卡丹的设计，制造"卡丹"牌和"马克西姆"牌的各种产品；有5000多家卡丹专卖店，其年营业额已超过100亿法郎。1974年12月，皮尔·卡丹登上了美国《时代》杂志的封面，该杂志对他的评论是："本世纪欧洲最成功的设计师。"

（林德元）

传媒巨头萨默·雷石东

——我希望我所做的一切都是第一

萨默·雷石东，1923年出生于美国波士顿一个犹太移民家庭。哈佛大学毕业，1941年参军，二战后当了10年律师，后接管父亲的公司，从此步入商界。1979年被火烧残，1987年开始实施庞大的收购计划。50多年间，他终于成为一个年收入达246亿美元的传媒帝国领袖。

1979年，55岁的萨默·雷石东在一次室内火灾中被烧个半死，身上45%的皮肤被大火烧毁，右手烧成了一根枯树枝，人们将他从火里救出来时，以为他死了，或者已经报废了，纵使今后能从医院出来，也不过是个没用的家伙。可是大家的估计都错了：第一，雷石东没被大火烧死；第二，雷石东没报废；第三，他在晚年倒成了世界霸主。

几年之后，从医院出来的雷石东回到了现实生活中，虽然嘴角有点歪斜，右手不能动弹，烧掉的头发生出了新发，但他对重新面对的蓝天绿地有着绝佳的好奇，他每天晃动着高大的身子，在美利坚那块充满商业硝烟的土地上奔走着。1987年6月，已经是63岁的雷石东开始了他的收购计划，他微笑着，用没有残废的左手签字，在激烈的竞争对手面前，拿出34亿美元成功收购了美国的传媒巨舰维亚康姆，那些电影电视机构一日之间都揽进了他的怀中。这次收购维亚康姆集团就成了雷石东的大手笔，他早就不满足这个大蛋糕，他有的是信心来赢取这个庞大的摊子，因为他想证明自己的能力，年龄和身体残疾并不是衰老的根本原因，关键是你如何去面对美好的生活。雷石东的人生理念是，只要活着，就得愉快地干活，忘掉自己的衰老和残疾。通过收购维亚康姆集团，雷石东掌握了MTV电视网5家电视台、8家广播公司、18套拥有93万订户的有线电视网以及维亚康姆制作公司、维亚康姆企业等强势媒体。他在美国的媒体王国已经瓜熟蒂落。

充满传奇色彩的雷石东，1923年出生于美国波士顿一个犹太移民家庭，因为具有不可更改的犹太血统，在上学的时候，他经常受到白人的歧视甚至是辱骂殴打。在这样的环境下长大的雷石东，逐渐形成了一种好强而又坚韧的性格，要好好活给别人看的最原始理念在他的脑子里占了主导地位，直至影响了他的一生。

雷石东是在波士顿拉丁学校读的书，这是一所充满激烈竞争的学校，一切都要用实力说话，包括打架斗殴，包括反抗和自卫，也包括考试的成绩决定好与坏。这时的雷石东开始意识到这样一个人生信条：生活是严酷的，一个人面临的压力随时可能让他崩溃，人唯一可以信赖的就是自己，生活是一个勇往直前的过程。

有了信条的人活着就是不一样，请看雷石东的人生轨迹：

1940年，雷石东以波士顿拉丁学校300年来的最高平均分毕业，并直接进入哈佛大学；1941年，太平洋战争爆发，雷石东卷入战争旋涡，他被选中参加对日本军事密码的破译，取得了突出的成绩，成为利特海湾之战全胜的神话，因此他成为二战英雄；战后的雷石东当了10年律师，因为成绩斐然，他享受着年收入10万美金的特别待遇；雷石东接替父亲开始经营东北影院公司之后，把父亲苦心经营的几家汽车影院迅速发展成为拥有400个银幕的大型连锁影院……

雷石东走的每一步，都有一个深深的人生足迹，活着就要做给人家看，让人家承认自己，因此，他的才能和激情可以在自己的天地中尽情地驰骋。在通过维亚康姆建立了电视王国后，雷石东将目光瞄准了派拉蒙电影公司。1993年，他用82亿美元成功收购派拉蒙；1994年，又以84亿美元收购美国著名的百视达公司。已经71岁的雷石东不无自豪地说："我的目标是成为第一。我希望我所做的一切都是第一。我不是说我能做到，也不是说我应该是，我只是在说我喜欢。"

1997年，由于收购百视达公司可能导致失败，雷石东的维亚康姆股价暴跌，两名高层管理人员也跳槽加入了竞争对手的阵营，突然遭遇孤立无援的雷石东被股东们威逼下台。微笑着淡然以对的雷石东向股东们表示："现在我控制着世界上最好的传媒公司。我是如何走到这一步呢？我靠的是勤奋、责任感和智慧。"股东们面对这么一个微笑的老头，最终没有让他滚下台，而是对他充满了感激和信任，相信他能够站起来，就像当年一把大火没有将他烧死，反而烧得更勇敢。这一年，急于拓展的雷石东第一次来到了中国，在中国转了一圈后，从此就和中国结下了不解之缘，他对中国庞大的电视市场和博大精深的中国文化充满了兴趣和敬仰。在他的构想中，想将维亚康姆带进中国市场，同时将中国文化传播到世界各国。雷石东完全陶醉了，陶醉在他构建的美好理想当中。

世界上只有一个人骂雷石东是疯子，这个人就是他的老伴，女人的心里总想装着一个完整的老公，可是雷石东一天到晚都在忙自己的事业，他把老伴放在了一个冰冷的位置，因此老伴四次要跟他离婚，并分走他30多亿美元，雷石东总是微笑着劝妻子：一、不要离婚，我爱你；二、不要分走30多个亿，我还准备筹钱收购别的公司呢。法官向善，不同意两个老人离婚，风风雨雨几十年都过来了，何必要走到离婚这一步呢？后来成了一个惯例，只要雷石东准备收购一个公司，他的老伴就要闹一次离婚。雷石东在法庭上说："要成功，你必须危险地生活，只要这个危险可以合理地被接受，只要回报远远大于风险。我的价值观始终不会改变，那就是永远追求赢的激情，这种激情体现了我全部的意义。"

（林德元）

迪斯尼王国的缔造者沃尔特·迪斯尼

——不断地用新的创意来改变世界

　　沃尔特·迪斯尼的事业是从动画开始的。他从小就喜欢绘画，在笔尖和纸张的摩擦中找到了想象的乐趣。穷苦的生活使大人们垂头丧气，却往往使孩子们想入非非。为了给自己找乐子，沃尔特·迪斯尼往往用夸张、变形的线条来表现他的人物。

　　沃尔特出生于1901年冬天。父亲是西班牙移民，脾气暴躁，但对孩子们的教育还是认真负责。沃尔特有三个哥哥和一个妹妹，家庭负担很重。在沃尔特五岁那年，父亲竭尽全力在堪萨斯州的东北部购买了一个小农场，把全家迁到了那里。母亲弗罗拉·考尔是个温存而细心的女人，她发现了小儿子具有不错的绘画天赋，便买来画册送给他，鼓励他画。这使得沃尔特有了当画家的梦想。

　　除了绘画，沃尔特还喜欢表演。因为它同样可以给他带来乐趣。当时他家有个邻居，是个德国人，性格开朗乐观，家里常充满笑声，相对于自己家里阴沉的气氛，邻居家里就成了沃尔特十分向往的地方。不知不觉中，他成了邻居家的常客。邻居是皮革工人联合会的一名干部，他的女儿吉蒂会弹钢琴。邻居一家人都喜欢上剧院，尤其喜欢韦伯和菲尔兹表演的荷兰语喜剧，而且喜欢背诵里面的台词。沃尔特偶尔也跟他们去。通过吉蒂一家人，沃尔特接触了诱人的歌舞和动画世界。而他父亲认为这些东西太轻佻、浪费时间，所以每当沃尔特偷偷摸摸去剧院的时候，都尽量不让父亲知道。

　　在吉蒂家里，沃尔特和她围绕着钢琴享受着在剧院里听到的喜剧歌剧，并模仿演员们的动作。在吉蒂父亲的指导下，两个人还在学校里演出了。沃尔特穿上搞笑的服装，模仿喜剧里的表演。他给大家留下了深刻印象的是一出《照相馆里的故事》。沃尔特饰演一个模样滑稽的摄影师，他让大家摆好姿势后，却从相机里喷出一片水花来，喷得大家浑身是水，哈哈大笑。接着，他又展示出了自己的幽默画。

小学快毕业了，在林肯总统诞生纪念日那天，沃尔特用硬纸板和鞋油，把父亲的礼帽改造成烟囱状的大礼帽，再借来燕尾服，把绉纱套在头发上，在脸上贴上皱褶，俨然一副林肯总统的模样。校长对沃尔特的表演非常欣赏，并带着他到各教室背诵《葛底斯堡演说》。沃尔特还和三哥罗伊一起，带着他们排练的节目《查理·卓别林与公爵》来到当地的剧院参加业余表演。他扮演卓别林，身上的装扮就是父亲的礼帽、裤子、工作靴和一撮假胡须。他们获得了第四名的成绩，并得到了25美分的奖金。

第一次世界大战爆发了，1918年，美国参战，沃尔特刚好高中毕业。7月，他去看望在芝加哥某海军基地训练的罗伊，也产生了参军的兴趣，决定当天入伍。征兵人员对他的年龄有疑问，他只好模仿父母的签字蒙混过关，成为一名救护车驾驶员。

服完兵役，沃尔特回到了堪萨斯，在罗伊的介绍下，去了一家小广告公司画画，但他的绘画风格不被公司接受，他干了一个月就被解雇了。第二年，他和原来的一位同事合作成立了一家商业美术公司，他们辛辛苦苦，一个月只赚了100多美元。不久，他们就被迫把公司停掉了。好在一个月后，堪萨斯市广告公司招聘画家画幻灯片，他被聘用了。在那里，他学到了拍摄电影和动画的基本技巧。同时他决心发明新的制作方法，使动画看上去更活泼灵动有美感。1922年，他辞去了广告公司的工作，自筹资金，创办了动画片制作公司，把它命名为"欢笑卡通公司"。至此，他的努力意向清楚了，那就是，按自己的风格拍摄真正的卡通故事短片。他干得很卖力，就是晚上，也不回家，就在简陋的办公室里睡觉。每当他疲倦或寂寞的时候，是躲在屋角的一只小老鼠给他带来了安慰。为了向全国推销产品，沃尔特还聘请了两名推销员，可是他们拿了公司的钱却逃之夭

夭，使公司陷入困境，不得不宣告破产。他决定去洛杉矶找三哥罗伊。离开堪萨斯时，他只剩下了几件衣服和绘画用具，买火车票的钱都是给别人画像换来的。

1923年夏天，沃尔特来到了洛杉矶。想到电影公司当导演，结果碰了壁。后来有一家公司接受了他的一些作品，并付了报酬，但他最想当的还是导演。因为这个职业更充满激情，拥有更好地表现自我的权力。于是，他和罗伊一起凑了3200美元，成立了"迪斯尼兄弟动画制作公司"，谁也没想到，这就是迪斯尼娱乐帝国的开始。

1924年，他们拍的《爱丽丝在卡通国》系列片上映了，受到了好评。至此，他们在人才济济的好莱坞站住了脚。为了更好地发展事业，他建议把"迪斯尼兄弟动画制作公司"改为"沃尔特·迪斯尼公司"，他认为单个的名字比带着"兄弟"一词更有吸引力。事实证明他没错。

1926年，他们开始制作《幸运兔子奥斯华》，推出后反响不错。但在他去找发行人查尔斯·明茨谈续约时，却被告之对方已经买通《幸运兔子奥斯华》的大部分制作人员，他再次遭受重挫。在这种情况下，他决定创造出一种新的卡通形象，来摆脱这不幸的阴影和抵抗对方的卑劣行为。一次，在火车上，他想起在欢笑卡通公司"陪伴"过他的那只小老鼠，忽然来了灵感。于是他决定把小老鼠作为新形象来创作。他给它取名默迪莫，他妻子说，不如叫米奇吧。

动画历史上的这个著名形象就这样诞生了。

1928年，他先后创作出三部米老鼠系列卡通片。这时，电影正在从无声向有声过渡。沃尔特决定让"米老鼠"第三部《威利号汽船》也成为有声电影。他克服了重重困难，终于让他的米老鼠开口说话了。他对影片的质量要求极高，有时影片中细致的动作需要人工手绘2万多个画面。资金不够，他卖掉了自己的跑车。他把影片制作得尽善尽美。1928年11月18日，《威利号汽船》在纽约侨民影院首映，大获成功。这一天便被定为米奇的生日。到了1930年，米老鼠的形象已家喻户晓。

值得一提的是，影片中米老鼠的声音，正出自于沃尔特本人之口。

　　1930年，一个名叫乔治的纽约富商买下了米老鼠和它的女友米妮的形象在玩具、书籍和服装上的使用权，用来绘在圣诞礼物上送给自己的两个孩子。产品刚上市便销售一空。沃尔特受到了启发，开始寻找让米老鼠不断"升值"的机会。不久，他授权纽约的一家出版社出版发行了米奇的系列图书，发行量惊人。此后米老鼠的形象被用到各种商品上，它甚至还传奇性地挽救了一家濒临破产的玩具车公司。

　　现在，沃尔特·迪斯尼也成了一个传奇。他的名字是梦想的象征。他创造的米老鼠这个卡通形象，从一定程度上改变了美国文化。他制作了影史上第一部长篇动画电影《白雪公主和七个小矮人》，创建了迪斯尼主题公园，组建了现代化多媒体公司。他是一个欢乐英雄。他的创意改变了世界。

（陈然）

推销之神原一平

——历经磨难的小个子

　　原一平（1904—1984），日本人，23岁开始独闯东京，27岁成为明治保险公司一名推销员，一生未改职业。1962年，荣获日本政府最高奖"四等旭日小缓勋章"，1964年荣获美国颁发的全球推销员最高荣誉"学院奖"。他是明治保险公司的终生理事，业内的最高顾问，被誉为"推销之神"。

　　这位推销之神，就是原一平，一个身材只有1.45米，体重50公斤，矮矮胖胖的乡下人。他戴着一顶灰色的礼帽，穿着灰色绒格子西服，小眼睛，粗眉毛，圆滚滚的脸上挂着永远绽放的笑容，雪白的袜子和黄亮的木屐彰显出他的精神振奋。原一平虽然年少时也曾是乡村里的小太保，被人讥为无可救药，可是从23岁开始，他就改邪归正，开始步入人生的正途，这要得益于他的父亲在乡亲们心目中的德高望重，是父亲用美德感化了他。

　　23岁那年，原一平忽然离开家乡，风雨兼程来到陌生的东京闯天下，他想在自己今后的人生中，像父亲那样受人尊敬，但却不想如父亲那样终老于乡下，在他细小的身体内，潜藏着巨大的抱负和理想。

　　原一平第一次参加招聘考试，主考官用眼斜睨着面前这个身体矮小的"家伙"，冷冷地说："你不能胜任。"拿着简历的原一平惊呆了，许久才愣过神来，结结巴巴地问："何……何以见得？"主考官是刚从美国研习推销术归来的资深专家，骨子里透着一种霸气，对面前这个连说话都结巴的人更添了许多蔑视，可看着这个小个子怪可怜的，就用了平缓的语调说："老实对你说吧，推销保险非常困难，你根本不是干这个的料。"

原一平被激怒了，往前跳了两步，把小礼帽往桌上一拍，紧了紧腰带，大声质问主考官："请问进入贵公司，究竟要达到什么样的标准？身材是不是唯一的标准？"

主考官被突然的质问唬住了，只得说："标准是每人每月推销一万元。"

"是不是每个人都能完成这个数？"

"当然！"主考官将小礼帽戴回原一平头上，却发出一阵冷笑，那笑比北海道冬天的寒风还阴冷。

"一万元？我想我也能完成。"原一平的声音大得让所有的人都听得清清楚楚，而且毫不含糊。

原一平终于被明治保险公司录用了，不过只做一个"见习推销员"，公司既没有给他办公桌，也没有工资，就是说，你认为干不下去了，可以自由滚蛋，这对一个有人格尊严的人来说极不公平。但是，原一平却欢快地干开了，他乐意为老推销员当"听差"使唤，把别人的办公桌椅打扫得干干净净。在最初的七个月里，原一平连一分钱的保险也没拉到，当然也就没有一分钱工资。没钱的原一平不敢坐电车上下班，中午不吃饭，晚上干脆睡在公园的长凳上，那顶小礼帽又成了他的枕头。

原一平每天清早上班，一路上不断用38种微笑和擦肩而过的行人打招呼，认识的和不认识的，他都友善地送给人家一个笑容。一位衣冠整洁的绅士经常看到原一平这副快乐无忧的样子，深受感染，于是便邀请他共进早餐（为微笑埋单）。原一平尽管没钱吃饭，但他还是拍拍肚子，很委婉地谢绝了，他可不想让人看他狼吞虎咽的样子。当得知他是保险公司的推销员时，绅士便说："既然你不赏脸和我吃早餐，我就投你的保好啦！"饥肠辘辘的原一平，终于签下了生命中第一张保单，而且是别人做梦也想不到的大单。

事业开始蒸蒸日上的原一平，正酝酿着一个宏伟的推销计划，他想攻破拒不投保的三菱集团公司，这可是一片未曾开垦的处女地，因为，庞大的集团公司之中，就有明治保险这个子公司，谁会为自己投保？一天，计划周全的原一平想拜见集团公司总裁串田万藏，要知道，集工厂、银行、保险多个行业于一体的三菱集团，是整个日本的骄傲，而串田又是三菱的骄傲，三菱的最高首脑不是谁想见就能见得到的。原一平努力了许多日子之后，终于接到了串田总裁的约见通知，他兴奋不已地来到三菱总部，却遇到了层层关卡。漫长的等待将原一平的兴奋劲耗去了一大半，他疲惫地倒在沙发里，迷迷糊糊睡着了。不知过了多久，原一平被人戳了几下肩膀，轮到他面见总裁了，他惊慌醒来，却不想串田已经站在他的面前，面有愠色地问："找我有什么事？"原一平赶忙整理好衣冠，镇静后一口气说出了自己的推销计划。早就不耐烦的串田吼道："什么？你以为我会介绍保险这玩意？"转身要走。三菱集团有一套严格的约定，任何人不准介绍保险客户，包括董事长串田。

原一平毫不畏惧地拦住串田的去路，大声吼道："什么？你这混账的家伙。"接着又向前跨了一步，站在高半个头的串田面前，"你刚才说保险这玩意，对不对？公司不是一向教育我们说'保险是正当事业吗？'你还是公司的董事长吗？我这就回公司去，向全体同事传播你刚说过的话。"

高傲的串田，从没有人骂过他是混账，今天倒被一个小小的员工呛了一口水，不过，"这玩意"三个字出自串田之口，也确实算是严重的口误，作为三菱集团的总裁、明治保险公司的董事长，怎么能骂自己的公司是"这玩意"呢？

原一平决定辞职。正当他要卷铺盖走人的时候，电话铃响了，怒气已消的串田赔礼来了。串田说他刚才非常生气，一个小职员竟敢顶撞总裁，还把保险做到自己家里来了，这在他的记忆里好像没有第二个人，不过后来他再三深思，觉得原一平的计划是对的，三菱的员工也是人，也需要投保，最后他对原一平宣布："你的计划是对的，我们还是参加保险吧。"放下电话，串田立即召开临时董事会，会上决定，凡三菱的有关企业必须把全部退休金投入明治公司，作为保险金。原一平的顶撞痛斥，不仅赢得了串田的敬服，日后两人还成了挚交。由此开始，原一平终于实现了自己的计划：用3年时间创下全日本第一的推销纪录，连续15年保持全国推销冠军，连续17年推销额达百万美元。

在日本，当时流行一种说法：原一平的微笑值百万美金，而他的双脚却最便宜，为了能拉到一个大公司投保，他用了三年又八个月的时间，在登门70次都扑空的情况下，第71次终于获得成功。这就是原一平的不平凡之处，历经磨难的小个子，用自己一生的实践书写了作为一个伟大的推销员，一个优秀的推销员应该具有的技巧，他将这些技巧告诉每一个普通人，每一个即将走向成功的人。

（林德元）

129

车坛黑马郑周永

——一个执着的追梦者

2008年9月13日的《参考消息》选登了日本《选择》月刊的一篇文章，题目是《日本车技术神话暗转》。说韩国车在美国汽车质量调查中排名已让"日本落在了韩国后面"。这则消息会让人想起那个追梦一生的人——郑周永。

他的称号琳琅满目：韩国首富、车坛黑马、韩国经济巨星、工地"暴君"、"现代"之父——他自己只承认"我是韩国一个富有的劳动者"。

朱拜勒的闯入者

上世纪70年代中期，在沙特的朱拜勒，产业港国际工程招标正在进行。国际建筑界的一些大型的著名的承包集团都云集朱拜勒，或跃跃欲试，或志在必得。竞争或明或暗，都在较劲。

当宣布中标结果时，让美、英、法、日的一些建筑界巨头大跌眼镜——中标的是一个名不见经传的韩国的一家建筑公司。这个朱拜勒的闯入者，开始被人关注。

这个韩国人，瘦长脸，架一副棕色镜架的眼镜，眉不粗不浓，不大的眼中让人感到一种刚毅和执着，有时让人感受到燃烧的激情。工程开始后，人们常常看到这个董事长成天泡在工地上。这个董事长穿着一双军靴、一身工作服，走进工地哪处，哪里就有咆哮声——快！快！再快点！所以他身后就有议论：这个老虎，工地"暴君"。但大家都很敬重他。

工程优质、提前完成。他赢得了信誉和尊重，沙特接下来的不少工程还有中东许多大型工程，也落入了他的手中。这让国际建筑界也都刮目相看，这个闯入者来者不善，要好好研究对付。可是他又留给大家一个震惊，他把赚取的大量资金，并没有扩充他的建筑业，而投向了汽车，这让这些建筑巨头又暗自庆幸。

因为他多年来始终没有放弃他追寻的一个梦——研发韩国汽车，进入世界汽车强国之列。

底特律的震惊

1992年，底特律大型国际车展。这是国际著名的汽车业盛会，车商车迷各界名流云集。这是各国汽车业势力的检阅和较量，这是新的汽车文化和设计理念的呈现和展出。

一款新型的"—HCO—1"概念车，一出现立刻吸引住许多人的眼球：哇塞！这流畅的线条，前卫的造型，特别是那双又大又亮鹰眼大灯，酷！帅！它立刻征服了北美车迷，而其售价仅为1.4万美金，这更引发了底特律的震惊。

对于郑周永和现代车，在北美人们眼里已经不陌生。因为在上世纪80年代就有物美价廉省油的微型"小马"车在这一地受到推崇，而且在加拿大设厂生产"小马"车。1986年应北美研发的"卓越"轿车，也很成功，夺得了加拿大进口车的冠军，并且还向美国卖出17万辆。

郑周永脸上今天有了很少见的笑容，他在一步步走向成功，一步步在实现他的韩国汽车梦。他年轻时，借钱开汽车修理店，开业五天被一把火烧光。后来又办起了"阿道汽车修配厂"发展到上百员工。那时他就在做这个韩国汽车梦了，并且一直追梦不止。1967年12月建立现代汽车公司，与富特英国分公司的合作并不顺利，他也回绝过通用公司投资50%的合作，后来他果断转向自主研发，学习日本、英国技术，"小马"车投放市场大获成功。今天，这款概念车的成功，正是他的多年奋斗的收获季节。

决不让诚信有赤字

韩国上世纪30年代中期，一家小小米店，老板病危，店不交给独生子却交给了小伙计经营，他最叫老板放心，小伙计成了掌柜，这个20岁掌柜就是郑周永。可不久米店被日本占领者封了。他又开汽车修理店，五天就被火烧了。他借钱又办修配厂，员工和客户都愿把钱借给他，因为他可信赖。

1953年4月他接下了一座桥梁工程，可山洪频发，物价上涨，9970万元的预算，早已超过，他变卖房产、家产，才让工程竣工，赤字已达6500万元，卖房为工人发清工资被传为佳话。他的一生，从没让诚信出过半个赤字。经济上的巨亏，却得到了信誉上的巨赢。

虽然后来他富可敌国，可在诚信上，毫厘不让。这是他做人干事业的底线，他也这样教育部下、子孙和韩国的年轻人。人们在总结他的成功时，谈到他的智慧、毅力，不会忘了他坚持一生的诚信，这是他最大的一笔财富。

现代车现代精神和现场主义

现代车已经风靡世界车坛。让日本这个汽车技术神话王国也心悸忧虑，惊呼"日本车技神话暗转"。

"现代"车技术诞生于现代精神。

创造、开拓、刚毅、勤俭——这是郑周永总结的现代精神。

这是能让他追梦一生，最终能让梦成真的一种精神。重创造、开拓，这是"现代"起家的本事，郑周永舍得把钱投向研发，重视更新技术装备。一流的计算机操作机器人，一流的测试仪器，严格的工艺和质量控制保证了现代汽车高品质。蔚山建起的长达20公里的环状测试车场，不断地进行原型车和下线车的测试、对比、评价。

从幼年到老年他都靠一种刚毅精神战胜了一次次挫折。4次离家出走，一次次向命运宣战，一次次转败为胜。他也有一次次惊人之举：1998

年就两次赶着几百头牛越过"三八线"，干起了"牛群外交"；77岁时竟然竞选韩国总统，破了个商界天荒。这大概也是他的创造和开拓。他常向年轻职工讲勤俭，他告诫年轻人："用10倍的干劲去工作，就会得到10倍的回报。"

现场主义是郑周永常使用的词。管理企业，干任何工作必须到现场才能干好。他每天4点起床，看完文件听完报告立即去工地现场，长年如此，已成习惯。在他后来年迈担任名誉董事长，就是在将辞人世时还在不停地忙碌。后来的接棒者郑世永也照样承继这种现场主义。他的家族15个弟弟、8个儿子、一个女婿全部都在经营第一线，可见郑周永的现场主义有多么根深蒂固，他的现代精神也深深润入整个现代集团。

如果没有他，"韩国经济将会是另一番景象"。这个评价还是中肯的，因为现代集团已不仅是汽车行业的翘楚，而且在许多行业都举足轻重。郑周永，这个追梦一生的人，梦已成了真。

一个强大的民族，须有这样一些执着的追梦者。

（魏东）

华人电影事业的开拓者邵逸夫

——用激情打造电影王国

邵逸夫，浙江宁波人，1907年出生在上海一个富商家庭。兄妹8人，他排行老六。少年时在一所美国人办的学校里念书，讲得一口流利的英语。中学时就迷上了戏剧和电影。1924年大哥带着3个弟弟在上海创办了"天一电影公司"，他担任了摄影。邵氏兄弟摄制的第一部影片《立地成佛》在上海滩一炮打响，随后新的影片不断推出。

1926年邵逸夫中学毕业，就跟着三哥南下新加坡开拓南洋电影市场，迈出了毕生追求电影事业的第一步。他不曾想到，这第一步竟然是艰辛和磨难伴随着迈过的。

兄弟二人举目无亲在异国他乡，扛着一架破旧的无声放映机在南洋的乡村巡回放映，长年累月在崎岖的乡间小道上颠簸，风餐露宿。但是当他们看到南洋的华侨对来自祖国的电影是那样的喜欢、那样的亲切时，便忘掉了白天跋涉路途的疲劳，努力工作着。在新加坡和马来西亚四年的时间里，他们结识了很多华侨朋友，看到了南洋广阔的娱乐市场。邵逸夫和他的哥哥在新加坡成立了"邵氏兄弟公司"，开设游艺场和电影院。

随着事业的发展，原来那架破旧的无声放映机和设备不能用了，便决定去美国购买有声电影器材。1931年的一天，邵逸夫乘坐一艘轮船第一次漂洋过海。谁知，天有不测风云。途中轮船触礁沉没，落水的邵逸夫死死抱着一小块木舢板，在茫茫的大海上经历了九死一生的一天一夜，终于获救。经过这一次生死劫难，邵逸夫更加珍惜生命，更加珍惜自己的事业。他从美国好莱坞买回有声电影机后，当年在香港摄制完成了第一部有声片

《白金龙》，开创了中国电影从无声进入有声的新时代。

正当邵氏兄弟的事业蒸蒸日上时，1931年秋天的一场大火把他们香港的天一制片厂所有厂房和影片拷贝烧得一干二净，数年的苦心经营毁于一旦。然而他们并没有趴下，在废墟上又重新搭起事业的舞台，经过十年的拼搏，又在香港、新加坡、马来西亚、爪哇、婆罗洲等地建立了139家电影院，并建立了完整的电影发行网，称雄东南亚影业市场。

不久，第二次世界大战爆发，战争给他们带来了厄运。1941年12月，日寇攻陷香港和新加坡，侵略者燃起的战火把邵氏兄弟100多家电影院化为灰烬。邵逸夫由于"拍摄反日电影"被投入地牢。

抗战胜利后，邵逸夫兄弟重整旧业，一边制作新片，一边在南洋各地建立游艺场和电影院。花了足足十年时间，历尽艰难，又恢复了往日的辉煌。

上世纪50年代中期，香港的经济开始起飞，邵逸夫看准了这个特殊的地理位置，毅然携带着巨额资金从新加坡飞到香港，成立了香港邵氏兄弟影业公司，开创属于自己的电影事业。经过两年的精心筹划，他在清水湾购买了80万平方英尺的土地，倾力打造"邵氏影城"。工程历时七年，一座被称为"东方的好莱坞"耸立在东方之珠的海湾。

邵氏影城建成后，每年以摄制40部影片的惊人速度从这里源源不断地送入东南亚的娱乐市场。到60年代后，邵氏兄弟影业公司长期称雄香港市场，拍过1000多部电影，获得过金马奖、金像奖等几十项大奖。

邵逸夫凭着对理想始终不渝的追求和对事业永远充满着激情的精神，刻苦钻研电影业务知识。从涉足电影业开初，他每天最少要看一部电影，几十年来坚持不辍。最多的时候，一天看7部电影，一年竟看了1000部之多。各国的电影都看，看人家的优点，也看人家的弱点，从中丰富自己的知识。早在50年代，他就精通了电影中的所有工作，剪辑、摄影、化装、剧本、导演，样样在行。几十年的人生足迹，他是从最卑微的职位做起，一点点的学习，一点点的积累，他把电影制作的每一个环节都搞熟搞透，完全可以称得上是一位精通电影的专家。他对影片的质量要求很严，一旦发现劣片，要亲手烧掉，从不手软。

邵逸夫对中国电影业的贡献还在于他最早在香港推行电影明星制，造就了一大批大明星、大导演和名编剧。如胡蝶、阮玲玉、李丽华、林黛、李翰祥、邹玉怀、张彻等无不出自"邵氏"门下。同时出品了一批优秀的经典之作，如《江山美人》《倾国倾城》《梁山伯与祝英台》《天下第一拳》《独臂刀》等影片享誉海外，在华人世界引起了巨大反响，倾倒无数观众。邵逸夫在中国电影史上写下了许多"第一"和"之最"，无愧中国电影事业拓荒英雄的称号。

邵逸夫没有念多少书，很早就走向社会，常常为此感到遗憾。成名后，他致力于资助祖国的教育文化事业。自1985年开始，他每年都要拿出1亿多元支持祖国大陆文教事业。以"逸夫"命名的教学楼、图书馆、科技馆、艺术馆遍布全国各地，仅在全国30个省、市、自治区援助的教育项目就有1000多个。援助资金高达25亿元。鉴于他对祖国教育事业的巨大贡献，1990年5月，中国政府在南京紫金山天文台举行了隆重的命名仪式，将2899号行星命名为"邵逸夫星"。这是对他最高的奖赏。

（吴云川）

凤凰卫视创始人刘长乐
——血液里始终澎湃着新闻人的冲动

据说，2003年，美国总统布什在向伊拉克开战前，突然询问负责新闻时事传播的政府官员：如果战争爆发，中国香港的凤凰卫视会不会直播？

布什为什么这么在乎凤凰卫视是否直播呢？

这当然得从凤凰卫视的创始人刘长乐说起了。1951年，刘长乐出生于上海。关于他的名字，有两种说法，一是他生于长乐路，二是父亲希望他长久快乐。

或许是受名字的暗示，刘长乐一直把追求事业的陶醉和快乐，当作人生的目标。虽然从他的经历看，其实并不一定都是快乐的，但他总在充满激情地追求着：17岁时，他下放农村当知青，回城后在兰州制药厂工作，并当上了车间的小头头。按道理，他完全可以这么四平八稳地过下去。可他选择了参军入伍，甚至不避嫌自己是一个"后门兵"，因为他是近视眼。别人走后门是去享福，他却是去吃苦，他没有选择当时最热门的文艺兵和汽车兵，而是去了野战军的工兵连，"逢山开道，遇水架桥"，所以这种走后门也就没人眼红。

他的传奇开始了。1979年，他被分配到中央人民广播电台。几年后他进入北京广播学院进修时，发现自己的一些节目已经成了教学"范文"。在台里，他也顺利地从普通记者做到了中层管理者。然而让人没想到的是，1988年，他却果断地辞职下海了。是什么促使他这样做？除了弄潮的激情，应该还有拿得起放得下的精神。在他后来的办公室里，站立着一尊高大的布袋和尚像。"布袋和尚、布袋和尚，讲的就是'放下'二字。"

他说。

刘长乐很快在商业领域发挥了他的才华。他十年从戎，十年握笔，又十年"下海"。他先是从事石油贸易，后又在中国内地、新加坡、中国香港、美国等地投资房地产，可以说干一行成一行。但刘长乐的血液里始终澎湃着新闻人的冲动。他果断地在房地产业中急流勇退。事实证明，他的选择是英明的，此后，东南亚的地产业一度低迷。

刘长乐是在新加坡开始考虑重返他的最爱。他发现外部世界对中国的看法主要来自西方媒体。而中央电视台为海外市场准备的节目宣传味道太浓。他觉得电视除了承担复杂的政府宣传工作，还应该提供高质量的娱乐节目和丰富的新闻资讯。他想在内地以外创办一家华语电视台，面向全球华人，并通过卫星将信号发送给中国内地。他说："在英语一统天下的媒体事业中打造出一个华语的天空，我多年的积累正是为了实现这样一个运作。""华语电视媒体不应该是个空白，我们要发出自己的声音，哪怕仅仅是叹息！"

他选择了香港。

1994年，已经具备操作卫星电视实力的刘长乐来到了由传媒大亨默多克控股的亚洲卫星中心，向未曾谋面的默多克提出租用卫星转发器"亚洲一号"办环球华人卫视的想法。刚开始默多克一口拒绝，但刘长乐横跨两岸傲人的人力资源还是让默多克动摇了，他们从对手成为合作者。刘长乐还不屈不挠地做通了政府新闻办的工作：他和默多克成立的合资卫视台将达到两个目的——他将在中国控制默多克，同时利用默多克在全球的资源将凤凰台推广到美国、欧洲和亚洲的有线电视网。刘长乐承诺凤凰台将是一个可靠的、负责任的面向全世界的"中国的声音"。当然，最有说服力的一句话是："争夺话语权是中国融入世界的前提。"

无论是作为新闻工作者还是商人，刘长乐都有着惊人的敏锐。他的大胆之举，跟当时的大环境也是分不开的。首先，邓小平1992年的南方谈话给了他很大动力和信心。其次，香港回归在即，他觉得香港回归以后应该更加国际化。香港的国际化加速，是由于中国本身的国际化逐渐加强，

普通香港人的国家意识也会提高很多。1996年3月31日是一个载入史册的日子，凤凰卫视开播了。凤凰卫视的前身是StarTV中文频道，是默多克办的，现在正式更名为凤凰卫视。关于名字的含义，刘长乐是这样说的："在古文中，凤为阳，凰为阴，'凤凰'二字就是阴阳结合，代表的是中国传统文化。凤凰五彩缤纷的形象，比较符合电视媒体的特征。"

刘长乐概括地指出了"凤凰"的目标，一是"拉近全世界华人的距离"；二是"在全世界的媒体中间为华语争取空间"。他说，尽管华人占全世界人口的五分之一，英语媒体的信息却占了世界媒体信息总量的百分之八十以上，为什么中国媒体不能主动出击，以民间的、市场的定位在全球传播市场中争得一席应有之地？

对于凤凰卫视来说，有两个历史事件促成了她的巨大转变，一是邓小平逝世，另一个就是香港回归。2月19日，邓小平逝世时，凤凰卫视已于1月份在亚太地区首播了十二集大型文献纪录片《邓小平》。这时，中国人需要更多地了解一代伟人邓小平逝世后海内外的反应和相关活动情况。刘长乐抓住了这个机会，连续7天用直播方式报道了内地及香港人士悼念邓小平的情况，其公正的评价与客观真实的立场，给人们留下了深刻的印象。香港回归时，凤凰卫视60小时直播不停，覆盖了整个仪式的全程，创造了华语电视连续直播的纪录。

在"凤凰"流传甚广的一句话是"女生当男生用，男生当牲口使"，当记者向刘长乐求证这句话的准确性时，他笑呵呵地说道，"再加一句吧，'牲口当老板使'。"的确，这句话也可以倒过来。刘长乐经常每天只睡三四个小时，身边常备着一瓶白花油。北约轰炸中国使馆，凤凰卫视在不到三天的时间里策划、组织并推出有几千人参加演出的大型晚会"中国人今天说不"，创造了一个奇迹。伊拉克战争打响前两个小时，凤凰卫视就拿到了布什的讲话全文。战争打响后，闾丘露薇冒死深入到巴格达前线采访。2005年，美国大面积停电是当地时间16点40分左右，也就是北京时间凌晨4点40分左右。而凤凰卫视在6点就作了报道，比中央电视台要早近两个小时。还有"9·11"事件、俄罗斯人质事件等等，这些报道都已成为凤凰的标志性作品。没有人质疑凤凰在华语世界中开始享有重大新闻的"第一解释权"。刘长乐说，"我们抓住了机会，我们凤凰每一个员工的责任就是决不能让任何一个新闻从我们手中跑掉。"2000年6月30日，凤凰卫视在香港创业板上市，从开播到上市，历时仅四年多，这在香港是破天荒的事情，在国际媒体界亦极为罕见。2001年1月1日，凤凰资讯台启播。这个当时全世界唯一全天24小时滚动播出时事、财经新闻的华语卫星频道，由于对新闻事件的快速反应以及信息量大、立场客观，被外界称为"华语CNN"。

有人对刘长乐说，你创业时是一个疯子带着500个疯子。他说：如果是这样，首先也是从我开始疯起的，但我们是有理智的疯子，我们"疯"的方式是我们的激情，但在对事物的判断方面我们是理智的。

他又说，资本积累和事业成就感完美地结合在一起是人生的最高境界，这时你考虑的不再只是投资回报率，也不是如何增加市值，而是一种自我陶醉、自我满足。他找到了属于自己的"长久快乐"。

（陈然）

民营汽车"狂人"李书福

——总在"闯红灯"的人

　　不知道李书福是否读过海明威的《老人与海》，纵观他的创业经历，无疑也给人留下了一个"硬汉"的形象。

　　原本作为台州的一个农民，李书福一不怕苦，二不怕累。1982年，19岁的李书福高中毕业后，揣着父亲给他的120元"巨款"，买了个相机，骑辆破自行车在街上跑，给人照相。半年后，他把120元翻了近十倍。他尝到了赚钱的乐趣，准备把事情做大，开了家照相馆。同时还和几个兄弟一起，在家庭作坊里搞起了小五金。

　　1984年，是在李书福的个人履历上留下了痕迹的一年。一次，他于无意中发现冰箱配件很有市场，回来便也试着生产。当时市场上冰箱供不应求，带动了制冷元件产业的发展。他精明地发现了这一商机，和几个兄弟一起，成立了"黄岩县石曲冰箱配件厂"，为杭州的冰箱厂家做蒸发器配件。刚开始只做小配件，后来他请专家来攻克了技术难关，开始做冰箱蒸发器。第一年，产值就近1000万元，并逐渐成为当地制冷元件供应商老大，外地的冰箱大厂也来请他做配件了。

　　李书福天生是个不安分的人。他终于按捺不住了，做出了一个惊人的决定：自己生产电冰箱！可当时，中国的民营经济还没有得到正式的承认，还要一个"乡镇企业"的帽子遮着。如果李书福想生产像电冰箱这种由国家计划生产的商品，很难获得有关部门的批准。但他决定冒险。这是李书福第一次"闯红灯"。

　　1986年，他如愿组建了"北极花电冰箱厂"。北极花冰箱很快成为国内冰箱行业的畅销产品。三年后，他已实打实地是一个千万富翁了。这时他仅仅26岁。但也就在这一年，国家对电冰箱实行定点生产，不出所料，"北极花"榜上无名。李书福关掉了冰箱厂，去深圳大学学习经济学去了。在深圳，李书福在学校宿舍发现一种进口的装修材料前景不错，便返回台州，跟兄弟们重新创业。这一项目给他们带来了巨大的成功。

不过这段时间，他也花大价钱买了一个教训。1992年左右，李书福把数千万元资金投进了海南的房地产热潮，结果打了水漂。从此他意识到自己"只能做实业"。此后他又两次"闯红灯"：生产摩托车和创办浙江经济管理学院。当时不允许私营企业生产摩托，但他通过收购浙江临海一家国有摩托车厂"借船出海"，并解决了一系列技术难题，推出了许多创新产品。1996年5月，黄岩吉列集团更名为浙江吉列集团。1999年，他的吉列集团产销摩托车43万辆，产值达15亿元，赢得了"踏板摩托车王国"的美誉。产品出口美国、意大利等30多个国家和地区。而经济管理学院的创立，使集团由向高校"买"人才、请高校代培人才，过渡到自己办高校为企业培养人才的道路。

在李书福的创业史上值得大书特书的，无疑是他从造摩托转向造汽车。许多人认为，造汽车对于李书福，无异于天方夜谭。没有人才，没有技术，有的只是1亿元人民币（与政府为汽车业设立的投资门槛相距甚远）和一个强烈的冲动。

富于戏剧性的是，他造汽车的冲动起因于一次车祸。90年代初，他搞过一段时间的煤气灶，一天晚上，他开车从台州送煤气灶到上海进行质检，结果打瞌睡，撞到了树上。第二天早上才拦到过路车辆。到了上海，看到满街的进口车，他忽然产生了造车的念头。他认为中国汽车的价格太贵，中国人应该有自己的汽车。他决定杀入家用轿车领域。这是当时许多民营企业家想都不敢想的事。

他的"疯"劲上来了。他把一辆价值一百多万元的奔驰买来就给拆了，听说后来一生气还给砸了。他们买了很多车，各种类型的，各种牌子的，奔驰、宝马、丰田都有。还有各种汽车的关键的零部件，发动机、自动转向器等等，他们研究了大量的汽车实物。在经过半年的反复拆装研究后，他觉得掌握得差不多了，便准备制造自己的"'吉列'牌'奔驰'车"。

这是李书福第四次"闯红灯"了。他找到相关部门，要求生产汽车。为了拿到汽车生产权，他对主管部门的领导说道："请允许民营企业大胆尝试，允许民营企业做轿车梦，几十亿的投资我们不要国家一分钱，不向银行贷一分钱，一切代价民营企业自负，不要国家承担风险，请国家给我们一次失败的机会吧！"得到的答复是，他只是作"研究"。即使这样，他还是冒险在临海市征地850亩，着手筹建吉列豪情汽车工业园。如果拿不到汽车生产权，数亿资金将会付之东流。好在天无绝人之路，不久他与四川一家濒临倒闭的生产小客车的企业合作成功，再一次"借船出海"。

1998年，汽车终于生产出来了，李书福给它命名为"吉列一号"。他把市场价定在4.79万元，成为当时中国市场最便宜的"电喷车"。2001年底，吉列集团的部分车型在国家经贸委发布的中国汽车生产企业产品《公告》上榜上有名。同年12月26日，国家经贸委发布了第七批车辆生产企业及产品《公告》，吉列集团终于名列其中，至此吉列汽车才正式获得轿车生产资格，李书福的"闯红灯"获得了成功。

现在，吉列已拥有临海、宁波、慈溪和上海等多处生产基地，吉列自主研发的CVVT发动机JL4G18"世界先进、中国领先"。产品出口40多个国家。吉列已经成为中国最大的民营汽车企业，为中国第七大汽车制造厂。

李书福的"疯"劲，闯出了中国民营企业的奇迹。

他说："要让中国的汽车走向全世界，而不是让全世界的汽车跑遍全中国。""中国汽车工业不能没有自己的品牌，'汽车'，代表着一个国家的综合实力，它真的不那么简单。而汽车的'品牌'正是一个国家、一个民族的标志性旗帜。"

他被称为民营汽车"狂人"。其实，他的"疯狂"是一种执着。

（陈然）

远大空调董事长张跃

——总是想飞得更远

1997年，张跃花数千万人民币从美国购买了一架"塞斯那"喷气式飞机，引起了巨大轰动。他成了国内第一个拥有私人飞机的人，也是第一个拥有直升机驾驶执照的企业家。这一来，"远大"一下子成为众人关注的民营企业。这一年，"远大"的销售额也实现了大突破，达到了20个亿。

然而对于张跃来说，这不仅仅是为了节省出行时间、提高工作效率，或帮企业宣传，更多的是因为他热爱飞行。

1980年，张跃从郴州师专美术系毕业后还教了几年书。那时他的理想是当一位画家。像那个时代所有激情澎湃的热血青年一样，四年后他也辞去公职，赶时髦下海了。然后是几年的碰撞和寻找，直到1988年，他才与从哈尔滨工业大学毕业的弟弟张剑注册了郴州温泉采暖设备厂，研制出无压锅炉，并获得专利，淘得了第一桶金。他跨越了从教师到商人、从艺术到技术的鸿沟。当时，张跃对企业的管理起了关键的作用，技术则主要靠弟弟张剑。两兄弟一文一理相得益彰，配合得天衣无缝。

1992年6月，他们在长沙高新技术开发区注册了远大空调有限责任公司。他们看好了这一行业的发展前景。在商海里，他们摸着石头过河，稳扎稳打。几年后，兄弟俩研制出了国内中央空调行业第一台直燃机。到了1996年，公司的销售额已近17亿元。这段时间是公司发展最快的时期。

"远大"的事业一直在飞升。有人说，纵观远大的发展历程，每一次飞跃都是他们在否定自己，然后全面提升的过程。这取决于张跃灵敏的商业嗅觉和他那颗充满艺术家人文关怀的心灵。1996年，张跃在新加坡参加

了一次商品博览会。会议结束后，他想把一些拆下来的东西扔掉，但博览会的一个工作人员对他说，在新加坡，乱扔东西是违法的，因为会破坏卫生和环境。张跃听了很震惊，这件事从一个普通员工的嘴里说出来，对他启发很大。思考了整整一年，他提出："要下决心对远大的生活环境和全世界的环境进行全力关注。"

不过这期间，公司的人事发生了一些变化，兄弟俩中的张剑，最终离开了"远大"，去专门从事整体浴室的生产了，张跃从此成为公司的全权代理人。

张跃开始用心调配"远大"的文化底色：环保。1998年，他把远大的理想设定为"实现人类不断追求更高的生活质量的愿望"。为此他首先着力产品的改造，完成了从燃油到燃气的转换。同时，每年的环保论坛也随之启动，直接目的就是宣传远大燃气空调的环保功能，使远大的企业形象得到淋漓尽致的展现。2002年10月，张跃把公司的研发、销售、服务三个部门迁到北京，长沙仅保留远大的生产基地。他说："奥运是一个更大的机会，北京是个值得关注的城市，因为奥运，北京这个名字就会越来越受到世界关注。我们在北京市场占有率很高，研发中心搬到北京去主要是吸引人才，营销中心是引入全球化。我们现在要让国际上认识我们，与国际组织近距离交流。"他认为远大的价值观就是，把道德看得比生存更重要，把责任看得比发展更重要，把环保看得比赢利更重要，把爱看得比什么都重要。

他喜欢打比方。比如他说，用非电空调等于种树。"如果把5万平方米的建筑物由电空调改成非电空调，会减少50%的燃料，相当于种了33000棵树，一棵树吸收二氧化碳的能力是18.3公斤。如果一栋楼不用电空调，相当种下了这个房子占地面积1000倍以上的森林。我们现在销售都用这个概念，告诉人家你用非电空调等于你种了多少棵树。"电力紧张让远大的非电空调（溴化锂空调）备受欢迎。远大的非电空调从1998年进入国际市场起，目前已远销30多个国家。远大产品已成为中国自主发展高科技的标志性产品之一，在中国和欧美同行业中占有率最高，在非电空调领域取得了20多个全球第一。2008年3月18日，由阿拉善生态协会（SEE）和气候组织（TCG）共同主办的"中国企业与低碳经济"论坛在北京举行。英国前首相布莱尔发表重要演讲，张跃也作了精彩发言。

许多人都说张跃是个完美主义者。的确，美术家张跃在拥有财富之后（据说他可以把达·芬奇的《蒙娜丽莎》临摹到以假乱真），便挥手造就出了现实中的立体艺术品，这就是他的远大城。位于长沙东郊一平方公里的远大城是张跃一手打造的现代乌托邦。里面有停机场，上面停泊着他购买的6架波音飞机，其中一架是波音公司当年同类型飞机中最好的。有名为"方舟"、"地中海会所"的宾馆，"理想号"船型员工俱乐部，玻璃结构的金字塔形博物馆和欧式建筑的管理学院。还有四幢分别按德国、日本、美国、西班牙风格建造的别墅和两幢从芬兰原装进口的小木屋。最有深刻含义的，是43位伟人的雕像。如达尔文、爱迪生、美国总统林肯、科学家张衡等等。这都是张跃亲自挑选的。他希望每一个伟人的精神都会对员工产生有益的影响。至于他自己，他认为对自己产生了巨大影响的是三个人：雨果、达·芬奇和拿破仑。很早的时候，他总是以拿破仑的身高来"安慰"自己。拿破仑一句话让他铭记终生，他说："人睡三个小时是天才，睡四个小时是傻瓜，睡五个小时那简直就是笨蛋。"张跃也是个工作狂，几乎每天都要工作到深夜，甚至通宵。"不进则退，我每天必须完成一两件富有挑战性的工作，才感到是一种成功。"

张跃是个有洁癖的人。他用自己的方式来使得公司更洁净。比如在产品销售上，他一直坚持"七不一没有"的原则：不污染环境、不剽窃技术、不蒙骗客户、不恶性竞争、不搞三角债、不偷税、不行贿，没有昧良心行为。远大给营销人员的奖励只有0.5%～2%，这样，营销人员就没有更多的钱去行贿。

作为中国第一架私人飞机的驾驶者，张跃具有非凡的听力。"医生告诉我大概比一般的飞行员要高2级。所以我特别烦噪音。"他诙谐地说，"不过也有好处，那就是做空调的时候能发现机器是不是有声音。我们的空调是没有声音的，一定有一个档位可以让你把耳朵放在面前绝对只听到风声，一丁点噪声都听不到。"

　　张跃坦言，他办企业有两个目的，一是为了满足基本的生活需要；二是开心，做对社会有益的事。"如果变成动物，那就变成一只鸟吧！因为鸟很自由。其实我人生最大的乐趣，就是自己的飞机。天黑之后，我躺在放平的椅子上，窗户打开。我飞机上的窗户比普通的飞机大很多，看着星星，把飞机里的灯全关掉，周围很安静，就好像睡在星空里面的一样，完全漂浮在太空里的感觉。""自己开飞机享受的是一种超乎寻常的美感，就像自己长了翅膀在飞翔一样轻松自由。"

　　这正是"远大"的飞行姿态。

（陈然）

不靠运气靠思路

BU KAO YUNQI KAO SILU

生活工作中没有思路不行，组织管理中没有思路不行，企业经营中没有思路不行……在逆境和困境中，有思路就有出路；在顺境和坦途中，有思路才有更大的发展。人们在事业、工作、人际关系、爱情、生活等方面会遇到很多困境和难题，它们影响命运、决定成败。如何解决这些问题，需要正确的思路。

创业的成功者与不成功者的最大的差别，就在于他们思考模式的不同。

思路与出路的关系是源与流的关系。源之不远，流之不长；源之不丰，流之不活。思路对出路起着多方面的决定作用。思路的正误决定出路的正误，思路的宽窄决定出路的宽窄。思路越宽出路就越宽，多一个思路就多一个出路。

一个正确思路的产生，一个成熟思路的形成，不是一件容易的事情。思路是智力、时机和实力相碰撞激发出的火花，是过去的经验、他人的智慧与我们自己对未来设想后融会贯通的结晶。人不能改变环境，但可以改变思路。人不能改变别人，但可以改变自己。有个寓言讲的就是这个道理：一只乌鸦因为当地居民嫌它的叫声不好听，想飞到别的地方去。一只鸽子告诉它，如果你不改变你的声音，飞到哪里都不会受到欢迎，改变自己是唯一的办法！

一个企业的发展离不开创新，一个企业没有了创新思想将会被淘汰。作为一名管理者，思维决定了最终的结果，而思维的改变会成就一个人、一个企业的出路。

突破传统思维方式的束缚，克服心理与思想障碍，确立良好的解决问题的思路，把握机遇，灵活机智地处理复杂和重要问题，才能开启成功之门。

"世界公民"阿曼德·哈默
——他的商业思路总是与众不同

　　阿曼德·哈默是个奇迹。他的人生之路是独一无二、不可复制的。他年少时即表现出非凡的经商的才华，此后涉足过许多完全不同的领域，看似漫不经心，却弹无虚发，都取得了巨大成功。他的商业活动横贯全球，游刃有余地穿行于不同的社会体制中，在冷战时期的东西方作了神奇的沟通，所以有人说他是沟通东西方贸易的"和平使者"。这种成就，并不是谁都能拥有的。

　　阿曼德·哈默出生于1898年5月21日，在纽约曼哈顿区长大。感谢祖父，很早就把全家从俄国搬到美国来了，他是否已经预感到自己犹太人的商业基因必将在美国落地生根并长成参天大树。阿曼德的父亲上进心强，富有社会正义感，当过工人，经营过药厂，又通过刻苦自学成为一名医生，并加入了美国共产党。

　　读高中时，阿曼德就做了一笔不小的生意。

　　1917年，阿曼德进入哥伦比亚大学医学院学习。他父亲也曾就读于此。当时父亲一边行医一边经营药厂，照顾不来，而且马上要被征入部队当军医。慎重考虑之后，他想让阿曼德接替他管理药厂，但不要辍学。应该说，父亲不是经商的好手，把个药厂弄得岌岌可危。阿曼德便腾出时间来管药厂，仅用了一年多的时间，阿曼德就使药厂起死回生。成功的关键是，他大胆地改革了药品的包装和交货方式。药厂发展了，规模日益壮大，职工由十几人增加到一千五百多人。他成了大学生中的百万富翁。

　　1921年，他从报纸上了解到刚从一战炮火中走出来的苏联的情况，产生了同情。再说他父亲就是美国共产党员。他踏上了被当时西方视为畏途的苏联，花十万美元买下一座一战遗留下来的野战医院，并配备了相关物资器材。在莫斯科他见到了列宁，从此结下了深厚的友谊。他在那里看到了大面积的饥荒、疾病和死亡，也看到了巨大的市场，那里的人们，由于东西方贸易的道路不畅，只能守着金山挨饿。他给哥哥发了份电报，让他火速购买100万美元的小麦运往列宁格勒，换取同等货币的毛皮和矿产。这样，他既帮助缓解了那里人们的饥饿，自己又大赚了一笔。更重要的是，他把美国和苏联两个超级大国之间的贸易通道口打开了。在激烈的争论声中，列宁把特许经营权给了阿曼德。不久，包括福特汽车公司、美国橡胶公司等三十多家美国大公司与苏联开始了生意往来。阿曼德既是美国公司在苏联的总代理，也是苏联对美贸易的代理商。

他敢走别人不敢走的路。

阿曼德具有清晰的思路和惊人的商业敏感。他从莫斯科的报纸上看到那里即将进行一次全国范围内的扫盲，便找到教育委员会打听情况，对方确认了，阿曼德说："如果是这样的话，我想办一张生产铅笔的执照。"因为此前他发现，同样的铅笔，在美国卖三美分，在这里却要卖二十六美分。他再次看到巨大的商机绽开了笑容。通过对老牌铅笔制造公司的调研和用高薪挖掘人才，他终于在莫斯科郊外建立了当时世界上最大的铅笔厂。它不仅满足了苏联的需要，而且还有五分之一的产品出口到英国、土耳其、伊朗等十几个国家。

但他的商业成就无疑不适合那个国家，报纸上开始公开谴责阿曼德和新经济政策，他意识到，是自己离开这里的时候了。

1930年，阿曼德回到了美国。

不久，他的灵敏的嗅觉又发挥作用了。在罗斯福总统推行新政前，从1919年开始，便没有人需要酒桶了。阿曼德预见到罗斯福会竞选总统成功，到时候相关的禁酒法令就会被废除，全国对各类酒的需求量将会猛增，酒桶自然也就供不应求了。他立即从国外订购了几船优质木材，在新泽西建立了一座现代化的酒桶厂。有趣的是，禁酒令废除之日，正是哈默

制桶公司的酒桶从生产线上源源滚下之时，他的酒桶被各制酒厂用高价抢购一空。

刚开始，他已满足于当一名酒桶生产商，并不想进入酿酒业。后来一位朋友建议他购买美国制酒公司的股票，因为当时二战已经爆发，谷物奇缺，威士忌少见，而买一份股票，可以得到一桶库存的威士忌作为股息。他投了一大笔资金，买下了5500股。不久，股票大幅升值，他卖酒也赚了一笔钱。当酒只剩3000桶的时候，一位化学工程师帮助他巧妙地用土豆制酒精把剩下的威士忌变成了15000桶。而当时，老百姓的土豆多得卖不出去，他买下一家快倒闭的酒厂，大量收购土豆。之后，阿曼德将这些酒装成瓶并注册了"丹特"的商标，在全国推广，用低廉价格抢占市场。只用了两年，"丹特"威士忌就成为美国一流名酒，年销量达100万箱。

阿曼德从未停止对自己的超越。到了晚年，他的事业又有了一个高峰，那就是开采石油。1950年代中后期，世界范围内的能源危机日趋严重，富有冒险精神的阿曼德开始投资石油业。1974年，他的西方石油公司年收入为60亿美元。到了1982年，西方石油公司已是美国十二个大型企业之一，在业内的地位仅次于主宰世界石油业的"石油七姐妹"。他在利比亚采石油赚了很多钱，而利比亚的国王还非常感谢他，这就是他的本事。难怪人们把他称为"世界公民"。他的商业思路总是那么与众不同、独辟蹊径。

（陈然）

"股神"沃伦·巴菲特

——靠分析而不是靠运气取胜

在中国不少人称他为股神,在美国不少人习惯称他为先知者。他真是神吗?真能先知吗?

在2008年金融海啸中,他同样"老马失蹄",对此,有人笑老巴这是"人算不如天算"。尽管如此,美国有线新闻网(CNN)2008年度11大财经风云人物评选出炉,巴菲特依然领衔榜单。

股场不是赌场

经历过中国股市2008年过山车般惊险的人,开始对股市有了种畏惧感。这里可以一夜之间制造出多少个百万富翁,也可以让多少人一贫如洗。巴菲特呢,比尔·盖茨说他是懂得美国股市其中奥妙的第一人。他从11岁购买第一只股票,数十年来,他真的胜多负少。财富像滚雪球般不停地滚着,他从不把股场当赌场,他是靠计算和分析而不是靠运气取胜。

1957年,巴菲特掌握的资金仅为30万美元。10年后,他掌握的资金升到6500万美元。1968年巴菲特公司取得历史最好成绩的时期,资金增幅达59%,而道琼斯却只增9%。就是在这一年5月,股市一路凯歌,突飞猛进,牛气冲天的时刻,巴菲特通知合伙人,他要隐退。随后,他清算了几乎所有的股票,避免了一次灭顶之灾。因为1969年,股市直转急下,股灾铺天盖地而来。

1970年后的那几年,美国股市像泄了气的皮球,美国经济的滞胀让许多投资者愁眉不展,而巴菲特心中暗喜,看到了投资的好时光。他发现了那么多便宜的股票，似乎看到了滚滚而来的财富，他不断出手，又是每战必胜，大赚特赚。

他先盯上报刊业。拥有一家名牌报刊，这就等于拥有了一座收费桥，任何过客都得留下买路钱。他悄悄蚕食《波士顿环球》和《华盛顿邮报》。他的介入使《华盛顿邮报》年增35%，10年后他投进的1000万，升值到了2个亿。到了1980年，他又以每股10.96元单价买入可口可乐7%的股份，到1985年，可口可乐调整经营策略投入饮料生产，股价升到51.5美元，翻了5倍，这下巴菲特让全世界的投资家都咋舌目呆，没见过赚钱这种赚法。

到1994年底，巴菲特的伯克希尔公司已拥有230亿美元资金，从1965年来，他的股票收入平均年增26.77%，高出道琼斯指数17个百分点，难怪股界对他佩服得五体投地。

巴菲特的股场每次一放一收，闪转腾挪的功夫，都来自他理性分析的功夫。他在哥伦比亚大学时拜师著名的投资学理论家本杰朗·格雷厄姆，师徒二人都有点相见恨晚的味道。格雷厄姆反对投机，主张分析企业盈利、资产、前景因素而理性投资。巴菲特得了师傅真传，又运用得出神入化，当然能可劲的牛一把。

少年亦非神童

1941年秋天的一天，美国内布拉斯加州的奥马哈市的一条街道上，一个背着书包的小男孩低着头，一边走一边使劲踢着路上的小纸盒。旁边一个比他高点的女孩一会左边一会右边不停地念叨："都已经跌到27美元了，完了，沃伦，你坑了我……"这男孩就是巴菲特，这女孩是他姐姐，是他说千道万地说服姐姐做他的合伙人，买了城市服务公司的股票，用了114.7美元。买进时34美元多一股，可是买后股票就下挫。姐姐嘟囔不停，他也急。这可是他5岁练摊（卖口香糖），6年送报辛苦积下的血汗钱。很快，乌云散去，这只股票上行到40美元，他们抛出，姐弟二人各赚5美元。可是这只股票升到202美元时，男孩有点恼火：要是再耐心点就多赚点。11岁的巴菲特第一次购股就得出三个信条：不要过分关注股票买入成本；不要只顾蝇头小利；不要贸然找合伙人，除非他非常相信自己会成功。

巴菲特小学时也是个普通男孩，成绩不好，几乎让父母绝望，常弄个双黑叉，可打字很优秀，喜欢篮球、乒乓球，更喜欢练摊、送报纸。他在17岁时正是经济大萧条时，竟坐在朋友门前的台阶上宣布自己35岁时会是一名百万富翁，有点少年壮志当拿云的气概。

在弗兰克·埃里克的理发店的后门，那天晚上两个男孩在那里转来转去，神情紧张，眼睛不时地盯着那台弹子机。

这其中一个男孩就是巴菲特，他是这个弹子机计划的主谋——他用25美元从地下货场买出旧弹子机（正规商店要200美元），叫他的合伙人维修好，找到理发师商量，摆在后门，让等候理发的顾客玩玩，利润平分。弗兰克想想就点了头。今晚开张，可别砸了。还好，当晚收入4美元，双方皆大欢喜。不久，八九个理发店都有了这玩意，成了巴菲特赚钱的分支机构。其实巴菲特是从《赚1000美金的1000招》这本他读得如痴如醉的书中得来的启示。书中有一招是说购称重机，要是一天一个人称50次，有25台……巴菲特没去弄称重机，却成功的摆弄了弹子机帮他赚了一笔。

巴菲特，从小会捞钱，但不是神童，只是肚子里赚钱的道道特多，像拣高尔夫球的旧球再去转卖，用倒进啤酒对付地下货场的老虎机之类的歪招等。他的特殊之处只能说是从小他具备一种不俗的投资意识。

财富的雪球

巴菲特少年时对钱和如何赚钱就很有见地，他曾经说："钱可以让我独立，然后我就可以做我一生想做的事情。"

巴菲特财富的雪球还在不停地滚动，似乎不会停下来。可是他也照样无法预料美国的次贷危机怎么一下子演变成一场全球性的金融海啸。他的资产也一下缩了水（已缩掉22亿美元）。他的那个滚动的财富雪球也突然"咯噔"一下。他不是神，他虽会计算，可是也有算不到的地方，正所谓

155

人算不如天算。

人们在关注巴菲特在金融海啸引发经济危机中又该怎样推动他那个"雪球"呢？

2008年12月8日，人们在网上发现了巴菲特签下的一个20年的出牌大局：巴菲特卖出48.5亿美元标普500和其他3只海外股指看跌期权合约，也就是说在2019年到2027年之间的特定时点，如果上述指数低于签约时的点位，伯克希尔公司将要支付最高355亿美元。

对此，有人笑老巴这是老马失蹄，也有人认为是大手笔，老巴看的是发展的大趋势、大概率。这次老巴也用历史数据来自我安慰。近100年来，世界经济总趋势是发展的，虽然期间经历了二次世界大战，1929年的大萧条，十几次的经济危机，还有石油危机、流感大流行等，道指还是从66涨到了11997。一百年上涨173倍。

巴菲特的分析似乎在理，可潜台词好像是：股海无边，回头不是岸。

这个总抿紧薄薄的上嘴唇，不苟言笑，撑着额头，花白头发老头的这个"雪球"真的还能继续滚下去？

（魏东）

中国标王段永平

——从打工皇帝到投资王者

　　段永平1989年下海闯广东，任小霸王公司经理，1995年到东莞成立步步高电子有限公司。2003年以10亿元财富荣登胡润《中国百富榜》。

　　段永平在短短的十多年时间里，两次摘下中央电视台"标王"的桂冠，那一掷亿金的豪气无人可比；更有甚者，2006年5月，他在美国用62万美金请高鼻子蓝眼睛的美国股神吃了一顿饭，饭后还喜形于色地说是物有所值，他的目的只想见见未曾谋面的炒股老师巴菲特。

　　段永平的"三板斧"，确实砍出了中国人的气魄和胆识，更砍出了他一条勇闯商海的坦途。

　　1961年3月，乍暖还寒的南昌城，一个新生命呱呱坠地，他就是后来被誉为中国标王的段永平。段永平的出生没有什么惊天动地，十年动乱中，他记得最真切的就是学不到知识，作为一个寻常百姓家的孩子，他最大的收益就是自我成熟。17岁的时候，高中毕业的他赶上了好时代，在国家恢复高考的第二年如愿考上了浙江大学，攻读无线电专业，毕业后分配到北京电子管厂工作，从英雄城来到了天子脚下，有了施展抱负的大舞台。几年之后，不甘做一个技术人员的他，考取了中国人民大学经济系的研究生，成了凤毛麟角的人物，世界在这个南昌学子的面前一片光明。

　　学有所成的段永平，没有选择出国留学，也没有步入政界叱咤风云，而是拿着烫金的研究生毕业文凭，裹在打工人潮中来到了广东。当时的广东沿海，就像一座奇大无比的金矿，谁都想在那里淘到足够的金子。连大学教授也在那里卖起了茶叶蛋，高智商人士当起了饭馆里的跑堂，人们追求财富的价值观正在被传统社会所接纳。小时候被穷怕了的段永平，自然也成了淘金热里的一员，他在南下的火车上和同学们谈论得最多的一个话题，就是"什么时候我们也能火一把"。他的梦想不只是解决温饱后的小富即安，而是要当"小霸王"。

南下路过故乡的时候，段永平不敢下火车去看父母，不敢去看一眼小时候常去玩的八一广场。他有太多的感慨想对父母诉说，想对研究生校友的未婚妻诉说，但是他不敢，他舍弃的东西太多，舍弃的情感太多。未婚妻流着热泪去了美国，分手时说好了，等你想通了去了美国，我俩再结婚。

站在广州火车站的广场上，这个研究世界经济的年轻人傻眼了，他万万没有想到，涌向广东的人是这么多，用一群或者一伙都不准确，用铺天盖地似乎觉得恰当。挤在打工潮中的段永平本想买张《羊城晚报》垫在屁股下休息一会，却突然看到了那篇反映广州火车站民工潮的报道《盲目的洪流》，文章提出了民工们思考的问题，虽然只有善意的引导，却没有冰冷的拒绝。段永平看到了那句令他终生难忘的话："你有多大的本事，就为你搭多大的台子"。开明的广东企业，就这样为南下的段永平，提供了一个如鱼得水的大舞台。

1989年，段永平被广东中山市怡华集团聘为下属一个小厂的厂长。蒙在鼓里的段永平并不知道，这个小厂即将关门停产，亏损超过200多万元，是几任厂长都扶不起来的"阿斗"。段永平接手后，凭着研究生时期学的经济管理，一门心思为厂里扭亏为盈；又凭着浙大时期学的无线电专业，一门心思研发家用电视游戏机。年轻人的好胜心和用知识武装起来的大脑，让段永平找到了人生最佳的位置。三年之后，这个小厂产值超过了10亿元，一下成了当时的中国巨人，并正式命名为中山霸王电子工业公司。这一年，段永平才33岁，无论是事业还是年龄，都是人生最辉煌的时期。段永平适时向集团公司提出对小霸王进行股份制改造，目的就是想吸引更多的外资为我所用。令段永平没有想到的是，他的合理化建议没有被采纳，"功高盖主"的封建思维仍然没有在开明的广东人身上彻底消失。

段永平闻后拍案而起，继而是挂冠而去。

失去事业的段永平，脱下笔挺的西服、解下鲜亮的领带、一身打工者的装束，默默无闻地走进了广东的另一个城市，他要用白手起家的精神在东莞打拼出自己的一片湛蓝天空，创造一个新的神话。

段永平始终舍不得动用腰里的积蓄吃一顿好饭、睡一夜宾馆，饿了，抓起个馒头就啃；困了，趴在桌子上就睡。在东莞创业的那些日子里，干到半夜饿慌了，就拉起加班的同事跑到小巷子里去吃露天排档米粉，他并不觉得自己是个老板，倒认为自己是一个彻头彻尾的打工仔，一个快乐的打工皇帝。

1995年9月18日，段永平有意选择了这个令人难忘的国耻日，成立了东莞市步步高电子有限公司。他的选择当时很多人并不看好，但命运之神似乎对他特别眷顾，他的步步高电子产品，在中央电视台叫得最响，随着影星成龙的武打动作，步步高VCD从高山峡谷裹雪带风而来，深深地刻进了全中国人民的心底，同时，两度"标王"的段永平也成了家喻户晓的顶级人物。

随着步步高的日益壮大，段永平渐渐从台前走到了幕后，他不再是一个公司的直接管理者，而是以一个投资人的身份对"步步高"进行控制。2001年，视爱情如生命的段永平到美国与妻子团聚。他苦心培养的企业团队，正一步步将步步高企业做大做强，而段永平自己，则在美国开始了一项几乎全新的事业：投资。他最令人称道的一项投资是：以0.8美元一股大量买进网易股票，在不久的时间里，股票竟涨到了70美元一股。不仅段永平赚到了足够多的钱，同时也救活了一个影响世界的网络集团。

身材不高、略微发福的段永平，如今一年有两次从美国来到广东东莞的步步高集团，开完董事会后，又一身轻松地飞回美国去，他要在美利坚那块肥得流油的土地上，赚取更多美国人的钱。他喜欢戴着一副颇具气势的大墨镜，驾着车在繁忙的街道上行驶，显示一个华人的骄傲和自豪。他曾骄傲地对记者坦言："过去五年我在美国炒股赚到的钱，比此前在国内做十多年企业赚的钱还要多得多。可以这么说，我大部分的财产都是在美国赚的。"如此说来，他用从美国炒股赚到的钱请美国股神吃一顿62万美元的饭，又算得了什么呢？

2003年，段永平以10亿元的财富，在胡润《中国百富榜》中排名第83位。从昔日的打工皇帝到影响美国的投资王者，段永平仅用了短短的十几年时间。

（林德元）

中外创业传奇100例

麦当劳主人雷蒙德·克罗克
——就是因为眼光比别人看得远

雷蒙德·克罗克出生于美国伊利诺伊州奥布洛一个普通家庭，少年辍学，17岁时开始四处寻找工作，28岁开始涉足推销工作，足迹遍及整个美国。53岁时购买麦当劳快餐特许经营权，开始饮食服务产业。60岁时成为真正的麦当劳快餐连锁店主人。1985年，克罗克去世后被评选为美国历史上对美国社会影响最大的企业家。

雷蒙德·克罗克在生意场上滚爬了几十年，一直从事商业营销，见什么推销什么，是个走街串巷赚吆喝的小人物，有时候赚钱，有时候亏得脱裤子。直到52岁的时候，克罗克才算小有成就，有了一点积蓄，不再为晚年的生活犯愁了。这时候有人劝他停止奔波，该退居二线了，可克罗克是个闲不下来的人，生意对他来说就是有瘾。

1954年的一天，53岁的克罗克在推销奶昔机时有了一个奇怪的发现：一家餐厅一下子订购了8台昂贵的奶昔机，这是从来没有过的大宗买卖。他很想弄清楚其中的奥秘，于是他悄悄来到这家餐厅的门外，像一个急于用餐的人一样站到了排得长长的队列中。这是一对犹太人兄弟来到美国后开的一家汽车餐厅，用他们的名字麦当劳为餐厅取了个店名。两兄弟不销别的，专门销售15美分一个的汉堡包，采用自助式用餐，不用刀叉不用勺，一套纸餐具足矣，这种快速的，独一无二的经营模式在经济刚刚复苏的美国大获成功，快吃快扔成了急躁的美国人一个有趣的亮点。赚钱迅速的麦当劳兄弟，见到每年20万美元的高营业额，兴奋得在当地一连开了10家麦当劳连锁店，还亲自设计了金色双拱门的门店招牌，以招人眼球。犹太人的经商智慧，令排在队列中的克罗克羡慕不已。可光羡慕不行，他此行的真正目的是刺探商业情报，弄清楚购买8台奶昔机的意图何在。

前面的人一个个都买到汉堡包走了，轮到了克罗克，他也煞有其事地买了一份，双手托着纸餐具里热乎乎的食品，坐在了干净舒适的餐桌前。他一边享用美餐一边留心观察，发现偌大的餐厅里人很多，一拨人吃完走了，一拨人又拥了进来，而那些收拾餐具的人更麻利，把纸餐具一卷就算完事了，全然没有那种杯盘刀叉交响乐的烦躁。克罗克暗暗叹服麦当劳兄弟的智慧，更惊讶赚钱竟然有这么容易的途径，哪像他一天到晚走街串巷，辛苦不说，有时还白跑。

吃完了的克罗克立刻找到仍在忙碌的麦当劳兄弟，用一个长者的口气问他们：为何不多开几家这样的餐厅呢？等到忙乎得差不多了，麦当劳兄弟才相继摇了摇头，他们指着对面的一个山坡让克罗克看，克罗克看到了一个绿色矮山坡上有一座红顶子板房，红顶子在太阳照耀下泛着一层耀眼的红晕，在绿色的山林间，成了一朵高傲无比的牡丹花。

麦当劳骄傲地说："呐，看见了吗，那栋房子？那就是我们的家。我们喜欢那个地方，要是连锁店开得太多，我们就忙得回不了家。"对于一个遭受种族杀戮和一生漂泊的犹太人来说，能有一个固定的家就太珍贵了。

一生经商的克罗克也摇了摇头，他可是为麦当劳兄弟惋惜才摇头的。聪明的麦当劳兄弟挖出了一座金矿，却傻呆呆地躺在金矿的洞口上不思进取，这不是一种悲哀吗？大器晚成的克罗克可是发现了这座蕴藏极其丰富的金矿，他要竭尽全力挤进去、挖下去，他太渴望里面的金子了。

第二天，克罗克摇身一变，他来找麦氏兄弟谈判，内容只有一项，他想购买麦当劳的连锁经销权。傻乎乎的麦氏兄弟并没意识到有人在抢他们的饭碗，而是满口答应给他在全国各地开办麦当劳连锁店的经营权。

有了特权和样板，克罗克就拥有了一切。积极筹备后的第一家麦当劳特许经营店，不久就在芝加哥城的东北部隆重开张了。克罗克以其年龄的成熟和经营的老练为麦当劳倾注了更高的服务水准，这家店充分体现了克罗克对快餐店的理解，那就是重视品质、服务和卫生，他不像犹太人兄弟那样只注重一个红顶子板房，他要把眼光看得更远，把规划做得更大，他要赚取全世界的红顶子板房。

有了立足之地的克罗克，终于结束了推销工作，全身心用在发展麦当劳的快餐事业上。他借了犹太兄弟一个"大鸡蛋"，用短短的五年时间，就孵化出228家麦当劳连锁店，销售总额突破3800万美元。

令犹太人兄弟没有想到的是，加盟商克罗克竟然在暗暗地"吞食"他们的麦当劳。克罗克始终对他不是麦当劳品牌的真正拥有者耿耿于怀，他做梦都想成为真正的麦当劳主人，而不是授权特许经营的"第三者"，只有把"麦当劳"发展成一个王国，建成一个世界上最大的厨房，才是美国人克罗克的最终目的。

克罗克忐忑不安地来找麦当劳兄弟，想花重金把麦当劳品牌买断，他以为犹太人兄弟不答应，或者把克罗克赶出门去，这些结果克罗克都有思想准备，他毕竟做得太狠了一点。可令克罗克万万没有想到的是，犹太人兄弟满口答应了克罗克的条件，让克罗克笑得直不起腰来。

1961年，从"第三者"变成了主人的克罗克有了充分施展自己才华的世界舞台，他把麦当劳快餐店开到了全世界每一个城市，让每一个吃过麦当劳的人记住了克罗克的麦当劳。1985年克罗克被评选为美国历史上对美国社会影响最大的企业家。50多年后，麦当劳快餐店被克罗克和他的后人们做成了真正意义上的世界最大的厨房，每天在这个厨房进食的人达到了数亿人之多。

（林德元）

传媒大王鲁珀特·默多克

——无休止地收购和追求

也许当初谁都没留意过这个小伙子——22岁从牛津大学研究生毕业就干上了《每日快报》助理编辑，再平常不过。如果说新闻界多少年来成功记者、资深编辑、传奇报人数不胜数，可是只有这个小伙，50年后成了跺跺脚能让世界传媒界颤悠一阵的世界级的传媒大王。

他经营起了一个默多克帝国：175种报纸，150多套电视节目，覆盖全美的35家电视台，每周发行4000万份的全球发行量第一的报纸，4万多员工，634亿元的市值（超过了纳斯达克），新闻、出版、电影、电视、网络、卫星，这个帝国的触角在世界每个角落几乎无处不在。

默多克＝传奇。

成长不是烦恼

"自从我是个婴儿时起，我就是个报人，我就是爱报纸。"

美国洛杉矶附近福克斯电影公司上面5层楼里，78岁的默多克没有和往常一样关注他身旁闪烁不停的一排排的电视画面，这是极少见的情景。他在写信，已经记不清写了第几封了。他给道琼斯公司写，给班克罗夫特家族成员写，他想以真情和真诚打动他们，打消他们对收购道琼斯公司和其旗下的《华尔街日报》后，对这百年老报的报业精神产生负面影响的顾虑。

"从婴儿时起，我就是个报人"，默多克没有诓人——他父亲老默多克曾是战地记者，后来经营两家小报。小默多克1931年出生在澳大利亚墨尔本时就喜欢听哐当哐当老式印刷机的声音，他喜欢闻那种油墨味，他喜欢看父亲同仁们的辩论，这个新闻家庭给他幼年的印记太深刻了。

或许就是幼年的环境熏陶，小默多克进入中学后很快就进入小报人角色。他成了校报《科利欧信使报》的编辑，参加演讲更是初显纵论天下的才华，校刊评论对他的评价是对经济统计的了解令人惊叹。在中学他还创办了《假如复活》的文学刊物，他网罗校园精英撰稿，各类观点纷呈，图文并茂、引人入胜，年末他还获得"德兰西传播知识奖"，看来这段历练对他后来的成就是个极好的准备。

小默多克中学毕业，还做过《先驱报》《伯明翰新闻报》的见习记者，进了牛津大学还加入劳工俱乐部，直到研究生毕业，他选择的还是报业。

默多克深深地沉思，眼睛中闪出的是一种执着的"我就是胜利者"的犀利的光。因为他想起父亲1952年在别墅去世前留给他的遗书。这个先驱和时代周刊董事长，一个为理想奋斗一生的老报人的遗言是：期许吾儿终身致力于造福人类的新闻事业，并经我受托管理人辅佐，在这一领域施展宏图。

默多克和他的事业，50年来，一直不断成长。虽然有那么多的挫折和误解，可是他不烦恼，因为他正离父亲说的那个"宏图"展现越来越近。

抓住受众，盯住新技术

默多克办报起家，从澳大利亚小镇的小试牛刀，到英国再到美国的传媒界的横刀立马，从非主流小报吆喝到主流大报的领唱，从传统平面媒体的征战到现代多媒体领域的进展，可以说是屡战屡胜。他的要诀非常明白，就是抓住受众，抢先发展新技术。

他从澳大利亚的小镇开始，成功地办起了《新闻报》和《星期日邮报》，小赚了一笔，领悟了客户、受众需求才是报业的命脉的道理。1969年收购《世界新闻》和《太阳报》，当时这两家报纸都在风雨飘摇中，只亏不赚。默多克像个良医，让两家报起死回生，这成了他日后一个个收购行动的印钞机。办法就是抓住受众，让发行量不断提升，招数让正统报人觉得有点损。

面对精英层的报纸，默多克知道抓住这部分受众就不能用那种拿不上台面的办法了。他收购这类报纸时，就知道这些报不赚钱，但却代表着集团的形象，这个形象也是必须树立的，赔钱也要树。他收购的《澳大利亚人》直到20年后才开始盈利，收购《泰晤士报》十几年后（预计2008年）盈利，他当时就已经计算到了。他始终抓住不同层面受众，他的业务扩张也总是充满生机。

现代科技的发展，让传媒业不断地更新换代日新月异，这也让传媒业的竞争瞬息万变，在新技术面前只要谁一晃眼，可能就被甩出圈外。默多克始终紧紧盯着新技术的发展，选择最佳时机出拳，常常领先对手。

1985年他进军声像电子媒体，买下福克斯电影公司一个名不见经传小型电视台，经他改造而成功；即将破产的英国收费电视台BSkyB经他买下改造，也成了一座金矿。难怪1995年美国新闻界评默多克为"信息革命领袖"。默多克超前的技术反应让他成为世界上绝大部分图像、信息编排传送的控制者。当2003年12月19日他得到联邦监管当局准备批准他68亿美元收购Direc公司多数股权消息时，欣喜若狂，他的公司及时补上了全球卫星分布系统中所缺的一环，成了真正意义的传媒巨擘。不管什么有线电视、高清电视、数字电视、卫星传输……传媒业任何新技术一出现，总被他一把抓住，机顶盒虽然损失10亿美元，可用户得到400多个频道，还有网上交易、博彩、赛事、摄影机角度转换让英国人痴迷，占据了30%的用户。所以他在传媒界总是个领先者。

打造王牌，无休止地收购和追求

每到周日下午，风靡全球的全美橄榄球赛事联播屡创收视率之最，这是默多克用心打造的一张王牌，他也把这张王牌的作用在传媒界发挥得淋漓尽致。

2008年10月17日，英国《金融时报》报道：新闻集团默多克周五表示已准备好50亿美元收购《金融时报》。这下肯定吸引住不知多少双眼球。

从当初澳大利亚小镇小报的收购，到英国美国各类传媒，从非主流小报到主流超级大报如道琼斯的《华尔街日报》，从传统平面媒体到多媒体、到互联网，掀起一波又一波收购巨浪，简直是没完没了。

尽管说当今网络技术发展，引发了并购大潮，仅2007年的4个月全球就发生了372起。可像收购《华尔街日报》《金融时报》这样具有象征意义的事件，还是让不少人感到一种畏惧。

这个坐在洛杉矶附近的福克斯电影公司五层楼上，着佛青色衬衫不打领带的老者还要意欲何为？

默多克是对中国较少偏见的西方媒体高层，他娶了邓文迪做夫人，直白地说"娶了邓就是娶了中国市场"，他将信口雌黄的英国广播公司从STAR卫星上网络上踢开，代之以中文电影节目。他于1999年3月在北京设立了办事处，次年在上海设办事处，是首家被批准在沪设立代表处的境外传媒公司。他让旗下出版公司出版了邓楠写的邓小平传记，大概他也想让世界公平地了解中国。

"道可道，非常道。"这个让业界敬畏的老者是当代传媒的浮士德故事的主人公，还是成功的创业者呢？见仁见智，只能是各有所悟吧！

（魏东）

缔造沃尔玛帝国的山姆·沃尔顿
——寻找价格里的哲学

　　中国有句古话叫作薄利多销。在很多人看来，这句话大概也只能适用于小打小闹，可美国人山姆·沃尔顿却把它做成了大文章。

　　1951年，他在阿肯色州本特威尔镇开了一家小小的杂货店。谁也没想到，39年之后，他已经成为美国第一大零售商。1992年3月，他获得了美国总统乔治·布什颁发的自由勋章。

　　与美国的其他富翁不同，山姆·沃尔顿出身寒微。他是个土生土长的乡下人。父亲做过银行小职员及其他与经济相关的职业，母亲是普通的农村妇女。这样的人家，既有普通农家勤劳俭朴的美德，又会多一点投资赚钱的意识。1925年，他7岁的时候，便开始打零工、送牛奶和卖报纸，又用赚来的钱去买兔子和鸽子来饲养出售。他已经在琢磨怎么让钱像母鸡那样不停地下蛋，生活使他珍惜每一分钱。1936年，他进入大学攻读过一段时间的经济学，还没等到毕业，就报名参了军，在美国陆军情报部门服役。二战结束后，他回到了家乡，向岳父借了2万美元，加上当兵攒下的5000美元，和妻子海伦开了那家小小的杂货店。店名很有意思，叫作"5美分至10美分商店"，说明这时他就在商品的价格上做文章了。

　　他有自己独特的想法。自己出身于下层，很早就懂得了穷人或平民的消费心理。当时的情况是，乡下人习惯于到城里去买东西，因为城里的东西比乡下质量要好并且便宜一些。山姆心想，为什么不能让城里人到乡下来买东西呢？如果乡下的商品比城里便宜而且质量相等，那城里人就会来乡下买东西。事实上，这是可能的。当时，美国的零售业市场已经有了一大批大公司，但它们都无一例外地把目光盯在大城市，而忽略了小城镇，认为这里人口少、利润小。山姆的想法恰恰相反。他说："如果消费者想购买大件，只要能便宜100美元，即使相隔50公里远，他们也会毫不犹豫地驱车去买。"

他决定让自己的逆向思维得到实现，采用"乡村包围城市"的策略，让城里的客流蜂拥到他的商店里来。

当然，他的这个想法也不是空穴来风。他曾经在一家"一元店"做过事，受了启发。他从那里学到了连锁、零售的好处和实惠。他想："如果我用单价80美分买进东西，以1美元的价格出售，其销量是以1.2美元出售的三倍，单从一件商品上看，我少赚了一半的钱，但如果我卖出了三倍的商品，总利润其实更多。"这就是他发现的价格哲学。只不过那些店太小了，不可能让他的想法变成现实。

他的商店规模不断扩大。到了1960年，他已有15家商店像网络一样均匀地分布在本特威尔周围地区，年营业额达到了140万美元。1962年，他在罗杰斯创办了第一家沃尔玛优惠百货店，面积有1500平方米，第一年的营业额超出70万美元。他始终坚持"低价销售、保证满意"的经营宗旨，几乎每一种商品都比其他商店的便宜。廉价的商品和优质的服务使得四面八方的顾客蜂拥而至。在这样的策略下，他进一步地扩大了经营的规模。1969年10月31日，他终于成立了沃尔玛百货公司。

此后十年，沃尔玛开始了大规模地扩张。他的策略是先进军小城镇，再占领大城市，向全国推进。即使人口少于5000的小镇，他也坚持照开不误。而那些竞争对手，都把这些地方放弃了。他对员工说，顾客才是他们的老板。他为员工制定了"太阳下山原则"和"三米原则"。前者要求员工必须在当天满足顾客，后者要求员工在距顾客三米时就应该朝顾客微笑并鼓励他们咨询和求助。难怪有人说，山姆·沃尔顿那毫不动摇的献身精神，使得人们把他对于消费者至上主义的信仰比喻为圣雄甘地对于非暴力的信仰。

在品牌和价格上，沃尔玛以低价销售知名品牌，使顾客对商品质量放

心。沃尔玛数十年如一日，做到了所有商品都是廉价销售，不会有其他地方的出售价比它更低，顾客们可以确信这一点。从1980年代开始，沃尔玛便直接向厂方订货，大大降低了进货成本和存货的巨额费用。并实行会员制，每个顾客只要交纳25美元就可以成为会员，以批发价格获得高质量商品。这样，沃尔玛的消费群便像滚雪球般越滚越大。1969年至1978年，沃尔玛纯收入增长了600％，每年平均业绩增长速度高达26％。这在世界大公司中实属罕见。

企业文化也是沃尔玛吸引和保持优秀员工的重要因素之一。人们无论走到哪一个沃尔玛连锁店，都会发现它们强烈的文化特色。山姆·沃尔顿对员工没有歧视，他与员工的关系不是上与下对立的关系而是合伙人相互合作的关系。他曾经说过："和你的同事们分享利益，把他们当成合伙人来看待吧。这样，他们也会把你当成合伙人，大家齐心协力产生的效益将大大出乎你的意料。"对此，美国通用电气公司董事长杰克·韦尔奇曾说："山姆·沃尔顿了解人性。他给员工最好的，给顾客最好的，任何和他有接触的人，都可以学到一些有价值的东西。"

山姆还保持着勤劳和俭朴的本色。即使成为大富翁，他和家人还是驾着那辆座位上还散发着小狗异味的旧车。他辛勤工作，每天清早起床。经常到公司和员工交流，不断地做笔记。他是沃尔玛的灵魂，他的风格就是沃尔玛的风格，他的理念就是沃尔玛的理念。若干年后，他弟弟回忆说，"我们干过一切事情，亲自清洗橱窗，打扫地板，布置办公室。我们也干储藏室里要干的活儿，登记入库货物。我们必须把开支限制在最低限度上，这是数年以前就开始的。我们就是以降低经营成本的方式赚取利润。在这方面山姆总是很有办法。他总是尝试做一些别出心裁的事情。"山姆·沃尔顿的思维方式也就是沃尔玛具体体现出来的看世界的方式，已经变成了世界零售业乃至其他商业领域里的标准。沃尔玛是美国巨型零售公司中最有个性的公司，山姆·沃尔顿创造了二战后美国零售业的最大奇迹。

多年来，山姆·沃尔顿的公司为社会做出的最大贡献是，他的低价格为人们节约了数十亿美元，所以他实际上帮助人们改善了生活。他一生中获奖无数，但他早已超越了这些所谓的荣誉。不过，1992年当布什总统在沃尔玛总部大礼堂亲自授予他自由奖章时，他还是很高兴。布什总统说："山姆·沃尔顿先生具体展现的创业精神，是美国梦的缩影！"他说："这是我们整个事业最辉煌的一刻。"不到三个星期，他就去世了。

　　伟大的山姆·沃尔顿，他把一个偏僻小镇上的小百货店，发展成了世界上最大的零售公司。十年后，它在《财富》杂志评出的全球500强企业中位居第二。《财富》杂志对他的评价是："山姆·沃尔顿一手缔造了沃尔玛帝国。它超过了石油、银行、汽车制造业，以一家非生产制造商的身份跻身长期由制造业所雄踞的排行榜首位，着实令人称奇。"

（陈然）

娃哈哈老总宗庆后

——让全国人都喝他做的饮料

宗庆后生于1945年，浙江省杭州市人。高级经济师，浙江大学MBA特聘导师。1987年任杭州娃哈哈集团公司董事长兼总经理。2002年当选第十届全国人大代表，美国IFT会员。

娃哈哈老总宗庆后，一生大致划为三个阶段：初级阶段即青少年时期，在生存还是死亡中苦苦挣扎，最终活了下来；第二个阶段即而立之年，在平凡还是出人头地中艰苦奋斗，却怎么也没混出个人样来；第三个阶段即现在，在一瓶水上大做文章，做得全国十三亿人都在喝他的"娃哈哈"。

刚承包一个校办食品厂的时候，宗庆后拿着他新研制出来的儿童营养液对工人们说："如果中国十三亿人，每人买一件我的产品……"后面省略的六个点他含在了口里没说出来，但还是被人取笑了许多天，原来宗庆后也不过是个吹牛的，他免不了和前几任厂长一样的下场：拍屁股滚蛋。

那时底气不足的宗庆后，没敢说自己不是吹牛，他只是心里盘算，刚刚从饥饿中走过来的中国人，需要一种营养液强身健体，虚弱的少年儿童怎能抵挡"娃哈哈"的诱惑？他像一个聪明的农民，把播种的时间提早了一个节气，他要在别人盼着填饱肚子的时候，不慌不忙地挥镰收割金黄的稻子。

这个收割稻子的计划源自宗庆后的长时间观察。有一段时间，宗庆后经常踩着三轮车在学校门口叫卖零食，作为一个校办工厂的销售人员，他得带头把工厂生产的食品推销出去。站在三轮车边的宗庆后，看见饿极

了的孩子买了一包零食就啃，由于唾液不够，干巴巴的零食很难咽下去。他琢磨，那些吃零食的孩子们，要是能喝上点水润润喉咙就好。后来还听到过许多家长反映，大多数喜欢吃零食的学生，都有食欲不振的坏毛病，正餐的饭粥吃得少，营养跟不上去，当然身体就长不高了。家长们的语气里，听得出有责怪的成分，你宗庆后不但不帮助孩子长身体，还每天在这里推销零食，这不是害孩子吗？

如何为吃零食的孩子们补充营养，成了宗庆后的心病，他不是科学家，不是营养师（那时中国还没有营养师这一职业），在为下一代的营养思考，他在做着一个有良心的商人应该做的事，同时也在为自己的工厂持续的向前发展作准备，卖零食只是工厂的短期行为，而生产营养品却是一种远见。他暗中买来一些营养方面的书，一边看一边试验，其中的试制过程，只有他宗庆后一个人知道，配方也是一改再改。1988年，43岁的宗庆后终于研制出了独一无二的"娃哈哈"儿童营养液，他用瓶子装好，贴上标签，大胆地推向市场，没想到迅速在全国引起轰动，"娃哈哈呀娃哈哈呀，祝贺大家身体好"的儿歌，成了每个电视台的开篇广告。几年之后，一鼓作气的宗庆后，又首先杀入纯净水市场，获得了更大的胜利。无论是开会的、上学的，还是出差旅游的，人人手里一瓶娃哈哈纯净水的场面令人不可思议，中国的娃哈哈时代，被一个浙江大个子男人顺势推到了世界面前，那些用手一捏"吧唧吧唧"乱响的白塑料瓶子，成为一个饮料王国的强音。据一份报告说，2003年，中国十三亿人，每人年平均喝了10瓶"娃哈哈"，营业收入突破了100亿元大关，娃哈哈集团成为全球第五大饮料生产企业，与可口可乐、百事可乐坐在同一排交椅上。

从一个挑盐的青年，到一个校办工厂的推销员，再到世界饮料大王，宗庆后走了五十年艰难探索的路，他的运气不佳，命运也没有给他铺出一条平坦的道，但是他靠思索、靠观察、靠努力去做，最终他成功了，他的成功让那些最初笑话他的人心服口服。他不但实现了自己的诺言，让中国十三亿人每人都喝他的"娃哈哈"，他还实现了让一个校办小厂一跃成为领先国际水平的饮料王国。

宗庆后的祖父是张作霖手下的财政部长，父亲也在国民党政府当过职员。新中国成立后，宗庆后的家庭生活一落千丈，兄妹5人仅靠做小学教师的母亲一份微薄的工资度日，而父亲则找不到工作。宗庆后初中毕业后，下放到浙江海边的舟山马目农场，他的工作是一天到晚在一望无际的海滩上挖盐、晒盐、挑盐。1978年，宗庆后有幸回到杭州。他在杭州工农校办纸箱厂干了一阵业务员后，觉得没出息，就跳槽到了杭州胜利电器仪表厂，再到杭州光明电器仪表厂，他利用在这几个厂搞销售的机会，跑遍了全国许多个省市，眼界觉得比在大海边晒盐时还开阔深远，为他日后的娃哈哈事业奠定了坚实的基础。

宗庆后没有读过大学，初中毕业就下放了，直到1981年，他才走进杭州工人业余大学学习工业企业管理，1987年在浙江省电视大学企业领导系学习，同时还在中国厂长（经理）工作研究会企业领导学、杭州市委党校企业管理班学习，他在繁忙的工作中，努力学习，用知识充实自己的能量。他有一个最大的优点就是勤奋，勤奋工作、勤奋学习、勤奋思考，对自己永远不满意，对学习永远不满足，对思考永远不止步。走在我们中间的宗庆后并不特别，他跟寻常百姓没有什么不同之处，但是他做成了寻常百姓们没有做或者没有做成功的事业，这又是宗庆后与寻常百姓不同的地方，主要是，宗庆后想的比常人多，做事比常人新颖，心胸比常人开阔，看事比常人精准。

（林德元）

船王包玉刚
——以清醒的头脑选择正确的思路

世人公推的华人世界船王，创立的"环球航运集团"名列香港十大财团之一，是第一个进入英资汇丰银行的华人董事，被英国女王封为爵士，比利时国王、巴拿马总统和日本天皇授予他勋章或奖章，香港太平绅士，香港大学、香港中文大学和上海交通大学授予他名誉博士，中华人民共和国香港特别行政区基本法起草委员会副主任委员，著名的金融家和国际活动家。如此多的荣誉和头衔集于一身，在华人世界中无人比肩，在世界企业家中凤毛麟角。他，就是包玉刚。在三十多年的商海生涯中，以清醒的头脑选择正确的思路，是他屡战屡胜的秘诀之一。

起航篇

1918年，包玉刚出生在浙江宁波一个小商人家庭，13岁那年父亲送他到上海求学，到上海不久他就一头扎进吴淞船舶学校学起了船舶。抗战爆发后，他辗转到了重庆。在这里，他没有按照父亲的意愿继续进大学深造，而是自作主张跑到一家银行当了一名小职员。1938年，包玉刚来到上海，在中央信托局保险部工作，凭着自己的努力和在银行里积累的经验，在7年短短的时间里，从普通职员升到了衡阳银行经理、重庆分行经理，直到最后的上海市银行副总经理，前面的路途可谓一帆风顺。但在这时，他却辞职了，与父亲一起携着数十万元的积蓄，到香港另闯天下。父亲看好房地产，37岁的包玉刚却看好航运业。他认为房地产是死的，受限制很大，只能收租。而船是活的，可以随意转移，而且航运业涉及金融、贸易、保险、造船等多种行业，是一种国际性的活动，具有广阔的发展前景。因此，包玉刚下定决心，矢志在海洋运输业谋求发展。1955年他用全家所有的积蓄和四处借贷的70多万美元，买了一艘已用了27年、排水量为8000多吨的烧煤货船，改名为"金安号"，从此进入航运界，世界船王的创业之舟起航了。

发展篇

包玉刚成立了"环球航运集团有限公司"，并与日本一家船舶公司谈妥，将"金安号"转租给这家公司，从印度运煤到日本，采取长期出租的方式。这是一个冒险的决策，因为当时世界各国经营航运业的人，都是采用传统的短期出租方式，也就是每跑一个航程，就同租用船只的人结算一次。这样不但收费标准高，而且随时可以提高运价，闻名世界的希腊船王奥纳西斯、美国船王路德威克，以及老一代香港船王董浩云，都是这样做的，但缺点就是单位价格高，长期收入不稳定，要冒淡季无事可做的风险。包玉刚宁可少赚钱，也不去冒险。他出人意料地采取了长期出租的经营方式，把自己的船为期3年、5年甚至10年地租给别人，租用者按月交纳租金。

包玉刚在经营方式上选择长期出租的同时，也在思考另一个问题，在银行干事的经验让他明白资金对一个企业的重要性，要使自己的航运事业迅速发展，光靠自己是不行的，必须得到银行的支持。于是，包玉刚到处奔走，积极寻找门径，凭着自己流利的英语和娴熟的业务，1956年，包玉刚以一艘船向汇丰银行作抵押借款，取得了一小笔贷款。稍后，包玉刚得到一个用100万美元买一艘7200吨船的机会，而且也找到了租主，于是通过早年搞进出口贸易时结交的朋友——香港汇丰银行的高级职员桑达士贷款100万美元，这也是包玉刚与汇丰银行建立借贷关系的开始。同年，埃以战争爆发，海运业务十分兴旺，别人劝包玉刚趁此机会大赚一笔。但独具慧眼的包玉刚仍然按照旧的租金为东南亚的老雇主运货，以避免与实力雄厚的西方船主直接竞争，同时乘机增购船只，以扩大规模。果然，十几年后，埃以休战，西方大批商船无事可干，还要耗费惊人的费用去维修、管理，而包玉刚的船凭借良好的信誉、低成本的优势，仍然稳扎稳打地立足于东南亚，业务蒸蒸日上。

辉煌篇

60年代初期，包玉刚决定把他的租船业务扩展到英美石油公司，虽然这些大公司把价格压得很低，但因为时间长，看起来好像很吃亏，其实中间有着很大利润，包玉刚拿下了订单，石油运输市场取得了实质进展，壳牌公司（Shell）、埃克森、英国石油公司等大量租用环球集团船只，包玉刚由此获得了亚洲航运业的控股权和国际石油海运市场中可观的份额，在海运这个充满风险的行业中脱颖而出。1977年，包氏因旗下环球航运集团以1377万吨载重，成为"世界船王"。1980年，环球达到巅峰，船数达到200多艘，总吨位达2000万吨。国外报纸上都以大量篇幅介绍包玉刚，用的标题是《比奥纳西斯和尼亚科斯都大——香港包爵士》。第二年，包玉刚的船队总吨位达到2100万吨，比美国和苏联的国家所属船队的总吨位还要大，成了名副其实的"世界船王"！

拓展篇

在海洋上，包玉刚成就了自己的事业，但他并不满足，70年代，他决定逐步把重心转移到陆地上来，将赚得的部分财产投资于越来越红火的房地产业，兼营酒店和交通运输。为了在陆上也能取得海上那样辉煌的成就，他决定通过股权收购的方式入主大企业，而且首战必胜，出手必得。他和香港首富李嘉诚一起，和英国资本集团展开了一场惊心动魄的斗争，这就是著名的"九龙仓"之战。"九龙仓"是香港四大洋行之首的怡和洋行旗下的主力，也是香港最大的英资企业集团之一。在李嘉诚的帮助下，包玉刚暗中购入了大量"九龙仓"股票。1980年4月，包玉刚属下的隆丰国际有限公司宣布，已控制了约30％的"九龙仓"股票。而怡和财团属下公司手中才有约20％的"九龙仓"股票，形势对怡和财团明显不利。为了保住"九龙仓",怡和财团调动了大批资金,以100元一股的高价收购"九龙仓"股票,想把包玉刚从"九龙仓"中挤出去。包玉刚面对强敌,沉着应战,奇迹般地在三天之内调集了21亿元现款,只花了两个小时,便使"九龙仓"股份增加到49%,彻底控制了这个企业。一向看不起华人资本的置地公司,不仅没有争得"九龙仓",还伤了自己的元气。此战在香港商战史中堪称经典,轰动了整个香江,大长了华人志气,打击了英资财团的嚣张气焰,包玉刚在谈笑之间,调集了20个亿的事情,也成为一个传奇。

1985年,包玉刚又以5亿新加坡币夺得英资集团会德丰股权,成为继李嘉诚入主和记黄埔之后,夺得英资四大洋行的第二个香港人。1986年,包玉刚又一举收购香港另一个发钞银行渣打银行14.5%的股份,成为该行最大的个人股东。船王"弃舟登陆"创造了一个又一个奇迹!他的财富也多得令人咋舌。

思路是目标、是方向,包玉刚总是在合适的时候作出正确的决定,辅之以高超的技巧,步步为营,三十年磨就锋利无比、所向披靡的巨剑,成就其个人梦想,成就了华人创业神话。

(吴斌)

正泰集团董事长南存辉

——"变"的智慧

南存辉，正泰集团董事长，九届、十届全国人大代表、全国工商联常委、中国工业经济联合会主席团主席。一个昔日温州城的小鞋匠，几经奋斗终成资产超过亿万美元的年轻富豪，连续三度登上福布斯中国富豪榜，其中的跨度之大、变迁之巨，其实就是一部传奇。

《中国青年》杂志隆重推出的"可能影响21世纪中国的100位青年人物"为南存辉开列的理由是：他从一个小鞋匠成长为中国低压电器行业最大的企业家；他对家族式企业较早进行了股份制的社会化改造；他的胆略和发展方向很可能成为21世纪中国民营企业家追求现代化的典型。

修鞋三年　　影响一生

1976年，13岁的南存辉离中学毕业还有15天，因为父亲意外腿部骨折，家里举步维艰，照顾弟妹、养家糊口的生活重担就压在了作为长子的南存辉肩上。尽管学习成绩非常优秀，但是初中没毕业的他毅然放弃了学业，挑起父亲的修鞋担，开始为全家的生计而奔波。

三年间，在温州乐清市柳市镇的大街小巷，人们经常可以看见一个瘦小的男孩，背着一只木箱，走街串巷，摆摊修鞋。由于有一手好手艺，他的鞋摊前总是客来客往，大老远的都有人特意赶来找他修鞋。三年修鞋虽没赚到什么钱，却让他懂得了诚实做人的道理，有质量便有市场。同时也让他明白，一个人要想有所作为，必须重视从一件件平凡小事做起，而且任何小事要做好都是不易的。成名后的南存辉回忆起这段经历，感慨万分："修皮鞋影响了我的一生。二十年如一日，我们能做精、做专、做好、做强，在众多诱惑面前，耐得住寂寞，经得起诱惑，这是我成功的一个根本的原因。"

从零开始　　艰难创业

在修鞋的时候南存辉发现，柳市（浙江乐清市柳市镇有"中国电器之都"之称）很多供销员在全国各地揽了很多低压电器业务，开起了众多的前店后厂。南存辉就和朋友4个人合伙摆了一个柜台，每天都干到凌晨5点钟，第一个月虽然才赚了35块钱，但他却很高兴，因为他觉得自己终于找到了一条通往财富的路子。

1984年，南存辉发现，低压电器行业市场前景很大，但光靠个人力量不行，光靠一个小打小闹的门面更不行。这个时候，他的小学同学胡成中找到了他，想跟他一起合伙办厂，两人一拍即合，一起投资5万元，办起了"乐清县求精开关厂"。刚开始办厂非常艰难，因为南存辉什么都不懂。万事开头难，怎么办？南存辉在"借"字上大做文章，请人才、借脑袋，并利用人家的设备来生产自己的产品。当时技术上要靠上海，为了请来工程师，南存辉来到上海，睡地铺，吃方便面，硬是用真情打动了几位上海工程师前来加盟，求精开关厂因此慢慢发展起来。

到1990年，求精开关厂分为两个车间，总资产200万左右，产值做到1000多万，双方也各有亲戚、朋友进入管理层，南存辉与胡成中在一些经营决策问题上开始有分歧，于是就分家了。

这个求精开关厂就是现在的正泰集团和德力西电气的前身。胡成中就是现在的德力西集团董事长。虽然分家了，正泰和德力西一直就是同业内最强的竞争对手。而现在，这两大巨头都已经成为资产超过百亿的国内数一数二的民营企业。

正泰问世　　质量取胜

分手后，南存辉与几个亲戚成立了一个家族企业，取名正泰公司。1991年求精厂分家那阵子，正是假货在中国横行的时期，柳市电器企业无序竞争严重。这时的南存辉没有随波逐流，他想到的是，"做企业要先做人"，"假货只能骗一时，而骗不了一世。"

也许是对质量有更深切的感受，南存辉对质量追求到了令人叹服的程度。有一次，企业一批货物出口希腊。在运输过程中，一只货箱出现了破损，重新装配时，偶然发现有一件产品不合格。南存辉得知后，毅然要求全部开箱检查。结果，所有的货物被开箱检查，确认合格。为了不影响交货，这批货物由海运改为空运。仅此一项，企业的运费就多花了80万元。正是由于南存辉十分重视产品质量，良好的信誉和质量让"正泰"这个品牌迅速扎根成长起来。

股份合作　　发展壮大

正泰怎样才能迅速发展壮大，南存辉的第一个步骤就是扩张资本，借鸡生蛋。南氏家族中，有不少人开办了"前店后坊"式的低压电器厂，或是跑电器销售的。他们有一定的生产、管理能力与资本，但更主要的，他看中了家族人的团结一致——"人和"！南存辉从中招进9个家族成员入股，形成以家族成员为核心的企业管理层。南存辉利用得以扩张的资本，正式开始走"科技兴业、质量创牌"之路。正泰投入大量资金添置了一大批先进设备，建起标准化厂房。为招引人才，调动人才工作积极性，正泰规定，凡是负责产品研制开发的主创人员，前三年可以从销售收入中按比例提取报酬，从而使他们在职工中先富起来。而正泰得到的报酬是，正泰获得了一大批在全国领先的正泰牌产品，正泰产品开始在全国叫响。

1993年，南存辉又动开了温州销售大军的脑筋，他从中挑出一部分作为自己的"特约经销点"，进而对资金较强的经销点给予资金周转和价格上的优惠，先后在上海、西安、郑州、济南等地组建正泰销售公司，以极小的代价，初步建起自己的销售网络。到1994年初，3年时间，正泰的资产达到5000万元，南存辉的个人资产增加了20多倍！

稀释股权　　不断超越

当正泰已成为温州首屈一指的知名企业时，一张海外订单，却困扰着正泰：对方所需的产品型号无法供应。一个优秀的企业家总能顺势而变。南存辉意识到，正泰要想继续做大，需要新的发动机，必须进行一次脱胎换骨的变革。思忖再三，他决定充分利用正泰这张牌，走兼并联合的资本扩张之路。

南存辉像一只猎鹰，充分利用正泰这张诱人的"牌"，开始他的兼并、联盟的资本扩张。南存辉选择企业的标准是：资产比较雄厚、产品有较好前途且能为正泰"拾遗补缺"。

南存辉走联合之路，相继吸纳40多家当地企业，对这些企业，正泰根据具体情况采用投资、控股或参股等多种灵活的形式"招募"进入集团的二级、三级公司，使这些企业既在集团的统一指挥下运行，又保持一定的独立性。

正泰集团在股份不断被稀释中得到了超常发展。1994年，正泰组建集团，一举打破温州传统的家族企业模式。1995年，正泰成为我国低压电器行业第一个全国性无区域集团。到1998年，正泰集团已初步形成了低压电器、输配电设备、仪器仪表、通信电器、汽车电器、建筑电器几大支柱产业，资产已达8亿元。

南存辉率领的正泰集团已经从一个"家族企业"发展到"企业家族"，被誉为新温州模式的缩影。这个跨越式的发展过程，正是南存辉立志求"变"的发展思路的成功体现。

自主创新　　创世界品牌

从1984年与胡成中合办求精开关厂算起，一个小小的电器，南存辉一卖就卖了25年。南存辉办正泰最大的梦想就是：让全世界的同行都知道在输变电行业里面有一个品牌叫正泰，它来自中国。

这么多年来，南存辉花大力气进行自主创新，自创品牌，开温州民企之先河。正泰重奖科技创新，最高奖额与国家科技大奖同等，500万元；坚持"产品出口到哪里，专利申请到哪里"，正泰在国内外累计获得各种专利300多个。

在十年多的时间里，跨国公司多次以正泰5倍、7倍甚至10倍资产的价格提出收购，这些钱几辈子可能都赚不来的，但南存辉守住了自己的底线。他始终记住："赚钱第一，但不是唯一。我不仅要赚钱，我更要创出中国人自己的世界品牌！"

2004年9月，正泰与通用公司的合作，这是正泰与世界制造的一次强强携手，在向国际化道路上迈出的重要一步，为正泰进军国际市场，打造世界名牌，打下坚实的基础。2007年9月下旬，正泰告全球500强之一——施耐德电气专利侵权案，以施耐德一审败诉而告一段落，施耐德须向正泰集团支付高达3.3亿多元的赔偿，并被勒令停产侵权产品。

铸造正泰品牌，既是市场取向，也是一种民族情结。这种民族情结，在2007年度"浙商风云人物"评选中有了形象的描述：他隐忍坚守，十年韬光养晦、十年卧薪尝胆，以气血铸就自己的创新之剑……扬剑出鞘，剑光闪闪，那光芒正是民族制造的精魂。

产业报国　回馈社会

正泰创业20多年，用"科技化、产业化、国际化"演绎了一个"成长奇迹"。到2007年末，正泰集团年销售额已经突破217亿元，现辖8大专业公司、2000多家国内销售中心和特约经销处，并在国外设有40多家销售机构，产品畅销世界70多个国家和地区。目前，正泰已经成为中国最大工业电器制造企业之一，经济实力名列全国民营企业500强第4位。

早在2002年，正泰集团的纳税额就达到5亿多元，南存辉本人的个人所得税额为近300万元。到了2006年，正泰集团光在温州一地就纳税3.5亿元，企业连续多年排行温州民企纳税榜第一位。当登上福布斯富豪榜的消

息传来，南存辉只是一笑置之，他说："财富的多寡并不能完全体现自身的价值，更重要的是对社会的贡献"，"我们拼命挤进纳税排行榜，我们拼命退出富豪榜。"在慈善事业上，2005年，南存辉位列中国民企慈善榜榜首。据了解，正泰集团近年来用于扶贫、帮困、支教、救灾等慈善事业的款项已超过1亿元，为构建和谐社会尽了自己的一份责任。

（朱修东）

金融"巨鳄"乔治·索罗斯
——发现经济学的"测不准定律"

　　在物理学中，有"量子"这么一个概念，它指的是某些物理量的变化是以最小的单位跳跃式进行的，而不是连续的。这个最小的单位被称为量子。德国物理学家海森伯格的量子力学的测不准定律，带来了物理学上的革命，并获得诺贝尔奖。这一定律冲破了牛顿力学中的死角，表明人类观测事物的精准程度是有限的，或者说错误难免，任何事皆有可能。

　　而索罗斯则发现了他的经济学中的"量子力学的测不准定律"。这个创造了许多金融奇迹的人，依然在创造着惊涛骇浪般的奇迹。索罗斯号称"金融天才"，从1969年启动的"量子基金"，以平均每年35％的增长率令华尔街的同行目瞪口呆。他似乎在用一种超常的力量左右着世界金融市场，创下了许多令人难以置信的业绩。

　　现在看起来，索罗斯的冒险精神，似乎来自于二战期间的逃亡经历。凭着父亲的精明和坚强，靠着假身份证的庇护，全家才得以逃过那场劫难。这使他领悟到：冒险是对的。1930年，乔治·索罗斯生于匈牙利首都布达佩斯的一个中等犹太人家庭，父亲是一名律师。17岁时索罗斯只身离开祖国，去瑞士和伦敦谋求发展。结果只能靠打零工维持生计。两年后，他进入伦敦经济学院学习，师从后来得了诺贝尔经济学奖的詹姆斯·米德，但他并不认为自己学到了什么东西。与经济学相比，他更喜欢卡尔·波普的哲学。毕业后，他做过一段时间的推销员，不过并不顺利。后来在一家投资公司工作，也没赚到什么钱。他对伦敦失望了，决定像当时的许多热血青年那样，到纽约去淘金，陆续在几家证券公司担任投资分析师。

他找到了适合自己做的事情。这期间，他遇到了自己的"黄金搭档"：耶鲁大学的毕业生吉姆·罗杰斯。1973年，他们创建了自己的基金管理公司。他们富有战略眼光，善于抓住每一次赚钱的机会。他们首先瞄准了银行，当时的银行业信誉度低，管理落后，投资者不愿光顾银行股票。而索罗斯在细致地观察研究后，发现从高等学府毕业的经济人才正在成为新一代的银行家，他们的改革会使银行的赢利逐步上升。两人果断地介入银行股票。不久，银行股票果然大幅上涨，他们获得了50%的利润。

索罗斯和罗杰斯的默契配合，使他们的财富增长了3365%。1979年，索罗斯决定将公司更名为量子基金，以纪念物理学家海森伯格。1980年，是他们合作成绩最好的一年，基金增长率达到了102.6%。但遗憾的是，这对合作了10年的华尔街黄金搭档最终分手了。罗杰斯无意于长驻此业，他更渴望的是周游世界。此后索罗斯遭遇了他金融生涯的一次大失败。

这次失败的经历使他开始从哲学的角度思考金融市场的运作。他发现自己被传统的经济学理论愚弄了。它认为市场是有规律的、有理性的，而通过对华尔街的考察，索罗斯发现金融市场是混乱的、无理性的，它的理性完全取决于人的理性，赢得市场的关键在于如何把握群体心理。投资者的狂热会导致市场的跟风行为，而不理性的跟风行为会导致市场崩溃。这就是他的"测不准定律"。当然，这"测不准"当中，他又有"测得准"的由盛而衰的波动定律，投资者的赢利之道就在于及时地推断出即将发生的新情况，逆流而动。可究竟何时动何时不动，又完全取决于投资者本人的悟性。他说，"股市通常是不可信赖的，因而，如果在华尔街你跟着别人赶时髦，那么，你的股票经营注定是十分惨淡的"等等这些，为他的投资理论蒙上了一层神秘色彩。

他开始验证他的经济学定律了。1981年，里根就任总统，索罗斯通过对里根新政策的分析，确信美国经济会出现繁荣期，他果断投资。到第二年夏天，贷款利率下降，股票不断上涨，索罗斯的量子基金获得了巨额回报。而当美元表现得越来越坚挺时，索罗斯却认为美元将会贬值，并预测到美国政府将采取措施支持美元贬值，同时，德国马克和日元将升值。他决定出手了。后来事情果然朝着他预测的方向发展，他在这场大手笔的金融行动中前后大约赚了1.5亿美元。

然而1987年，索罗斯遭遇了大失败。他对华尔街的经济预测错误，结果一天就损失了2亿多美元。在这场大崩溃中，他共损失了6.5亿到8亿美元。索罗斯哭笑不得。

索罗斯引起全世界瞩目的，当属他在1992年写下的"血战"英格兰银行的传奇。

1989年11月柏林墙倒塌后，索罗斯就敏锐地意识到，欧洲货币汇率机制已无法继续维持。当时英国经济已不景气，政府维持不了英镑的币值，只能寄希望于外在因素，即德国马克能降低利率。但索罗斯预测到德国不会冒着继续通货膨胀的危险而这样做。他投入100亿美元，购入德国马克和英国股票。英国政府计划从国际银行组织贷入万亿英镑，用来阻止英镑的贬值，如果仅是索罗斯一人在与英格兰银行较量，对方也许还有一丝挣扎的希望，但众多投机商的参与，使较量的双方力量悬殊。一时间，英镑直线下跌，汇率由2.1变为1.7，索罗斯等于从每个英国人手中拿走了12.5英镑，他个人获利6.5亿美元，名列当年华尔街个人赢利榜首。他创造的这一历史性纪录，至今无人能破。

狠狠阻击英镑后，他不可避免地成为公众人物。《经济学家》杂志把他称为"打垮了英格兰银行的人"。第二年夏天，他断言德国马克会贬值，结果真的贬了值。他投资7.75亿美元收购了英国土地公司4.8％的股份，果然导致房地产公司的股票价格疯涨，他一下子又赚了520万英镑。

可就在索罗斯"做空"德国马克的同时，他又犯了一个决策性错误。日美两国首脑会谈在即，他以为这次会谈将会解决双方的贸易争端，从而导致日元对美元下跌。结果克林顿与日本首相的谈判破裂，外汇市场日元对美元的汇率升幅高达5％。这一失误使索罗斯损失了6亿美元。

1994年，索罗斯对墨西哥比索发起攻击，使墨西哥外汇储备在短时间内告罄，造成比索贬值和国内股市的崩溃。

1997年下半年，东南亚发生金融危机。与墨西哥一样，东南亚各国的经济增长不是基于本土投入产出的增长，而主要依赖于外延投入的增加。这给国际金融投机商提供了很好的捕猎机会。索罗斯再次扮演阻击者的角色，从大量卖空泰铢开始，迫使泰国放弃维持已久的与美元挂钩的固定汇率而实行自由浮动，引发了一场泰国金融市场前所未有的危机。事情并未结束，索罗斯这条大鳄很快游到了印度尼西亚、菲律宾、缅甸、马来西亚等国，所经之处，货币大幅贬值，工厂倒闭，银行破产，一片惨不忍睹的现象。

　　有此种种，索罗斯被冠以令人敬畏的名称"金融大鳄"。他发现了经济学中的"量子力学的测不准定律"，然而纵观他的历史，他的成功与失败也是波动不止的。

　　牛津大学、布达佩斯经济大学和耶鲁大学曾主动颁给他名誉博士学位。1995年，意大利波伦亚大学授予他最高荣誉，以表彰他为促进世界各地的开放社会所做的努力。

（陈然）

香港富豪郑裕彤

——小杂役变成鲨胆大亨

他有许多显赫的名号：珠宝大王、地产大王、酒店巨子，最有视觉冲击力的该是鲨胆大亨——这四个字暗示着凶猛、胆略、巨富的意思。一个金铺的小杂役走进香港富豪榜的第三，谁都觉得不可思议，尽管香港是个盛产富豪的地方。

郑裕彤，他让你惊奇，更让你震撼。

这个小杂役不一般

1924年冬天，广州一座冷僻的茶楼昏暗的灯光下，进来两个绸缎庄的伙计拣个座叫了九江米酒。这么晚这么冷还来茶楼，从脸色上就看出他们都有重要事告诉对方。结果两个人竟说的是一件事——老婆怀孕了。两人都一脸喜气，乘着兴头两人为两个未出生的孩子定了终身。可这一指却指出了后来香港财界一阵地震波似的传奇故事。其后大伙计周至元生了女儿周翠花，二伙计郑敬治生了儿子郑裕彤。周至元运气好，用"炒市面"赚的钱在澳门开了周大福金铺，郑家却不顺，有点难，郑裕彤上完小学就送到周至元这儿学徒来了。因为当初两个伙计喝酒起过誓：不管谁发达，谁落魄，永远是亲家。这个15岁的准女婿来周家并没享受特权，还是从杂役学徒开始。

周大福金铺老板很快发现这个小杂役不一般：人勤快，脑子灵，有心机。虽然个不高，身子也单薄，但挺有主意。每天扫、抹、擦、倒水、倒痰盂、跑外勤都很利索，叫他去码头接个香港亲戚，他又带回一个下船要换港币的华侨到金铺，顺带做成了一笔生意。后来老板干脆让他去码头招揽换币业务。小杂役早上来晚点原来是去街上一些金铺转了转，谁家有新式样的饰品，谁家陈列摆放的好，各种信息都到了周至元这里。这对周家生意帮助很大，周家金铺名气也大了起来。小杂役学徒没满三年就升为金铺掌管，周至元看出他是块做生意的料，所以破格提拔。

升上掌管的郑裕彤，更加显示了他的不一般。

1946年6月，周家金铺开始向香港发展，在香港设分行，周至元选址动了番脑筋，选在皇后大道正是全香港最繁华的地段，银行商行林立，紧靠的半山区和山顶区的住户富婆多，分行交给了郑裕彤经营。郑裕彤选拔了一批精明能干的人，生意很快火起来。

后来不断加大经营规模，在九龙旅游区和铜锣湾增设分行。很快香港分行超过总行，自然也就变成了总行。徒弟胜过师傅，周至元也逐步把经营全部业务交给女婿，周大福正式进入了郑裕彤时代。

这个老板有一套

周大福的员工，都说这个新老板有一套，大概是赞赏他的眼光和头脑。

"明明是亏，他说亏就是盈，过了二年，还真的都赢回来了。"

——原来香港金店多如牛毛，竞争激烈，可都卖的是九九金（也就是含金99%），而郑裕彤推出四个九的金（含金99.99%），如此每两要亏加工费几十元，算下来成本一年高出几十万，所以是亏。可是郑裕彤老板认为权当广告费，果然到处都传周大福的金不"煲水"，各家争相来提货，厚利信誉双丰收，赚回来不知道有多少个几十万。黄金饰品的生意渐趋饱和，郑裕彤瞄上了钻石，可香港原来只有廖桂昌有戴尔比斯的钻石进口牌照，他人是无法染指钻石进口的。为了能尽快解决牌照问题，1964年他索性跑到南非买下一间有DeBeers牌照的公司，此后又购得多张牌照，一下成了香港最大的钻石进口商。这二招下来，包下了香港钻石进口量的三成。由此，他得到了一个珠宝大王的称号。

这个老板有一套，就是能把员工拢住、"套"住。

周大福业务量飞速发展，盈利节节上升。

郑裕彤赢利不忘员工，他要让员工分享成果，增强员工的归属感。他把金店改称周大福有限公司，把股份派发给当年为公司立下汗马功劳的老员工。他把公司效益同员工利益挂起来，员工同公司更是命运相连，积极主动干事，使公司当年盈利达到500万元。

老板喜欢遛腿的地方

香港尖沙咀海傍蓝烟囱地盘，一座世界超一流豪华建筑——新世界中心拔地而起。这个"城中之城"宏伟得让人惊讶不已。新世界酒店、丽晶酒店富丽堂皇，几万平方米的购物中心、办公楼群、豪华住宅……

一个老者背着手在溜达，一辆高级轿车远处慢慢跟着。老人有时停下，痴迷地欣赏这个建筑群，如同一个画家在欣赏一幅丹青，如同一个诗人在吟诵诗篇。这就是郑裕彤，在他进军房地产业后，一个接一个的大手笔，让地产界目不暇接。

占地80万平方米的碧瑶湾高级住宅区；

总面积41万平方米的投入18亿的湾仔香港国际会展中心；

铜锣湾香港大厦。

由此香港人送他名号：地产大鳄。

用鲨、鳄这些词是否是指他来势凶猛，行动快捷，可能还有他那一连串的迅猛收购动作。

上世纪60年代中期，香港许多富人都抛售地产，可是他却加紧收购，后来局势稳定，地产大涨，他就成了超级富豪。这种收购，既要有胆气，还要有识见。

他收购了亚洲电视，成为其两大股东之一。斥资27亿收购有825家酒店的美国华美达酒店管理集团；收购瑞士一家拥有40间酒店的集团；使他的新世界成为全球最大酒店管理集团之一。难怪，人家又送他"酒店巨子"的称号。

他收购香港到澳门的航线。

他收购香港城市巴士，统一港岛的巴士路线。

他收购澳门自来水公司42%的股权，电力的20%股权。

这种景象真像鲨和鲸张开大嘴，有什么，收什么，只要你愿意卖。

其实这个鲨和鲸还有另外温情的一面。

他常常讲的是勤和诚，总结出的23字处世箴言："守信用、重诺言、做事勤奋，处世谨慎，饮水思源，不见利忘义。"

他在广州投下数十亿港元建发电厂和高速公路，在故乡顺德，多次捐建医院、学校等，总投资已过80亿元，计划近几年再投40个亿……

看到他在那儿遛遛停停，你会说，还是个挺温和的一个老人嘛，慈眉善目，又平平常常。可是在商界，在激烈的竞争中，他可又真是能吞下任何东西的鲨和鲸呢。

一个小杂役，掀起了如此大的财富巨浪。如果没有当初那段指腹为婚，或是他就不是周大福的承继者，不过那可能又是另外一个财富故事了。

（魏东）

善抓机遇做大事

SHAN ZHUA JIYU ZUO DASHI

创业的成功，机遇是要素之一。机遇对每个人也许不尽平等。但是对于一个会用脑的人，随时都有可能抓住机遇。

人们常讲："机遇面前人人平等。"然而这种平等不是绝对的，而是相对的。在有准备的人脚下，机遇是成功的阶梯；在没有准备的人脚下，机遇是一块不起眼的石块。在勤奋者面前，机遇是冲刺的跑道；在懒惰者面前，机遇是凋谢的花朵。在麻木者面前，机遇是一吹而过的风。机遇并不是普洒甘露的慈善家，只有那些敢抓机遇、善抓机遇者，才能最终赢得机遇的青睐，并通过抓住机遇开创新的局面。正因为如此，同一个机遇会被某一个人及时抓住，而在另一个人的鼻子底下溜走。

巴斯德有一句名言："机遇只偏爱那种有准备的头脑。"

具有捕捉机遇的愿望和要求，这是一种不可缺少的精神动力，它会激发你在纷繁复杂的众多现象中随时留心各种机遇的出现，会使你对机遇保持一种警觉的敏感。

1976年，瑞士的科技人员研制出了第一只石英电子表，可是，瑞士钟表商由于对这一新发明的意义认识不足，没有去大力开发。而日本的有关厂商得知这个信息以后当机立断，在日本已有的雄厚电子工业基础上，迅速生产出大批优质石英电子钟表，很快风靡全球，与老牌瑞士钟表业之间形成激烈竞争，仅在70年代的后5年时间里瑞士的手表工厂就被斗垮了178家。

这个事例再一次说明：抓住了机遇就意味着成功。

摩托罗拉之父保罗·高尔文
——总是比别人做得更早

在美国一个名叫哈佛的小镇，有群孩子在火车上卖爆米花。大雪封住了几列满载乘客的火车，有个小男孩不仅卖爆米花，还在这一时期特意赶制了三明治，三明治虽然做得并不怎么样，但还是被饥饿的乘客抢购一空。因为他懂得如何比别人做得更早，只有抢占先机才能成功。

这样一个小小年纪就有着把握市场动向意识的小男孩，注定成为一个不凡的人，他就是摩托罗拉公司的创始人保罗·高尔文。

抓住新兴工业潮

1895年6月29日，保罗·高尔文出生在美国伊利诺斯州一个叫哈佛的小镇上。18岁时，高尔文上了大学，但因为家境不是很好，大二就退学了，他找了几份零工来做。正在这时，一战爆发，高尔文便加入军队，3年之后，光荣退役。军队生活是艰苦的，但锻炼了高尔文的体魄和意志，为他以后的创业打下了坚实的基础。

第一次世界大战的硝烟刚刚散尽，美国社会又进入了一个日新月异的经济大发展时期。当时农业经济在整个国民经济结构中所占的比重已大大降低，而新兴工业正在蓬勃发展。尤其是汽车工业发展速度惊人，同时带动了玻璃、橡胶和钢铁等相关产业的腾飞。

高尔文敏锐地感受着新兴工业正在蓬勃发展的气氛，从军队退役后他来到大城市芝加哥，一边艰难谋生一边等待时机自主创业。

时机很快到来。1920年11月22日匹茨堡KDKA电台开始正式广播，

这是无线电技术发展过程中的一次重要突破。虽然它最初只播出音乐和棒球赛结果，可是这种新的媒体所具有的巨大的潜力很快就显现出来了：购买无线电设备的人越来越多，全国到处都开设了电台，与此同时也造就了一大批无线电的忠实听众。

当时无线电商品的行情看好，与此相关的电池生产也水涨船高。高尔文注意到这点，1921年，高尔文和朋友斯图尔特在马什菲尔德市办一个蓄电池厂。高尔文善于抓住市场动向。当时无线电行情看涨，但与此相关的干电池却笨拙乌黑，用不了多久就得更换，高尔文注意到这个缺口，便开发一种叫"B－整流器"的产品来取代原有的干电池。公司一度又达到了繁荣的顶点。

上世纪20年代，随着汽车的风靡一时，收音机大行其道，这两种新型产品的相辅相成自然成为不可避免的发展趋势。但是，由于安装过程复杂、音质不良、价格昂贵，同时最重要的是因为如果要收听广播，司机必须把引擎停下来，因此直到1930年很多人都还是拒绝安装收音机。高尔文敏锐地意识到这是扩大公司影响的一个绝佳良机。他向他的员工提出挑战，去设计一个价格低廉并可安装在大多数汽车内的简易车用收音机，并将它命名为摩托罗拉。第一代商用车用收音机就这样诞生了。

就这样，伴随着新兴工业的不断发展，高尔文的事业也在蹒跚起步。但由于当时美国经济萧条，摩托罗拉一路历经风风雨雨，它在等待着更好的时机腾飞。

战争带来的契机

商场上并不缺少机遇，只是缺少抓住机遇的手。

1936年，战争的乌云已经笼罩了整个欧洲。高尔文深信：除非出现奇迹，战争已是不可避免了。而公司在经历了1937到1938年间的萧条时期之后，他更感到公司必须从事在战争时对国家有用的生产活动，才能找到新的发展。于是他开始让他的工程师进行使收音机适应军事需要的研究。

时机终于到来了。1940年的一天，《芝加哥每日新闻》的编辑打电话

告诉高尔文，在威斯康辛州麦科伊营地进行军事演习的军队由于缺少无线电通讯联络而行动受阻。高尔文立即派他的总工程师唐·米切尔和雷·约德到麦科伊营地实地考察。他们看到士兵们背着笨重的无线电作通讯工具，用这种落后东西去打仗，结果是可想而知的。米切尔当即向美国陆军通讯部队的斯坦福上校保证，一种轻型的、便于携带的无线电话机将很快可以开发出来。

他们成功了，突击队的将士们在有了这些无线电话机后，如虎添翼，在战场取得了一个又一个胜利。由于摩托罗拉在战争期间为军队做出了杰出贡献，美国陆军部和海军部曾先后五次授予摩托罗拉三等奖章，而高尔文本人也在1946年被陆军部授予了奖状。

摩托罗拉在战场上所取得的辉煌触发了高尔文的灵感。他想，如果能够解决原有的设计及使用上存在的问题，那警察部门也可以大量应用无线电话机。高尔文立即着手做这些事情，他说："这是一种需要，而且我看到了它是一个还没有人去占有的市场。"

抢滩民间消费市场

当欧洲战场还是硝烟弥漫，美国部队也正忙于登陆战时，高尔文就已经远见卓识地考虑战后的建设问题了。他预见到仅仅靠军事生产是不行的，必须再生产新的东西，他看到了市场对新的民间工业及消费产品的需求及渴望。他预见到，战后军事需求必将大大削减，这会导致许多靠战争发家的企业倒闭，大量雇员将被解雇。他要求工程技术部门加紧新模型的设计工作，以填补空白。

摩托罗拉开始将战时手机的经验用于商用无线电通讯事业，并开始开创新颖别致的产品，当它的无线电寻呼机问世后，尽管产品离完美差得很远，可是试用过的人却再也不愿放弃。

他决定在增加电唱机的生产的同时，开始向新兴的工业领域——电视机行业进军。要开发出优质的电视机产品，就必须有可以信赖的技术人员。高尔文广招贤才，从麻省理工学院雷达实验室聘来一批才华横溢的工程师。为了激发起技术人员的竞争意识，他别出心裁地把他们分成了两个研制组，一组按照传统的路线进行，另一组朝另一个方向寻求突破，期望研究出一种新的设计方案。

当他的新款电视机问世时，迅速成为全美销量第四，电视机业成为摩托罗拉和这个工业最大、并且最快的销售生产线。摩托罗拉昂然从战火中飞出，羽翼更加丰满了，高尔文的事业开始了真正的腾飞，展开了一个新纪元。到1954年摩托罗拉的销售总额达到2.05亿美元，成为美国无线电行业中的佼佼者。

60年代，摩托罗拉开始扩展海外市场。自从半导体变成了工业和商业基本的电子零件以来，摩托罗拉大大扩大了它的基本客户范围，包括全世界各种新工业、新用途和产品，特别是电子计算机。摩托罗拉，陆续研发出第一部对讲机，第一部可佩带手机，第一部全中文手机。当今天人类享受通讯产品带来的便捷和快乐时，应该感谢这个改写了通讯历史的人——保罗·高尔文。

（李晚成）

颠覆传统的民营企业家郭广昌

——对"机会"猎犬般的灵敏

郭广昌是一名颠覆传统的民营企业家,他被认为是"中国资本市场上真正的机会主义者"。 他所掌舵的复星国际是国内最大的综合类民营企业。2007年7月16日香港上市,他的财富飞涨,成为2007年度胡润百富榜的第10名。

在郭广昌看来,改革开放以来,中国有四次机遇:最早的开放搞活,出现了很多个体户;然后是1992年邓小平南方谈话后,知识分子可以下海办公司;第三次就是资本市场从审批制转为核准制,让一些业绩不错的公司特别是民营企业有了机会;第四次是1998年国有企业退出非竞争性行业的机会。

后面这三个机遇,郭广昌全部抓住了,这也就有了复星的成功。

小平南方谈话促成他的第一桶金

第一次真正改变了郭广昌人生轨迹的是,1992年春邓小平南方谈话。

郭广昌出生于浙江省东阳横店一户贫苦农民家庭。和许多穷孩子一样,他想通过读书改变自己的命运。考入上海复旦大学后,他又想出国留学,并为此积极准备,先后通过了TOEFL和GRE考试,而且还向亲戚借好了出国所需的资金。

如果命运不发生转折,他也许出国做了一名留学生。

但1992年,邓小平在南方谈话中掷地有声的话,深深地打动了郭广昌的心。经过权衡和思考,郭广昌放弃了出国的念头,而且决定辞职,自己

去闯荡一番事业。

1992年11月，郭广昌和几名同学一起，用10万注册资本，成立了广信科技咨询公司，其中3.8万还是郭广昌准备出国留学的钱。公司主要业务是做市场调查，郭广昌骑着自行车不断地去找项目，太阳神、乐凯胶卷、天使冰王等诸多品牌成为公司的客户。公司成立10个月，居然就赚了第一个100万元。

利用高科技赚取第一个亿元

街上的咨询公司、调查公司越来越多，利润也越做越薄，郭广昌想自己做产品，先后搞过彩色火焰蜡烛、咕咚健身糖、婴儿尿湿报警器，但都不成功。眼看着赚来的钱越来越少，郭广昌觉得这样下去也不是个办法。

这时，他突然发现了一个机会，郊区一家房地产公司的房子卖得不是很好，于是决定做房产销售。当时上海卖房子的通常做法就是在工地附近挂块售楼广告，而且喜欢将房一栋栋地卖给企业客户。郭广昌卖房子的不同之处是打广告，在报纸上登，夹报广告也做，还有邮递广告，房子也不是一栋栋地卖给企业客户，而是一间间、一套套地卖给个人消费者，现在看来很平常的办法，在当初却很新鲜。

为把当时一些"海归"的家庭情况打听清楚，他们还跑到出入境管理部门去查，把广告送上门，结果房子的销售量一下就上去了，复星赚来了第一个1000万元。

此后，郭广昌意识到，民企要进一步发展，必须以高科技为内涵，现代医药是下世纪国际竞争的制高点，而高科技的主攻方向是生物工程，最终确定了以基因工程为主体的现代生物医药这一含金量极高但风险很大的高科技产业方向。

1993年上半年，郭广昌将广信更名为复星，决定放弃自搞产品，回到母校，找到生命科学院一种新型基因诊断产品——PCR乙型肝炎诊断试剂，开始了介入生物医药产业的第一步。

1995年从PCR上，复星赚到了第一个1亿元。真应了那句名言：知识就是财富。也是对机遇的发现与把握使他们迈向成功。

资本运营实现财富裂变

中共"十五大"召开后，民营经济地位得以确认。1998年，复星实业上市，一次即募集资金3.5亿元。郭广昌由此认识到资本的力量，也瞅准了这是利用中国资本市场开放的最佳时机，他开始思索如何将产业与资本对接。郭广昌和他领导的复星团队渐渐形成了一个坚定不移的信念：一个高速成长的新兴经济体，一定能托起一些多元化产业投资控股公司。

凭借着对"机会"猎犬般的灵敏，郭广昌迅速抓住中国经济转型、中国企业转制的机会，一手盘整国企资源、引入市场化机制提高其生产效益，一手接通资本市场，打造多产业控股型公司，利用资本市场的财富放大效应来进行下一轮的资源整合与扩张。

收购豫园商城可以看作是复星借用资本链条进行产业扩张的一个典型。2001年8月，复星集团与豫园商城第一大股东上海豫园旅游服务公司草签股权转让、托管协议，11月22日该协议中止。6天之后，即2001年11月28日，刚刚成立不到一个月的复星投资与豫园商城签署了控股权转让托管协议，转让价为3.8元每股，转让总金额为2.34亿元，复星投资成为豫园商城新的第一大股东，持有豫园商城6166万股，占总股本的13.25％。豫园商城虽是上海的老商业股，但在两年前已涉足生物医药领域，并拥有上海童涵春制药厂53.33％的股权。通过收购豫园商城，复星投资间接控制了童涵春。总资产6亿元的复星投资似乎是专为此次收购而成立。

复星产业扩张在很大程度上依赖于精巧的资本运作。复星做产业扩张有一个特点，即能买的不租，能租的不建。复星现有20多家药厂，只有一家是由复星自己投资建设的，其余均为合资拥有。这样做的好处是，兼并成本不高，却能产生很大的协同作用。复星做产业扩张还有另一个特点，即看上的企业一定要有行业领先的位置，同时有一支合适的管理团队，否则，复星就会坚决退出。复星旗下曾有一家中药厂，注册资本金600万，复星占60％，每年税后利润300多万，连续5年都在分红，但复星还是力图提高它的销售额，5年换了三任总经理，教授、卖药大王、跨国公司的营销总监都有，始终未能奏效，复星就将它卖给了一个做保健品的企业。

令外界印象深刻的是，迄今郭广昌进入的几大主业、控股或合资的几大公司，这些年无论是销售收入还是净利润均获得显著增长。2003年复星集团要收购南钢股份时，南钢近14000人生产280万吨钢，年利润不到3亿元，在全国的钢铁行业里排在20多位。而经过四年的时间后，南钢的产能已经达到了650万吨钢，比四年前翻了一倍还要多。在主要产品中，中厚板排名全国第三，管线钢第四，造船板排名第六。南钢改制四年，共计上缴税收45亿元，比此前建厂45年来的总和多出8%；累计实现利润48亿元，比前45年总和增长116%。

"复星将着眼于全球的投资机会"，郭广昌壮言，在走出国门之前，复星新一轮的国内扩张大幕正在拉启。也许，几年后的复星，将变成一个真正的企业帝国。

（李晚成）

成就可口可乐霸业的阿萨·坎德勒

——神话来自一个微妙而伟大的灵感

今天，当我们品味着可口可乐时，必须感谢一个人——阿萨·坎德勒。正是他凭着商人的敏感和超人的胆识，把一种普普通通的饮料推向了全世界每一个地方，他使可口可乐成为软饮料的象征、美国饮食文化的象征。今天，可口可乐的商标价值已飙升至400亿美元，是当今世界价值最大的品牌。

错误配方勾兑出的可口可乐

可口可乐的发明来自于一位药店店员的一次错误。

1886年5月的一天，药剂师约翰·彭伯顿试配成功一种专治头痛症的药水原浆。他把含有可卡因、咖啡因兴奋剂成分的可可叶和可乐果提炼品，加入若干酒类物质等其他成分，成功地配制出一种药用原浆。然后，他把这种原浆掺兑净水，配制出一种专治头痛的药用饮料，最初取名为"彭氏健身饮料"。

1886年11月15日上午，因饮酒过量而引起头痛的威尔克斯先生来到了彭氏药房，他是被广告宣传提到"彭氏健身饮料"具有治头痛疗效而吸引来的。可是那天店员却在忙中出错，他把通常兑入净水的原浆掺入到了苏打水里，递给了威尔克斯。威尔克斯望着杯里酱色带泡的饮料，开始犹豫起来，不过威尔克斯还是尝了一小口。"味道真不错。"威尔克斯说完以后，赶紧又是一大口，一下子他顿觉神清气爽。

这时，药剂师彭伯顿恰巧走了进来，威尔克斯杯子里的酱色浓泡的药水让他大吃一惊，彭伯顿心里一沉，"我从未调配过这种颜色的饮料啊！"他叫来店员询问，店员知道自己闯了祸，解释了半天最终也没有解释清楚。没办法，彭伯顿便不动声色地走进柜台，仔细查看用过的容器和量杯，然后又很快配制出一种酱色带泡饮料，递给了威尔克斯。威尔克斯一边喝一边夸奖说："跟刚才那杯味道一样好。"彭伯顿最终找到了配制新饮料的标准方法：1份原浆掺兑6.5份苏打水。就这样，可口可乐诞生了。

成为"魔水"新主人

然而，身为药剂师的彭伯顿虽然懂得配制饮料，但他并没有发现这种的"魔水"商业价值。

1888年，"魔水"终于遇到他的伯乐。当时，正在经营批发零售药材生意的阿萨被头痛折磨得很苦恼，他的朋友建议他试试可口可乐提神健身液。阿萨试了下，头痛果然减轻了。后来，他不断饮用可口可乐，头痛竟然逐渐好转，这使得身为药剂师的阿萨对它产生了很大的兴趣。经过调查，阿萨发现这种可口可乐糖浆蕴含着很大的开发商机。而发明这种糖浆的药剂师彭伯顿并不善于经营，于是阿萨决定入股，与他们一起开发这种产品。但是入股后，阿萨发现彭伯顿和参与生产、销售糖浆的人都不会打理工作，阿萨不想只接管一项管理不善的烂摊子。

阿萨不动声色，决定用隐蔽手段从发明人彭伯顿药剂师手里收购可口可乐原始配方股权。而缺乏经商头脑的彭伯顿药剂师个人资金有限，于是便陆续拉入朗兹、维纳布尔斯、沃克兄妹四人投资入股生产可口可乐。但是，这些人的投资主要用在了购置加工设备和宣传促销上，所以可口可乐饮料没能很快给他们带来可观的利润。于是他们开始考虑出卖股权扔掉"包袱"。

这正是阿萨要等待的，阿萨开始暗中收购可口可乐配方股权。1888年春，他假借"沃克坎德勒公司"的名义，个人出资550美元收购到彭伯顿手里保留的1/3股权。不久，他从沃克兄妹手里收购到1/3股权。到这年夏天他又出资1000美元再次从沃克兄妹那里收购到最后1／3股权。就这样，他用不到一年的时间共出资2300美元便买下了彭伯顿发明的可口可乐的全部股权。阿萨·坎德勒成为可口可乐配方专利权的新主人。

一个饮料配方就这样悄悄地到了坎德勒手中。

1890年，阿萨又做出一项困难又重要的决定：放弃多种经营，集中精力和财力生产销售可口可乐。这可是一个非常冒险的决定，因为当时他的药材批发零售业务已取得了不错的成绩，而当时可口可乐的前景是难以预料的。但胆识过人的阿萨认为，看准了的事，就要全身心地去做，1891年秋，他把公司和药房从桃树街迁到迪凯特街一幢楼内，1892年正式把公司更名为"可口可乐公司"。

制造可口可乐神话

阿萨·坎德勒的确才识过人。在推销可门可乐的过程中，他很快领悟出把这种饮料的市场形象定位于"药用饮料"是不明智的。这样就会把产品的消费者局限在"病人"这样一个小范围内。如果改变促销宣传方向，把可口可乐定位于大众化的软饮料，人人皆可饮用，季季皆可饮用，这样就可以打开可口可乐的销路了。所以坎德勒的促销广告宣传摇身一变，由"神奇健脑液"变成了后来人们熟悉的"清香提神"软饮料的广告词。

汽水店、冷饮店是当时城市人最爱光顾的主要场所。夏季生意相当红火，但进入秋冬季节，生意便一落千丈，甚至关门歇业。阿萨看准这个潜力巨大的市场，亲自上门促销，鼓动商店卖可口可乐。

阿萨对待可口可乐的销售工作十分认真，他有一切为客户着想的商业意识和一丝不苟的优良品格，他有一句座右铭："今天损失的可口可乐，明天再也补不回来。"所以他竭尽全力抓住任何一个哪怕很小的机会，不失去任何一笔买卖，这使阿萨赢得了客户，也使可口可乐的生意，得以兴旺发达，越做越大。

机会往往如同连环扣，抓住一个，可能带出一串来。

1899年，两名青年律师托马斯和怀特黑德主动恳请与可口可乐公司合

作，采用瓶装技术扩大可口可乐饮料的销售。两位律师使出浑身解数，终于说服坎德勒跟他们签订了一份合同：托马斯和怀特黑德自筹资金建立瓶装厂，并保证只灌装可口可乐饮料。作为回报，坎德勒让他俩独享瓶装可口可乐专营权和商标权，并提供充足的饮料。

一纸合同，使托马斯他们轻而易举地取得了瓶装可口可乐饮料的专营权和商标权，最终成为百万富翁。当然，这个合同并非对坎德勒只有损失没有实惠。让别人去冒险投资，推广自己产品，而自己却能从没有直接投入一分钱的合同里坐享赚取成百上千万美元利润，何乐而不为呢？

第二年起，专门灌装可口可乐饮料的瓶装厂陆续在全美各地建成投产。阿萨经营的可口可乐通过瓶装技术，源源不断销售到美国城乡各地。喝到原汁原味可口可乐饮料的人越来越多，可口可乐创造辉煌的时代终于到来了。

经过百余年努力，阿萨·坎德勒的继承者们已使可口可公司位居全球十大著名企业榜首，使可口可乐饮料成为美国饮食文化的象征，它的商标价值已上升至400亿美元。

面对同一个机会，药剂师约翰·彭伯顿因缺少发现的眼光和破釜沉舟的魄力，最终将可口可乐这个宝藏拱手让给阿萨·坎德勒了。善于抓住机会，这正是阿萨·坎德勒成功所在。

（李晚成）

三星创始人李秉哲

——在别人认为没有机会的时候创造机会

人们在探究韩国战后经济迅速发展而成亚洲四小龙的经济现象时，一定不会忘记提及一个人和一个企业集团——李秉哲创立的三星集团。世界500强中三星集团排名14位，二次入选奥运会的赞助商（一般只有进入1~12位世界一流企业才有资格入选）。韩国GDP总量的六分之一，贸易出口量的五分之一，都是由三星集团贡献的。三星集团名下有24个大公司，年收入1000多亿美元。

李秉哲创立了三星集团这个世界级品牌，为韩国经济发展并成为亚洲四小龙而功在千秋，同时他也得到了"创业鬼才"的称谓。

机会是怎么来的

20世纪50年代初的一个冬天。

韩国大邱市街道上一个中年汉子拉家带口，一帮人急匆匆地扑进了挂着"三星商会"的商铺。里面的一个经理模样的中年汉子急迎出来，两人抱成一团喜极而泣，一个叫着东家，一个喊着经理。

被称作东家的是李秉哲，被称作经理的是李舜根。当初因为日本侵华战争，冻结贷款，让李秉哲的"协同精米所"只好关门，卖了地和机械，转让运输公司，还清债务后他一贫如洗，几年奋斗回到原点。他虽失去机会可又一次创造机会：他考察了朝鲜半岛和半个中国，选择了向东北出口果品蔬菜干鱼本小利大的生意，在大邱挂出了"三星商会"的牌子，接着又办起面粉厂。李秉哲把他早稻田的同学李舜根请来当商会负责人。接着又找到一个机会，以10万元收购了内部闹矛盾的"朝鲜酿造"，年产酒一万石，他挖到了第一桶金。可太平洋战争爆发，日本加紧对朝鲜半岛的掠夺，"朝鲜酿造"难以为继，他把企业交给李舜根善后，自己回了老家庆尚南道。

日本战败后，李秉哲精神焕发，摩拳擦掌地要大干一番，他开发了"月桂"新酒，行情看好。在汉城挂出"三星物产公司"的牌子，干起了进出口贸易，做得有声有色。可是伴随而来的是场厄运——朝鲜战争爆发，他只好丢下苦心经营的一切，携家带口落魄地回到大邱，他又一次跌回了原点。

当李舜根捧给李秉哲数年来的账本，和丝毫不差的3亿元全部的盈余款时，李秉哲大吃一惊：当初只要他看守摊子，没想到他还费尽心机地维持了"朝鲜酿造"的运转，这么些年，这要多重的付出啊，心中一阵热，感到眼中一阵潮湿。——这是商界罕见的相知相诚的真实佳话，也是对李秉哲向来"用人不疑，疑人不用"的馈赠。后来李秉哲带着这3亿元赶到釜山，挂出"三星物产株式会社"的牌子，拼搏一年3亿元变成了60亿元，其后又是一个接一个的创业开发，成就了一个个的成功。也有人感叹，为什么机会总留给李秉哲？

李秉哲对机会有过一段精彩说道："如果上天没有送给你机会，你就自己创造机会。"实际上李秉哲的每一个机会，都是他自己创造的，是在别人认为没有机会的时候，他创造了一个个机会，也带来了一次次成功。

心有多大，人生圈子有多大，事业才有多大

李秉哲1910年2月12日出生于韩国庆尚南道宁群一个富裕农民家庭，祖父是文人，他在祖父的书院度过幼年，聪明又贪玩。父亲把他送到较远的新式学校，学点新东西。进汉城读中学，到初三时按乡俗娶了亲，不久还当了父亲。

李秉哲开了眼界，心也大了。他不想过平淡的富裕农民的日子，吵着去日本留学。家里人起初都反对，他反复争论，理由就是人生的圈子要

大，做的事业才大。最后他成功了，进了日本早稻田大学财经科。他学习如饥似渴，把他的人生圈子开始撑得大大的。

学成回家开始的一段时间，李秉哲还有点无所事事。一天晚上在明亮的月光下看着三个孩子熟睡的脸，他突然恍然有悟，觉得要赶紧做事，才能承载起做父亲的责任。

他先从小的做起，同人合伙办粮食加工厂，贷款购进日本新式磨米机械，正式挂出"协同精米所"的牌子，后来因日本侵华战争冻结贷款，米厂关门。他又在大邱开设"三星商会"做东北的边贸生意，接着又开设面粉厂，收购改造"朝鲜酿造"，刚挖到第一桶金又因太平洋战争而难以为继。日本战败，李秉哲加快他的商业开发，开发了"月桂"新酒，在汉城成立了"三星物产公司"，经营进出口生意的动作也越来越大。朝鲜战争的爆发，让他的奋斗又付之东流。可是他并没气馁，因为他那颗做番大事业的心始终没有放松过。

他想实业报国，在别人一股劲扑向来钱快的进出口贸易时，他反而选择了办实业。他认为实业才能充实一个国家的实力。他先开办糖厂，让韩国成为一个糖业制造和出口大国。他办纺织，建成了韩国第一家毛纺厂，产品出口到毛纺品王国——英国。他建肥料厂，建成了当时世界规模最大、设施最新、工期最短三项纪录的"韩国肥料"厂，既满足国内需求又创下了出口肥料的历史，经济、社会效益得到公认。他要发展韩国电子业，让韩国步入电子工业强国之列。最初虽然只是为三洋公司打工，制造12寸黑白电视，后来为国际著名品牌制造芯片，再后来投入巨资，搞尖端开发，引进技术、搞强强联合，终于使得韩国成为继美、日后第三个独立开发半导体的国家。

李秉哲有着实业报国的雄心，有着包容世界的人生圈子，他的事业自然大到让世界瞩目。

第一精神和人才第一

有人评论，在某种程度上，三星发展的历史就是现代韩国经济的发展史，李秉哲敏锐的眼光捕捉国内外经济发展动向。他认为现代社会特征是每一个人都在竞争第一，他反复强调和标榜三星的第一主义，明确指出：第一精神的基础就是人才第一。

"我一生80%的时间都用在育人选贤上了。"——此言不虚。

他亲自为新员工培训指定必读书目，他一年要找几百名新员工面谈。在三星训练中心，他亲自书写的"人才第一"的匾额悬于上方。这里训练起来像个兵营，新学员上课24天，课程是三星原则与协作精神。树立的信念是"我是三星，三星是我"。三星每年的培训费用是2000万美金。新学员学成，就发给两件三星产品，将他们用汽车送到乡下，推销了再回来，检验学员推销和社会活动能力。

李秉哲曾经深情地说："当我看到我培养的人才成长起来，崭露头角，创造出优异成绩时，我的感谢、兴奋的心情油然而生，世人常说三星是人才宝库，对我来说没有比这更重要的了。"

求贤如渴，到育贤如渴，这才是高人眼光。

一个跟随李秉哲30年的三星高管曾对此评议："李会长的用兵术是非常高明的，其实秘诀就是完全信赖。如果完全信赖你，全权委托你，全力支持你，你就产生责任感，产生一定要完成任务的意志。"

1987年11月19日李秉哲去世。

他走了，他留给人们的是惋惜和敬重，还有那渗透着东方儒学色彩的兴业之道。

（魏　东）

赚钱如光速的彭小峰
——抓住太阳能发电的先机

29岁时，他已成功创立亚洲规模最大的劳保用品生产企业，身家过亿。然而，在30岁这一年，他却舍弃了从事已久的传统制造业，改行从事在外人看来是高科技的太阳能发电行业。

抓住太阳能发电迅猛发展的机遇，舍命一搏，彭小峰赚钱如光速，短短两年，身价便超过400亿，在2008年胡润百富榜上排名第四，成为中国能源行业的首富。

生产反光背心发家

1993年，当18岁的彭小峰成为吉安外贸进出口公司一名业务员时，中国正酝酿着惊人的巨变。由上一年邓小平南巡讲话引发的市场经济改革热潮正在升腾。

在那个急剧变迁的时代中，彭小峰开始了他的商业学徒生涯。他一开始对商业不是很懂，但他非常勤奋好学，参加工作第二年，彭小峰就有了到欧美等国考察市场的机会。每次出国之前，他都找来一大堆书籍，从语言、国情到经济文化无所不包，把全部精力投入其中，恶补几个星期。他每天都会工作12~16小时，夜里12点之前从不睡觉。在一次次实战锻炼中，彭小峰逐渐娴熟地掌握了与外商沟通、谈判和产品报价的技巧。1997年，彭小峰作出了一个大胆的决定：扔掉铁饭碗，选择自己创业。苏州吸引了，彭小峰选择他熟悉的劳保用品生意开始赚取自己的第一桶金。最初，他依靠手中的老客户获得订单，后来，彭在香港注册了流星实业有限公司，转而以港资身份在苏州投资成立流星手套厂。他把父母也接到了苏州，帮他管理工厂。

他拼命利用一切生意机会。这时的他，已经开始善于抓住国际市场的需求从而进行生产。他办了手套厂、服装厂、眼镜厂、电动工具厂、安全鞋厂，还有反光材料厂。当他在2002年出差欧洲时，得知欧洲当时正酝酿修改交通安全法，将反光背心列为汽车随车标准配备，以保障驾驶人夜间下车巡视车辆或更换备胎时的安全。敏感的彭小峰一听说这消息，立刻意识到这是一个难得的机会，要求下面的工厂立即做好设计和生产准备。

2004年，这一立法首先在意大利、西班牙实施，最初订购量就达几千万件，国内其他企业还没来得及反应，彭小峰的工厂就已经把产品做了出来，市场份额一下子占据了70%。2004年，创业7年后，彭小峰旗下企业出口额超过10亿元，员工膨胀到近万人，完成了从2万到上亿元的资金积累，成为亚洲规模最大的劳保用品生产企业。

瞄准太阳能发电行业

2004年前后，彭小峰迎来人生最大的转折——从传统劳保制造业改行高科技太阳能发电行业，这与反光背心的经验有密不可分的关系。

刚做反光背心时，彭小峰一直关心欧洲的立法，了解到欧洲正对太阳能发电方面进行立法，他觉得这是一个可以发展到无限大的机会，也是可以做一辈子的项目。2004年前后，尚未到而立之年的彭小峰，年轻无畏，把苏州工厂交给父母打理，一个人开始为期两年的对太阳能行业的市场调研。

2005年，彭小峰启动资金5个亿，开建太阳能产业——江西赛维LDK公司，早在建厂之前彭就已经确定了高管的名单。到2007年6月上市之前，佟兴雪、朱良保、邵永刚等一批当时各自行业里的顶尖人物先后被他挖来。

人才有了，资金问题成为关键。2005年春节刚过，在江西吉安老家过完年的彭小峰赶回苏州参加商业谈判，但在新余境内因雪天路滑，开的宝马车与一辆大卡车刮蹭。有一面之缘的新余市经济开发区区委书记吴建华帮其找车，彭小峰赶回苏州谈判。新余政府官员的亲商、高效给彭留下了深刻的印象。

几个月后，彭小峰扩大劳保产品规模，做出了到新余投资的决策，成立了目前与赛维LDK一墙之隔的柳新工业园。而他正筹划的太阳能产业准备放到苏州。不过，新余市领导知道这个打算后，时任新余市市长的汪德和与彭小峰进行了半小时会谈，汪德和期望彭能把太阳能产业放在新余。

彭小峰果断提出了三个条件：第一，新余没有人才，政府必须要帮助解决招聘人才的问题；第二，苏州附近融资渠道多，到江西投资启动资金还差两个亿，政府要帮助解决；第三就是电，不仅要保证24小时双回路供电，而且电价要在0.4元每度。

2亿元，对新余来说不是一个小数目，2004年全年，该市财政总收入也不过18亿元左右。更重要的是，将这笔巨款借给一家民营企业，一旦出现问题，风险极大。为此，汪德和亲自带队找到江西省国际信托投资公司，以新余市财政作担保，发放信托产品融资1亿元。剩下的1亿元则由省市财政"七拼八凑"而成。

新余市的决策速度让彭小峰喜出望外。2005年7月，新余市同意了彭小峰的三个条件，各种政府文件的起草和审批都顺利通过。当月，彭小峰投入3亿多元资金并通过苏州自有企业借款2亿多元，加上2亿元政府借款和银行贷款等在新余市注册成立了赛维LDK太阳能高科技公司，注册资金1.1亿美元。

赚钱速度超越光速

公司成立之前，彭小峰明确提出了产能目标。第一阶段，产能迅速达到200兆瓦；第二阶段，在2010年实现1000兆瓦以上产能。像所有创业的民营企业家一样，彭勤奋异常，整个2005年，他都在欧洲和美国等地飞来飞去，忙着订设备、订硅料、挖人才和预销售。

2005年底，江西新余经济开发区的东边，原来大片的丘陵与山地已经在最短的时间内被夷为平地，数个白色的厂房拔地而起，设备在陆续安装，多晶硅原料则被运入仓库；新余市政府从300多个硕士中选拔的7名人才也已到位并接受培训。

2006年4月，赛维的工厂正式投产。短短一年时间，彭小峰一手打造的多晶硅片生产基地不可思议地在江西新余竖立了起来，当年便实现销售收入8.48亿元。当年赛维净利润超过3000万美元，随后，获得资金支持的赛维飞速发展，国内外主要的下游厂商成为赛维客户。

2007年6月1日，在Natixis投资赛维一年不到的时间，赛维LDK成功在美国纽约证交所上市。摩根士丹利和瑞银担任IPO主承销商。赛维LDK共发行1738.4万股ADS，每股售价27美元，为指导价区间上限，IPO总融资4.69368亿美元。因此，赛维成为中国新能源领域在美国单一发行最大的一次IPO。

美国金融危机也并没能阻挡江西赛维的发展脚步。2008年9月底，江西赛维在美国成功增发480万股美国存托股份。如今，赛维的订单排到了2018年，成为世界在手订单最多的多晶硅片供应商。赛维也成为世界最大的太阳能硅片生产商。

彭小峰，依然在继续着他的赚钱神话。

（李晚成）

中国"炊具大王"苏增福

——永远跑在市场前面

1992年的苏增福，面临着一个生死决断：是继续做全国炊具老大"双喜"的配件生产商和贴牌生产商，还是开创自己的品牌苏泊尔？

在机遇与挑战面前，苏增福毅然选择了走自己的路，开创苏泊尔。而这注定是一条风雨飘摇的路。

不能永远只做"配角"

苏增福是浙江玉环人。就像许多农村青年一样，19岁那年，他参军当了兵。当兵8年后，回到农村，他起初在陈屿一家农机厂当供销员，而后被推选为厂长，开始涉足压力锅行业；他的企业也成了玉环压力锅配件厂，不久升格为玉环压力锅厂。

到1992年前，苏增福领导的企业已成为"双喜"的最大的配件生产商和贴牌生产商，一年有近2亿元的销售额。而且，作为配件厂，苏增福一手做配件，一手做贴牌，前不用担心市场，后不用担心技术，这已是很多人所羡慕的。

当1992年市场经济大潮涌来时，苏增福对企业的未来有了新的思考。他看到了市场新的机遇，不愿自己的企业永远只做配角。军人出身的苏增福敢想敢干。于是，玉环压力锅厂不仅只生产双喜的产品，而且，不动声色地生产自有品牌苏泊尔。

然而，不到两个月时间，苏泊尔生产自有品牌苏泊尔的秘密很快就被大东家双喜知道了。于是，双喜的高层悉数到了台州的玉环，与苏泊尔开始了谈判工作——条件很简单，也很优惠，只要放弃做自有品牌苏泊尔，一切的合作条件全部可以重新谈判和签订。

苏增福咬咬牙拒绝了双喜的条件，他认为，苏泊尔必须走出一条自己的路子，才会有未来。

与此同时，财大气粗的双喜，也做出了一个极有杀伤力的决策：停止与苏泊尔的任何合作，撤出所有技术和生产人员，并全力封杀苏泊尔！

这对苏泊尔来说无疑是致命一击，苏泊尔犹如断了线的风筝，何去何从，一时难以决断。孤立无援的苏增福于是带着家人和工人，背着苏泊尔的压力锅，开始了新的创业路。

品牌突出重围

被双喜封杀后的苏泊尔，当年营业额一下子从近2个亿跌到只有孤军奋战期的几百万。

为何自己制造的产品与双喜的一模一样，但是消费者只认双喜而不敢买苏泊尔？痛定思痛，苏增福痛下决心：一定要打出自己的牌子，并且一定要超越双喜。1994年，苏泊尔开始了打造自己的品牌突围之路。

苏增福认识到，双喜最强大的渠道优势就是分布在全国各地的强大的百货渠道系统及分布在主要流通性城市的大量的批发商群体，这两者的结合成就了双喜的渠道同盟军，也成为双喜纵横驰骋市场多年的王牌军，亦是双喜用来行业洗牌和封杀对手的杀手锏。

虽然双喜在百货商店渠道和批发商渠道中拥有至高无上的品牌影响和产品话语权，但是这种强大的优势背后，却也正体现着双喜的某种劣势，那就是渠道的僵化性和反应的迟缓性。与此同时，随着改革开放的不断深入和发展，商业业态发展的多元化和多样化，使得全国各地的个体商业业态如雨后春笋般地茁壮成长，渐渐地形成了一股强大的力量和业态。

看准这个机会，苏泊尔开始与新兴的家电、五金和炊具的个体经销商们合作，与他们共同生存发展。从1995年开始，与弱势中的经销商结成同盟的反渠道战略，很快使苏泊尔开始在行业崭露头角。

永远跑在市场前面

真正让消费者开始认同苏泊尔，是苏增福先人一步，巧妙利用了国家标准"东风"。

1995年，因为国内压力锅经常发生爆炸事件，国家不得不制定并颁布新的压力锅新标准。而就在国家这一新的强制性标准出台前，苏泊尔早就已经按照强制性新标准执行了。

当国家有关部门举起利剑向没有执行新标准的生产压力锅企业砍去时，苏泊尔作为第一个执行新标准引领潮流的品牌，开始独享丰厚的利润空间和市场份额。1996年，苏泊尔压力锅销售了400万只，而当时全国市场的总量也不过1000多万只，占去了市场的40%。到了1997年，凭借着良好的品牌口碑和不断成熟的渠道力量，苏泊尔更是取得了良好的市场业绩。

但是，保持警醒的苏泊尔意识到，随着社会消费的多元化和个性化，厨房和炊具产品必将成为彰显个人品味和生活潮流的主要阵地之一。于是，在1998年，苏泊尔推出"做什么菜，用什么锅"的品牌主张。

在双喜等企业还在为死守着压力锅如何做强、做大的时候，苏泊尔开始了以压力锅为主导下的相关多产品延伸和开发策略：从压力锅到炒锅、从煎锅到汤锅、从蒸锅到奶锅、从炖锅到饭煲。苏泊尔的多产品延伸获得空前的成功。

苏泊尔的目标——就是要让中国的每个家庭"做什么菜，用什么锅"！

于是，在这种战略指导和导向下，以产品延伸型的多产品组合策略的推行，一方面满足了消费者的多种炊具需求，另一方面，也满足了渠道商的多种资源供应需求。最后的结果是，消费者的目标实现了，"做什么菜，用什么锅"；渠道商的目标实现了，"要什么锅，就卖什么锅"；而苏泊尔的目标："每个终端每天多卖一口锅"也就实现了！

苏泊尔又一次跑在了市场最前面。

到1999年，苏泊尔的市场占有率已达48.65%，2000年为52.11%，2001为53.11%，如果加上农村市场，苏泊尔的市场占有率将超过70%。2005年7月9日，苏泊尔作为小家电行业的唯一的一家企业，成为"2005第二届中国最具生命力百强企业"之一。2005年营业额有望突破20亿，成为小家电行业第一家突破20亿的小巨人型企业。如今，苏泊尔是中国炊具的驰名品牌，在国内市场，有一半以上的炊具是苏泊尔，苏泊尔在中国可以说是家喻户晓；在全世界，至少已有3500万个家庭在使用苏泊尔。

　　当今，以连锁超市为主的流通渠道正在崛起，苏泊尔也遭遇了前所未有的追赶者和挑战者。面对新一轮机遇，苏泊尔开始迎接新的挑战。

（李晚成）

"统一"创始人高清愿
——台湾的经营之神

　　1929年5月24日，在台湾省台南县学甲镇倒风寮乡下，一个叫高清愿的男婴来到了世上。这是一户贫苦的农民人家，婴儿的父亲靠贩牛为生，全家人勉强才能吃饱肚子。

　　艰辛的生活总是磨砺人，因为过度的劳累，父亲壮年时患肺结核去世了，当时高清愿才13岁。高清愿勉强读完小学便辍学了。孤儿寡母的生活可想而知。所谓贫寒出孝子，高清愿为了分担家务，决定到台南市去打工。

　　在舅舅的介绍下，高清愿来到一家草鞋店当童工，一个月的工资只有15元。编织草鞋是一项枯燥而辛苦的工作，每日坐在地上，手里搓揉着草绳，时间就在这单调、沉闷中流逝了。

　　这样过了几年。高清愿16岁时，辗转来到了吴修齐和吴尊贤兄弟俩创办的新和兴布行当学徒，这个少年多少年之后都不会忘记，这是他人生的一个转折点。虽然在当时，还不太能看出来。

　　在布行做学徒也是非常辛苦的事情，但是对于一个从小只吃过苦并不知道生活的甜美是什么样的孩子来说，他本能地非常珍惜眼前的一切。他很注意用眼、脑和心去观察、体悟和思考周围的人和事，从中悟出生活和做人做事的道理。凭着自己的聪明、勤奋和努力，高清愿得到吴修齐的赏识，被安排在他身边，学着做生意。

　　1947年，吴修齐把生意拓展到上海，而把台湾的业务交给只有18岁的高清愿打理。随着1949年政局的变化，吴氏兄弟担心布行生意受损，解散了大陆的业务。几年后，吴氏兄弟又开办了台南纺织，26岁的高清愿被任命为台南纺织公司的第一任业务经理。

对于一个曾经饱尝生活艰辛的年轻人来说，他迎来了人生事业的第一片曙光，从此他在商海纵横驰骋，尽情地施展着所有的抱负和才华。

从1954年开始，高清愿在台南纺织干了12年，积累了丰富的经验，学到了大量的经商知识。对于一个想做大事业的人来说，仅仅是为别人服务，而不是独立地拥有自己的公司，是不可能做大的。经过认真考虑，高清愿决定开办自己的公司，虽然老板诚恳地挽留。

1967年7月1日，38岁的高清愿在台南市正式成立了统一企业。高清愿不会忘记在自己最坎坷的时候，吴修齐对他的帮助——他日后一再地说，这是他一生碰到的最好的运气，这是他一生中的贵人。所以他让吴修齐担任了统一的董事长，自己则做总经理。

开始的时候，他和日本日清制粉合作，推出"统一牌"饲料和"统一牌"面粉，后来看到台湾经济正处在增长期，人们的生活节奏加快，很多年轻人面临生活的事业的压力，需要一种快速而方便的食品。于是，开始把日本的快餐面引入台湾。高清愿走产品多元化、多角化的路子，从快餐面到乳品、饮料、罐头、油脂、冷冻调理食品、饲料、调味品、肉品甚至是新鲜出炉的面包，可以说，凡是食品类的他都用心经营。这是统一企业发展的第一个辉煌时期，短短7年时间，营业额便超过了当时台湾食品业的老大——味全食品，成为台湾营收排名第17位的制造业。

高清愿在心中这样谋划"统一"的大目标：一年增设一个工厂，每种产品必须在台湾的市场占有率在第一位。

为了更好地经销产品，高清愿成立了"统一超级商店股份有限公司"，开始跨入便利商店这个领域。1979年，他在欧洲考察时，听到一个法国人说："未来最重要的是谁能掌握流通业，谁就是最后的赢家。"让他深受触动，感悟到好的销售渠道对于产品是至关重要的。

1979年10月，统一超商（统一超级商店股份有限公司的简称）与美国南方公司签合约。统一开始找到一个指导流通产业经营的师傅。

1987年，统一企业开始与著名的零售连锁企业"家乐福"合作，直到今天。

1991年，台湾开始准许大企业到大陆投资。高清愿在北京、天津、上海、昆山、重庆等地开了30多家"统一"的工厂。以方便面和冰红茶为代表的统一饮食，已成为大陆民众生活的一部分。高清愿对此十分满意和高兴，他说："我们的东西在大陆接受度很高，消费者很喜欢，台湾人也是中国人嘛，做出来的当然是中国味道。"

经济学家约瑟夫·熊彼得曾说过："如果没有改变人们的生活，你就不能说你已改变了世界。"

今天79岁的高清愿可以毫不夸大地说："在过去30多年里，我与统一企业的伙伴们，静静地推动了一次台湾生活方式的革命。"

高清愿在台南发动了对台湾人传统生活的革命，这个革命的领袖属于全体消费者。每天，有两百多万人进出遍布台湾的两千多家7-ELEVEN便利商店。另外还有大量的人出现在16家家乐福批发超市、14家咖啡店、66家康是美、统一证券、统一产险，以及在大陆的几百家工厂……

在台湾，几乎没有一家企业能像统一集团一样，和2300万人民的日常生活紧密联结，统一集团的各种产品已经遍及每一个年龄层、每一个角落、每一个人的生活面。而这些应该归功于高清愿的成就。

有人曾形容拥有不幸童年的高清愿就像台湾版的"阿信"，更有人形容不断开发新事业的他像日本的经营之神松下幸之助。他创造了今天台湾规模最大的上市食品集团，成为岛内家喻户晓的传奇人物。

（李晓军）

正大集团掌舵人谢国民

——先谋善断见机不让

经历了近20年，许多人仍记得那个每周日傍晚，守在电视机前看中央电视台播放的节目——《正大综艺》的情景。

《正大综艺》红火的背后，有一家来自泰国的企业——正大集团。中国改革开放了30年，正大集团在中国就投资了30年。伴随着中国经济的高速发展，正大集团也以总资产超过35亿美元和年营业额50亿美元，成为世界上最大的农牧工商一体经营公司，跻身世界500强大企业行列。

瞅准中国发展机遇，引领正大集团高速发展的就是谢国民。

洞察先机　　敢为人先

谢国民很幸运，他没有别的成功人士那样辛酸的童年，也没有白手起家的艰苦创业史。谢国民1939年生于曼谷，他的父亲就是著名旅泰侨商谢易初。谢易初是昔年以8个银元作盘缠只身到泰国谋生的，创办"正大庄"种子店，1953年创办了以经营菜子和农牧产品为主的"正大集团"。由于吃苦勤奋，又有卓越的组织管理才能和深谋善断的企业家气魄，1968年，谢易初把正大集团董事长的大权交给了谢国民，谢国民成了这个集团的掌舵人。

让谢国民声名鹊起的是，谢国民选择了在中国投资发展。

1979年，中国市场刚刚开始萌芽，国门渐渐打开，改革开放的前景还不明朗，当许多人对这一发展着却仍然落后的国家充满兴趣却犹豫不前时，谢国民却已先人一步，于1980年亲访中国，并毅然投资1000万美元与

美国康地谷场公司合作，在深圳创办了一个现代化的饲料养鸡场——正大康地（深圳）有限公司，取得"001号"中外合资企业营业执照，揭开了正大集团大举投资中国的序幕。

那时刚辟为经济特区的深圳还是一片荒凉的小渔村，有人曾问谢国民为什么选择这样一个人口仅有2万的中国南方小镇，他回答："商家最看重的是机会，讲究天时、地利、人和。"谢国民看到了十亿人口的市场潜力，在他的眼里，对中国的投资是个极好的机会，抓住了一定有钱挣。

事实证明谢国民的眼光独到。1982年正大康地年产24万吨的现代化饲料厂建成投产，当时是全国首屈一指的。此后，正大康地旗下的广州、珠海、汕头、蛇口、番禺、澄海等地的饲料厂一个一个建立，年生产力150万吨。正大康地不但开创了中国现代饲料业之先河，还带动了整个行业的崛起，推动养殖业的迅猛发展。

先谋善断　　见机不让

作为外商投资中国的先行者，谢国民总能敏锐地嗅到中国经济发展的动向，及时抓住机遇。

1988年国务院宣布海南建省，兴建特区，谢国民马上意识到这是集团在中国扩大投资的又一机会。他在以区域经济发展需求和整体布局上考虑过后认为，海南这么一大块土地上，应当建石化基地。虽然石化投资大，回收期长，但海南具有丰富的石油、天然气和石灰石资源，这对于发展石化工业是一个十分有利的原材料优势，更重要的是海南作为中国最大的一个特区，将长期享有优惠的政策待遇。

"兵贵神速"，1988年底，谢国民见机不让地与海南省签订合同，投资20多亿美元建海南石油化工基地。此外，正大集团还乘势而进地投资汕头、宁波等地的石化工业。

谢国民相信跟着国家政策走，一定能赚到钱。1990年4月国务院宣布开放开发浦东的消息，谢国民意识到这又是一次投资机会的来临。于是他开始与上海市领导探讨参与浦东开发的可行性计划。

随后，他再次来到北京，拜会了包括邓小平在内的许多中国政府的高层人物，进一步坚定了他投资中国的决心。1992年初邓小平的南方谈话，使大江南北闻风而动。早有准备的谢国民乘时而发地投资20亿美元，开发浦东新区，从而将他对中国的投资推向又一个高潮。

善于策划　　扩大影响

正大在中国被老百姓知晓，始于《正大综艺》。但此后，便难见有得力的公关活动推出，正大品牌的延续和维持显得乏善可陈。

正大集团进入中国10个年头，为了进一步提升企业知名度，也为下一步扩张打下基础，谢国民策划了一次正大历史上迄今为止最为成功、影响最为深远的公关活动。正大出资与上海电视台成立正大综艺公司，制作出由大众参与的娱乐节目《正大综艺》在中央电视台播出。在当时国内大众娱乐节目还不多见的情况下，《正大综艺》一经推出立即在社会上引起轰动，正大也在一夜之间成为家喻户晓的知名品牌。

凭借着与政府的良好关系和《正大综艺》的成功，谢国民开始向农牧以外的更多领域进军，迅速完成了在医药、房地产、石化、摩托车领域的战略布局。甚至在一些当时尚未对外开放的领域，比如零售、金融等，正大也得到政府的特许而率先进入。

此后一段时间，正大集团在中国的发展一度十分迅猛，各项业务开展得如火如荼。在短短几年时间内，正大的产业群扩展到农牧、水产、石化、房地产、医药、零售、摩托车、电讯等9个领域，仅农牧集团旗下就有上百家企业。

于是，在多元化的大旗下，正大这艘航母舰开足马力，一路乘风破浪而去。

壮士断腕　　危机自救

任何企业发展都不可能一帆风顺的。在把握机会时，还得有壮士断腕的勇气，善于在危机中自救。

1997年"亚洲金融风暴"中，正大集团的母国泰国变成了风暴的核心。众多企业纷纷破产，作为泰国最大的企业，正大集团也未能幸免，开始大幅度滑坡。

"一艘大船要经过风浪的时候一定要减轻重负。"内忧外患之下，谢国民做出了一生中最艰难的决定——卖掉泰国境内"莲花超市"的80%股份，转战中国市场。

1997年，易初莲花在中国的第一家店在上海开张，拉开了易初莲花转战中国市场的序幕。谢国民说："在那种情况下，我们不能停，停就是灭亡，我们还要大发展，所以我们要保住有能力竞争的行业，保住我们竞争的机会和空间。现在回想起来，那时候我们保中国市场的决定是正确的。"

如今，善于发现并利用好机遇的正大集团在中国的投资已超过了其在世界总投资的一半以上。多年来，正大集团在中国累计投资达350亿人民币，设立企业213家，员工人数超过8万人，年销售额超过300亿人民币。正大集团形成了以农牧、水产、种子、电信、商业零售为核心，石化、机车、房地产、国际贸易、金融等领域共同发展的业务格局，创立了正大饲料、大阳摩托、易初莲花超市、正大制药集团、正大国际财务公司等一批知名企业。

谢国民以其慧眼与魄力，使正大集团已成为一个外资企业在中国飞速发展，并融入社会的符号。

（李晚成）

华为总裁任正非
——企业界的"土狼"

他被业界人士称为土狼。

在发展快得让人眼花缭乱的世界IT业的丛林中，这匹土狼，让许多"巨兽"都感到了危险，就连思科公司这样的业内巨无霸也睡不安枕。

他在夹缝中游弋，在巨人们都已站好位置的方阵中左冲右突。10年扩张1000倍，而今又在印、美、瑞、俄等国和中国上海、北京、南京设立多个研究所和100多个分支机构。44000多员工中48%从事研发，拥有14000多项专利。数百亿的销售额，被《时代周刊》评进全球"建设者与巨子"100名排行榜。

这匹土狼，即使在蛰伏中，也让对手感到咄咄逼人的寒气。何况其后还带着群狼，在丛林中不停地寻觅。

——他就是华为总裁任正非。

泥坑推车图

1992年的冬天，深圳的雨季似乎来得早了点。一辆去西乡开会的华为公司的车陷进了泥坑，正当大家一筹莫展时，一个略显老成的汉子，跳下车，踏进泥坑，奋力推车，紧接着所有人都跳下车推起来，泥浆溅了一身，车驶出了泥坑——这幅泥坑推车图当时没有拍下来，但却深深印在华为公司创业期员工的脑海中，后来也不时地被他们回顾和提起。

那个第一个跳下车，踏进泥坑的人就是华为老总任正非。

头狼奋不顾身，群狼奋勇跟进，创业期的华为是这样，发展成功后也

是这样。上过大学又当过兵又当过技术尖子和团职干部的任正非懂得身先士卒的力量，只不过他后来把这种精神更多地应用到世界IT业中的攻城略地上。

转业到南油基层单位干过两年又在社会上滚爬了一阵的任正非，1987年成立华为公司时，最初只求"活"下来。两年的积累，他却扔掉舒服，投入研发，开发自己的产品，打拼自己的世界，这才是他的目标。

在技术含量密集的IT业中打拼风险何其大焉！先入的巨人们已站好各个位置，尽量不留给闯入者闯入的缝隙，这头土狼硬是在这个巨人阵中找着一个个小小的切入口。他从低端做起，不断推进，最终能与那些巨人们站在一条线上，让那些巨人们感到了头痛和焦虑。华为正成为世界领先下一代网络解决方案的设备供应商。他们从深圳湾的两间简易房，到南山区南油工业的破旧大楼五楼，到龙岗区的华为工业园，可是这每一幅图都没掩盖住那幅泥坑推车图的光彩。

华为基本法

任正非制定的《华为基本法》第一条：

"为了使华为成为世界一流设备供应商，我们将不进入信息服务业，通过无依赖的市场压力传递使内部机制处于激活状态。"

此话说白了就是他们所有力量专注于通讯设备的研发。由此有人评议：专注是华为的一种强大力量。因为专注，他们在通讯领域的攻城略地几乎是每战必克。为他们在这个战略产业中结成更多的战略同盟打下了坚实基础。

试想，一头土狼两眼专注盯住一处，目不旁骛，绝不眨一下眼，后面群狼也都盯住一处，这是多么让对手感到可怕的力量。

《华为基本法》还有一条也令人深思：

"保证销售额10%拨付研发经费，有必要且可能时还将加大拨付比例……"

任正非有一种成长于生命中的科研情结。"文革"时重庆已在枪炮声中，可大学还有一年毕业的任正非以一种强大定力，硬是自学了电子计算机、数学技术、自动控制，把樊映川的高等数学题集从头到尾做了两遍，又学了逻辑学、哲学和三门外语。入伍后成为技术尖子，在一项通信工程中有多项发明因而33岁就参加了全国科技大会。成了华为老总，访美时在巴丁（晶体三极管发明人）像前留影，在他工作台前久停，说："仰慕之心超过爱情。"他最不允许的是为他省下科研经费，"没花光是没做完工作"。华为研发"3G"技术累计投入40亿，在2008年终于得到巨大回报。他有个新词引发过热议——"知本主义"。华为创业初没有"资本"，确有"知本"，后来"资本"是靠"知本"积累起来的。

这头土狼让对手惧怕，是那锐利的目光，是专注和坚定的重视科学的情结。

孤独也是种境界

对于智者来说，孤独应该也是种境界。

任正非如此让人注目，他的《危机管理》理论，在业内有着广泛影响，他的《华为的冬天》也成企业界危机管理的范本。此种人物自然是媒体追踪的热点，可是他始终避开媒体，他的公司也谢绝花巨资参与媒体盛事。他愿意走向孤独，大概智者需要在孤独中凝聚他的智慧。

他的追寻孤独，是否也与他特殊的人生经历相关呢？

任正非1944年出生于贵州安顺镇宁县一个贫困小山村，离黄果树大瀑布不远。兄妹7个，他老大，三人合用一被，下铺稻草，父母运用"分饭制"保证都能活下来。任正非三年高中的理想是吃个白面馒头。父亲咬紧牙把他送进了大学，他忘不了"文革"中听到父亲进了"牛棚"，他扒火车遭车站人员打，步行十几里半夜到家时父亲叫他赶快回学校，临行语重心长地嘱咐：记住知识就是力量，别人可以不学，你必须要学，不要随大流，以后照顾好弟妹……

他的特殊经历，让他对贫穷和饥饿有着切身的体验和感悟。

"穷困是种财富，是第一桶金，饥饿是不竭的动力源。"所以1997年取消公费上大学，而贫寒学子面临求学难时，他果决捐出2500万元无条件的救助贫寒学子，他认为这些学子是国家的未来和希望。

为什么称他是企业界的土狼？是因为他的狼图腾情结，他说过"企业发展要有一批狼，狼有三大特性：灵敏的嗅觉；不屈不挠、奋不顾身的进攻；群体意识……"狼又被冠以"土"字，是因为他的不修边幅，着装土气，还是他带领团队采取革命化大团结大动员唱军歌集体行动的部队那一套？或是兼而有之。

可是这是头真正赢得众多同仁和志士尊重的土狼。尤其是他动情地倾诉时：生活中不可能没有挫折，但是为人民奋斗的意志不能动摇。如此可爱可敬的一头土狼，如果这样的土狼多一些，确实是当代中国经济发展的幸事。

（魏东）

万向集团董事长鲁冠球

——从小铁匠到知名企业家

鲁冠球1945年出生于浙江省萧山县宁围乡一个普通的农民家庭，初中毕业后在县铁业社学打铁。三年学徒期满后开始步入社会，从一个公社农机修配厂起步，三十多年的风雨历程，使他成为一个国际知名的乡镇企业家，一个敢在美国开公司的强者。

鲁冠球一点也不忌讳自己的出身，经常在别人面前说自己就是一个铁匠，从小铁匠到老铁匠，他的声音像铁锤砸在铁砧上一样响亮，一砸就砸了三十多年，让中国人为之震动，更让世界上许多个国家的人为之震惊。

鲁冠球在萧山县铁业社认认真真学了三年打铁，对机械农具非常熟悉，也对机械设备产生了特殊的感情，每当有拖拉机和汽车从铺子前轰隆隆开过，他都要停下锤多看几眼，他的心思并不复杂，只梦想自己有朝一日能为拖拉机和汽车打造几个零部件。

三年学徒期满，鲁冠球回到了家乡。远在上海一家医药工厂上班的父亲，只想儿子回家后开个铁匠铺子。在当时的中国乡村，有"一阉猪二打铁"之说，说明打铁是个最来钱的手艺，干旱旱不死，水淹淹不死；父亲还有一个想法，就是想让儿子能在老家一边打铁一边照顾他妈，免得他在上海日夜挂念。可是鲁冠球没有完全听从父亲的安排，而是盯上了机器碾米。当时宁围乡的乡亲要挑着谷子走七八里路到集镇上碾米，很不方便，鲁冠球就想在本村办个碾米作坊，一是为乡亲图个方便，二是赚点日工钱。亲友们知道后，都很支持，大家翻箱倒柜凑拢了3000块钱，买了一台磨面机、一台碾米机，办起了一个没敢挂牌子的米面加工厂。隆隆的机器

声很快震动了上级部门，那个年代是绝对禁止私人办厂赚钱的。鲁冠球的米面加工厂被迫关闭，3000块钱的机器成了一堆废铁，也给他的初次创业当头浇了一瓢冷水。没过多久，不甘就此罢休的鲁冠球又钻了"停产闹革命"的空子，在铁锹、镰刀甚至切菜刀都买不到、自行车也没地方修理的年月，他大胆收了5个徒弟，挂着大队农机修配组的牌子，在童家塘小镇上开了个铁匠铺，为附近的乡亲们打制铁锹、镰刀，兼修自行车，叮叮当当的生意十分红火，红得就像铁匠铺里那两炉旺旺的风箱火，六个年轻的小伙子，虽然衣服破旧，营养不良，但是有一股子干劲，当了师傅的鲁冠球更是牛气冲天。

1969年，已经24岁的鲁冠球被宁围公社的领导看中，命他带着5个徒弟去接管宁围公社农机修配厂。这一升级，说明鲁冠球当时创办大队农机修配组是符合当时政策的，鲁冠球也因此晋升为社办企业厂长。可是这个所谓的社办企业，不过只是一个84平方米破厂房的烂摊子，有牌无实的空壳厂。鲁冠球变卖了全部家当和自己准备盖房的材料，把自己的命运和资金一股脑押在了这个修配厂的生存上。也就是宁围公社领导慧眼识英雄，让鲁冠球出山的做法，彻底改变了鲁冠球的人生命运，也使一个小小的万向节产品成为了世界大品牌，修配厂成为万向集团的升格，就是麻雀变成凤凰的全过程。

鲁冠球带着徒弟走马上任的时候，宁围公社农机修配厂生产的万向节产品堆满了仓库和车间，找不到销路的原厂长只得回家自己给自己免了职。鲁冠球来后，召回全部人马，组织30多名业务骨干，分析了原因，决定脱光衣服过河，他们兵分几路，天南海北，到处打听汽车万向节的销售情况。当年有个全国性的汽车零部件订货会在山东胶南县召开。鲁冠球得到消息后，赶紧租了两辆汽车，满载"钱潮牌"万向节产品杀将过去。可是到了那里，因为是乡镇企业，鲁冠球根本进不了会场谈业务。不急不忙的鲁冠球想出了一招，他对销售科长说："人家不让进，我们就在场外摆地摊。"他们果真把塑料布"哗"的一声抖开，铺在地上，那些打磨得光亮的万向节一排一排地放在上面，太阳一照，像一地灯泡在闪烁。鲁冠球心想，我就不相信场内的老爷们不瞅上一眼。还真出了鬼，一连三天，那些进进出出财大气粗的汽车客商，夹着个包，挺着个胸，连眼也不斜一下，似乎那些闪光的万向节不是产品，而是遥远的星星，坐在星星旁边的鲁冠球就是银河对岸的孤独牛郎。鲁冠球悄悄派出几个销售员打入会场内部刺探情报，情报很快就来了，订货会上，买方和卖方仍在价格上拉锯，谁也不肯让步。鲁冠球心生一计，迅速贴出降价广告："钱潮牌万向节降价20%销售"，这一招果真灵验，会场内的汽车客商都跑出来了，都到鲁冠球摊位前开订货会来了，反倒把里面晾得冷冷清清。晚上回到旅社，鲁冠球和大家一统计，天啊！订出去210万元，拉去的万向节全部卖光了。那个年代210万元相当于现在的两个多亿啊！鲁冠球人生第一次创造了"万向节奇效"，"钱潮牌"万向节首次走进了全国的汽车市场，那些新出生的汽车，在隆隆地行进当中，日夜为鲁冠球创造着经济效益。

　　1983年，无论是思想还是经营管理都已经相当成熟的鲁冠球有了新的想法，为了获得自主创业、自主经营的权利，他用自家自留地里价值2万多元的苗木作抵押，承包了厂子。体制一改变，情况就大不一样了，承包的第一年就超额完成了154万元，第二年第三年都年年超额完成生产销售任务。他吃过许多没有自主权的苦头，因而初次尝到了自主经营下的企业活力。此后的万向节厂，很快成了股份制企业，并办起了农场、养鳗场、蛇场、商场，工农商都齐了，做到了百业并举，齐头并进。鲁冠球计划，准备开始第二次创业，把现有的集团股份公司，从劳动密集型企业建设成为世界第一流的高、精、尖技术密集型大企业；要加快改革发展步伐，再扩大规模，向大西北进军，要把企业的部分资金投入到大西北去，投入到国外去，到那里去办万向节厂，去发展壮大经济。这就是铁匠鲁冠球的胸怀，一代中国农民的胸怀。

　　别看鲁冠球是个铁匠出身，文化也只有初中水平，可是他那想秃了的半个脑门里，有着无尽的智慧和金点子，他总能胜算，总能决胜千里，细细品味，决非他的运气好，而是他那超人的胆识起了作用。比如他创立的"两袋投入"概念，就是中外企业词典里查不到的，他抓职工的"脑袋投入"和"口袋投入"，简称两袋投入，要解释明白，得一节课时间；比如他惯用的"三大分配"方案，就让整个集团的员工为之赴汤蹈火，这三大分配即"按劳分配、按效分配、按资分配"，鲁冠球就像一个魔术师，把这三大法宝运用得如鱼得水；又比如他对待人才的"三得"功夫，就像乡村田野里晚间点亮的一盏诱虫灯，引诱着全国的技术人才像飞蛾扑火似的往他那里跑，他懂得一个朴素的道理：有了人才，就能发财。所以他说：对大学、工程技术人员要做到"引得进、留得住、用得好"。这"三得"功夫他是有口皆碑的；再比如他的秘招"买卖制"，就让他的所有员工时刻绷紧了经营的头脑：他在厂内分小核算单位，车间和分厂之间建立厂内小银行，把工人向仓库、向上道工序领料一律改为买卖制，使人人讲究经济核算，最终知道每一个产品的成本和利润，这种透明的做法，让人人成了商人成了老板。如此绝顶的高明手段，只有鲁冠球能想得出来……

（林德元）

蓝天学院院长于果

——把握机遇就是把握命运之门

1978年，当高考录取分数线公布后，一名来自景德镇的男孩高兴得跳了起来，因为他的高考分数超过录取分数线40多分。在那个千军万马过独木桥的年代，这名男孩无疑将迎来命运的转折。

然而，他空高兴一场。因为在他一岁半时，突然高烧不退。医师诊断失误，小儿麻痹症的后遗症使他一腿微跛。而这条有些残疾的腿，也把他阻隔在大学之门外。

30年后，这名小男孩创办的江西蓝天学院已连续几年排名全国民办高校第一。这名男孩，就是中国民办大学的推手，蓝天学院创办人——于果。

打开命运的另一扇门

1978年，于果落榜后，他并没有消沉，他相信，上天关闭一扇门的同时，必定打开另一扇门。

1979年，有扇"门"开了：江西省赣剧团招考搞道具制作的人员。于果对美术的业余爱好此时有了显山露水的机会，他参加了考试，用灵巧的手，绘出了令考官们为之动容的美术作品。于果幸运地进入赣剧团。

于果进赣剧团时，"文革"刚结束不久。赣剧团决定排演古装戏，可是经过十年浩劫，古装戏的"行头"已被"破四旧"破得荡然无存。因此，赣剧团特地用高薪从上海请来了一位70高龄的老师傅，每天以好酒好肉款待，请他制作古装戏中各种人物戴的头盔。为了后继有人，赣剧团又

特地派两个人跟他学，于果是其中之一。这位老师傅知道，这种学，无异于夺他的饭碗，因此，不愿教，尽量保守。每当做到关键部位，竟然叫他俩出去，待做好后才叫他俩进来。于果有一种"要干就要干好"的倔劲，不让他学他就偷偷学。白天老师傅做了些什么，晚上于果就在家中极力地模仿着也做完什么，而且对不合理、不妥当的地方来个推陈出新……三个月后，于果青出于蓝而胜于蓝了：同样一个头盔，老师傅做的是五六十年代的老东西，而于果做的有新意……半年过后，赣剧团辞掉了老师傅，大胆起用于果。于果不负众望，做的头盔果然在江西省文艺界很有名气。

随后，于果又学会了变脸，制作了许许多多活灵活现的道具，许多报刊还发表了他的服装设计作品，于果成了一个既擅长现代时装设计又专长戏剧服装设计的优秀设计师。1985年赣剧团见他好学上进，特地送他到上海戏剧学院舞美系布景设计专业进修；1986年，又送他到中央戏剧学院进修服装设计。

下海创业办学育人

于果学成归来后，雄心勃勃，想为振兴赣剧大干一番。没想到，这时的赣剧与全国各地的各剧种一样，跌入了"越演越赔，不演不赔"的糟糕境地，各剧团的人才被闲置。

于果的心在躁动。他不甘平庸，80年代后期，于果毅然决定下海，凭着过人的吃苦精神和聪明才智，几年的艰苦创业，攒下了百万元资金。当时，中国高等教育尚是"精英教育"，他认定，民办高等教育必将迎来春天，他下定决心办一所民办大学，让那些像他一样的落榜生、残疾人、贫困生都能有机会上大学。

1994年春，他与香港文强贸易公司、美国国际管理学院合作，创办了经江西省人民政府、省教委批准的全国第一所中外合作高级学府——实行现代教育管理体制的江西省高级职业学校。最初，学校唯一的教学楼都是租来的，办学条件的艰苦是可想而知的。校长办公室就设在靠近厕所的一间不足10平方米的小屋里，于果既当校长又当勤杂工，常常是以方便面充饥，有时忙得顾不上吃饭，过度的劳累曾多次导致他胃出血。就这样，一个残疾人克服着正常人难以承受的困难，向着心中的梦想艰难而自信地走着。就在这一年，于果决心再投资1000万元建设属于自己的校舍。他一边四处奔走筹措资金，一边为了节约经费，亲自采购建筑材料。为保证工程质量，他干脆就和工人们吃住在一起。于果把自己办学定位为办平民学校，让平民子女能上得起学，培养有技能的应用型人才。准确的定位，使学校越办越红火。于是在1995年，全国各地3000多名好学上进不甘沉沦的青年涌进了省高职的校门。1996年，学生增至5200多名。也就在这一年，经省教委批准又成立了江西东南进修学院。1997年经国家教委备案省教委批准成为江西省民办高校中首批国家文凭试点院校；民办大学可以颁发国家文凭在省内尚属首次。

抓住高校扩张新一轮机遇

1998年，办学成绩斐然的于果，成为全国人大代表。这是中国改革开放20年来第一个来自民办教育系统的人大代表。

1998年3月5日，当于果走进人民大会堂时，他的心情激动而复杂。当时国务院已经颁布了《社会力量办学管理条例》，但由于条例对"民办学校财产归属"以及"教育行政部门对民办学校管理权限"等许多焦点问题没进行详细阐述，由此导致在处理民办教育办学纠纷时，各地的方法各不相同，严重影响和制约了民办教育的进一步发展。

于果敏锐地意识到：国家大力倡导依法治国，民办教育也不能例外。只有通过立法，才能将民办教育纳入法制化建设轨道，才能确保民办教育办学者的合法权益不受侵犯。于是，他与全国各地31名代表联名签字后，郑重地向大会递交了《关于尽快出台民办教育法的议案》，这也是当时全国唯一一份关于民办教育的议案。

由于它是江西省向大会递交的第一份议案，因此被称为江西代表团的"一号议案"。于果递交的"一号议案"引起中央高层的重视。全国人大常委会将民办教育立法列入立法规划，教科文卫委员会成立了《民办教育促进法》起草组。《民办教育促进法》从立法规划、调研、起草、审议，数易其稿，立法的意见终于在2002年12月28日得以表决通过，该法律于2003年9月1日正式实施，标志着规范和促进民办学校的发展从此有了法律的保证。

抓住国家对民办教育重视的契机，蓝天学院也开始新一轮发展之路。2000年，经过8年建设，京东校区占地300亩，校舍面积将近20万平方米。2001年学校又在全省民办高校中第一个成立党委，并且第一个成立了学术委员会，第一个招聘了博士生、硕士生。

2003年蓝天学院又紧跟江西省委、省政府在南昌地区建设两个高校园区的战略部署，抓住机遇，在昌东瑶湖校区建成了方圆1800亩、建筑面积46万平方米的新校园，实现了一期工程面积最大、建设速度最快、新生入住最早的"三个第一"。随着校舍的扩大，2004年蓝天学院招生人数高达1.6万人，在校生规模为3.4万人，成为全国在校生人数最多的几所民办高校之一。2005年经教育部批准，升格为普通本科院校，成为江西第一批升本的民办院校。而今，蓝天学院以5.3万余名学生的规模成为全国最大的民办大学。

面对着人们的赞誉，作为连续三届的全国人大代表，于果有了新的思考，他开始新的发力，推动着民办大学下一轮发展潮。

（李晚成）

以诚信赢得市场

YI CHENGXIN YINGDE SHICHANG

在中国传统文化中，诚信首先是一个伦理范畴，所谓诚者信也、信者诚也，《说文解字》对"诚""信"二字的互释，验证了诚实守信的内在联系。重诚守信，历来是中华民族的优良传统。

经济人追求利润最大化的理想和诚信是一枚硬币的两面。追求自身利益最大化，必然要求人与人之间的互相合作，合作就需要诚信。也就是说，硬币的一面是追求利益最大化，另一面是只有诚信才能更好地实现利益最大化。纵观世界知名企业发展的历史，诚信是其发展壮大的重要原因之一。甚至不妨说，诚信是企业的最大无形资产。

世界500强中的很多企业都是"百年企业"，它们在其长期的经营过程中形成了良好的信誉，诚信理念是这些企业持续发展的支撑平台。郑周永的座右铭就是"信用就是财产，有信用就有一切"。以诚为信的价值观构成了企业文明史中最为灿烂的内容。

信用是现代市场经济的生命，有着真金白银般的经济价值。稳固的信用基础是市场经济的动力和源泉。市场经济的道德内涵就是诚信、平等、公平、正义等，这也是市场经济根本的价值观。市场经济本来就要求人们在这些道德属性的约束下去进行物质财富的创造，在实现个人利益的同时促进社会的发展，进而促进人类经济社会的长期有效演进。

德国首富阿尔布莱希特兄弟
——一辈子为穷人开店

德国有两兄弟，哥哥叫卡尔·阿尔布莱希特，弟弟叫台奥·阿尔布莱希特，他们在第二次世界大战结束后，从战俘营回到了故乡，除了带回一百多斤的身子和一张可供吃饭的嘴巴之外，一无所有。怎么办呢？当时德国一败涂地，吃的穿的住的都成问题，穷人比垃圾都多。兄弟俩在战后的废墟上走着，想着寻求生存的法子。

卡尔和台奥的母亲是一个勤劳的德国妇女，在家乡艾森的矿区开了一个小食品店，供一家人的生活需要。父亲是一个普通的矿工，后来由于身患尘肺病不得不离开矿山，到一个面包店打工，赚取微薄的工钱。就是这么一个穷家，突然回来两张能吃能喝的嘴巴，母亲赖以维持的家就捉襟见肘了。

除了打仗，一无技术二无门路的卡尔和台奥兄弟，逛了许多日子之后，觉得也没别的路好走，于是一合计，就在离家不远的地方开了一家食品商店，形式完全是模仿和照搬母亲的经营方式，只是商店的面积是母亲商店35平方米的三倍，就当时来说显然有些想赶超母亲的意思。商店开在穷人居住的地方，销售的又是穷人赖以果腹的黄油面包食品，这个商店就被人们亲切地称呼为"穷人店"了，后来德国人甚至把这个穷人店解释为"所有穷人感谢你"。从战争的苦难中走过来的人们，忽然遇到一家可以提供廉价食品的商店，能不感谢你吗？

卡尔和台奥成了穷人们的朋友，因为自己就是穷人，有了穷人朋友的兄弟俩，就能知道穷人们需要什么，需要什么样价格的食品，他们把所有的食品都压低价格销售给穷人。

卡尔的兄弟商店迅速扩大，从一个分店到十个分店，又从一百个分店到一千个分店，最后统称为阿尔迪超市，卡尔和台奥做的仍然是穷人们的生意，他们总是把商品利润的一部分让给前来购物的穷人们，甚至还张贴海报说，如果在任何一家阿尔迪超市购买的商品，不比同一城市的任何商店购买的商品价格低3%的话，阿尔迪加倍赔偿，而且商品无条件退回。这样大胆而新奇的做法，也只有卡尔和台奥兄弟做得出来。

卡尔和台奥兄弟常常记得母亲教给他们开穷人店的秘诀："人们的日子越难，我们的日子就越好。"所以他们每新开一个阿尔迪超市，第一个想到的就是选择穷人聚居的地方，平均每2.5万人口就配有一个阿尔迪超市。他俩知道，朴实的母亲用通俗的语言诠释了一个经商的哲理：经济越不景气，人们当然就越想买便宜货，因为便宜货能实实在在地填饱肚子。很快的，卡尔和台奥兄弟开了很多家穷人连锁店。1950年拥有13家，1960年就发展到300家，而到了今天，弟弟台奥在德国北部开了3900多家阿尔迪超市，哥哥卡尔在德国南部开了2000多家阿尔迪超市。后来卡尔掌管的南部阿尔迪集团逐渐国际化，旗下拥有27个分公司，在国外有1000多家阿尔迪超市。有人私下里统计过：89%的德国居民都在各个阿尔迪超市购物，而在德国的食品消费支出中，平均每4马克就有1马克进了卡尔和台奥兄弟的阿尔迪超市。

由于卡尔和台奥长得太普通，穿着打扮极随和，所以他俩经常在自己开的阿尔迪超市里被员工认为是购物的穷人。他俩也极像一个穷老头那样，在商品架前瞅瞅这个，摸摸那个，想买又不想买的样子，经常成为员工特别关照的对象。有一次老台奥来到一家阿尔迪超市，竟然没有任何一个职员认出他来，他说什么都不管用，无奈他只得自报家门："我是阿尔布莱希特，台奥·阿尔布莱希特。"因为他们兄弟俩极少照相，各个阿尔迪超市都没有张贴他俩的照片，员工认不出来也不奇怪，奇怪的是身为亿万富翁的兄弟俩，硬是舍不得冤枉钱去照张相，小气得令人啼笑皆非。

人们习惯上会认为富翁的生活都是挥金如土的，可是卡尔和台奥兄弟

讲究勤俭节约的故事能编几本书，尽管深居简出的阿尔布莱希特家族的私生活一直是德国最大的谜团，但有关他们俩的吝啬程度却妇孺皆知：84岁的台奥住在一幢偏远的别墅里，民间一直流传着他节俭成癖的习惯。每天晚上台奥走进一间房间，必须顺手把所有电灯先关上，然后停下来再看看是不是真的有必要开灯，如果有月色从窗户外透进来，那就证明没必要开灯了，节约一度电对他来说非常重要，等于又新开了一家阿尔迪超市；他还在巴迪森一块高尔夫球场边的空地上，立上10个大储油罐，长年储存着100万升石油，目的是防止油价上涨，他可不想浪费涨价部分的冤枉钱。爱种兰花的老卡尔和夫人住在老家艾森那个小地方，过着穷人般的生活，可是他和台奥的名字却连续多年位居世界福布斯富豪榜的前五名。

（林德元）

日本货运业巨头佐川清

——诚信和情义是永远的路标

在人力时代，脚夫几乎是苦力的同义词。

佐川清从一普通脚夫成为日本商业第一，日本货运的垄断者，年营业额超过30000亿日元，手下有几百万辆车的大商家，传媒称其为"现代神话"——他的成功绝不仅仅是汗水的积累；不然，大千世界，众多脚夫为什么唯有他成为第一。

还凭什么？令人深思。

鸳鸯脚夫的路标：情和义

1957年5月，大阪一条通往火车站的街道上，车辆人流熙来攘往。5月的阳光已让人感受到了热，佐川清把货架靠在一个台阶上，他要稍微歇一下，攒点力气，才能保证把这比他体重还重的一架货背到地方。他心中在想，天一热起来，送货就更难了，可有货运送总比上个月那样找不到货送要好，累不怕，只要有更多的货送。3月份他成立"佐川捷运"，开始的一个半月找不到活，那个急呀，吃不下睡不着。他走遍了街上商铺，没找到一单生意，谁又放心让一个新手去送货呢？诚意和坚持有了回报，现在终于有货送了，疲惫的脸上有了一点笑意。

突然，他被街对面一个送货人的身影吸引住了，个子不大却也背这么多，厉害！"啊——是幸惠。"在对面送货人抬头向熟人微笑打招呼时，他认出了对面送货人竟然是妻子幸惠，她做完了家里的事，瞒着他也来送货。佐川清心中一阵痛。

他和幸惠是少年时在家乡结下的朋友，后来他出来闯荡，不管到哪里、干什么，他都带着对幸惠的这份纯真的思念。即使在他因工作出色，一工程老板提升他为助理，并要把他招为女婿时，他都没有动摇过这份思念。为了幸惠，他离开了那个工程队，告别了那个前景光明的工作职位。后来也又受另一工程老板委托，回乡招了75人，并成了小头目。工程结束队伍要解散时，他把这些哥们聚拢来，成立了自己的公司"佐川组"，他给木工的工资是一般公司的2倍，效率也当然比别人高。事业有了初步成功，可孤独和思念也更重。看出他心思的建筑队里的一个朋友以"佐川清跟人打架，快要死了"的谎言，把幸惠心急火燎地"骗"到大阪，结果有情人终成眷属。

既然瞒不了，幸惠就开始了公开的脚夫生涯，于是大阪街头常见到这对鸳鸯脚夫身影。

如果说为幸惠他可以放弃好前程是为情所驱，那么他为朋友散尽积蓄就是为义所使。一生跟着情义走，情义是这对鸳鸯脚夫永远的路标，不管何时。

脚夫精神：搬运自己的心

千田是"佐川捷运"成立一个半月后的第一个客户。这个身为商会会长的老板为什么会把这笔货——10台相机交给他去送？而且还没有像往常一样交收运送押金？

他从同佐川清的交往中，了解到佐川清有个开"丸源"货运商号的表兄伊藤芳治，他不去投靠干份现成的差事，要靠自己闯天下，他对这个勤快耐劳的小伙子有了好感。他了解到佐川以往的经历后，就更加喜欢这个守信、吃苦、重情义的小伙子了。

客户把货交给你运送，也就是把信任交给了你。佐川清最珍惜的也就是这份信任。他给自己立下的座右铭是：迅速、确实、谨慎。

他给公司立下的宗旨是：顾客第一，奉献社会、负责诚意。"把货交给佐川不会错。"——一个货主在收到高质量的服务后向同行推荐。

"他们不是普通送货人，他们是搬运自己的心啊！"——在一场突如其来的暴风雨后货主准时地收到安然无损的货物后，由衷地发出一番感慨。

佐川清和他的"佐川捷运公司"在商界有了极好的口碑。

"需求就是使命"——佐川清运送每笔货物，不完全看做是件运运送送的生意，而是当做自己的使命，他的信誉还能不使其送运天下吗？

大阪的一个机械商，最初就是见到佐川清将每个重50公斤的轴承，不辞辛劳，送到京都，那种使命般的服务精神已经远远超出了报酬的意义，于是毅然把他定为公司的"专属脚夫"。

凭着这种脚夫精神，佐川清的"佐川捷运"从最初的一个人，很快（一年工夫）就增加人员，办起了五家分店。到1978年时（20周年）已成运输界老大，有1.6万人、多个分支机构，到现今已成为世界级的货运的巨头。

脚夫的人生原点

佐川清的人生轨道有这么几个结点：乡村少爷—人力脚夫 —货运巨头。

1922年3月16日，日本新圩县板仓村一个大户人家又添了第三个男孩，这就是佐川清。父亲是小学校长，家境殷实，佐川清过的自然是少爷生活。可是这一切到8岁就过早地结束了。母亲离世，父亲续娶，也许是佐川清桀骜不驯的个性，让继母对他由反感到厌恶直至虐待饿饭，佐川清常离家出走。上学后他觉得学校反而是逃避虐待的好地方，成绩很好，又考上了县里名校，可过严的校规又让他选择退学。他靠着身上仅有的5毛钱购买了张站台票上了火车，在表兄的脚夫行里干起了脚夫，用汗水体验了生活的含义。表兄的"丸源"号脚夫行也是由小茶店因来往客人要解决携带行李的麻烦而办成的脚夫行。从中也让佐川清认识到了需求就是生意的道理，也让他后来自立门户干好脚夫行产生了重要的启示作用。

也许是对童年曾经的温馨的惜恋和后来受冷漠虐待的痛恨，佐川清特别重视在他的团队中营造那种大家庭的气氛。即使在同客户的交往中，他也特别珍惜和营造一种诚挚的交心的感情，所以他能得到团队的敬重和客户的信任。

1970年石油危机时，行内竞争更加激烈，许多同行都纷纷采取降价措施来求生存，这无疑会对其他同行和员工造成压力和损失，让人真真切切地感受到了商业竞争的惨烈和无情。

佐川清怎么办，是跟进效仿，还是另谋生路，他遇到了活着还是死去的选择。

他选择了加强内部管理，内部挖潜的办法，没有以降价而损人。

别人业务在萎缩下降的时候，他的业务在发展和上升。

别人的团队在涣散低落时，他的团队却更加凝聚更加有活力。他坚守他的做人干事业的原点：重情讲义，心心相印。

他自拟的墓志铭：一个一生额头上流着汗拼命工作的人长眠于此。他时时都记着他人生和事业的原点，有着超强的原点意识。

古往今来，脚夫万千，唯有他成为第一脚夫。今天他的触角以海陆空形式几乎推进到世界每个角落。凭什么？除了汗水，还有什么？是情义，是服务宗旨、质量、承诺，还是始终如一的原点意识，读者都会得出自己的判断。

（刘勇）

华人首富李嘉诚

——做生意首先要学会做人

亚洲首富李嘉诚，1928年生于广东潮州一个贫困家庭。自小就家穷志不穷，他酷爱读书，有时读得如痴如醉。从这些书中他获得了丰富的知识，中学时就立志将来要干一番轰轰烈烈的大事，像英雄传中那些英雄一样为国家建功立业。

然而，当他为美好理想而憧憬的时候，日本帝国主义发动了侵华战争。1939年6月，14岁的李嘉诚跟随父母从广东潮州逃亡到香港投奔舅舅家避难。不久李父病故，16岁的小嘉诚不得不放弃学业，埋葬父亲后，在舅父的钟表公司打工，靠微薄的收益维持一家人的生计。在钟表公司苦干了三年后，李嘉诚找到一家塑胶厂当起推销员来。推销是一门很复杂的工作，不但要具备良好的素质，同时还要具备丰富的知识。李嘉诚白天忙于奔波，晚上都要翻阅在旧书店买来的有关书籍，研究消费者的心理，反复练习语言技巧。由于他的刻苦，很快赢得了客户的信任，业绩出色，第二年领导就让他做了部门经理，两年后又破格提升他为塑胶厂的总经理，这年他才22岁。

几年来的推销生涯使他学得了很多社会知识，同时也交了不少的商界朋友。这时，少年时代的抱负又激起他心中的热情，他不甘心扮演"打工仔"的角色，要创立自己的事业。1950年，他毅然辞掉总经理职务，用平时省吃俭用积下来的7000美元在筲箕湾创办了"长江塑胶厂"。

有了自己的产业，李嘉诚十分努力日日夜夜都在厂里打拼。开初猛抓生产，生产出来的产品源源不断地流入市场。谁料，正当他暗自高兴的时候，商家纷纷前来退货，原来产品质量出现问题。接着银行催款，原材料商上门结账，商场要求赔偿。初涉商海的李嘉诚几乎被逼到了绝境，刚建起的"长江"面临夭折！

慈祥的母亲了解到儿子的困境，把他叫回家，说道："创业犹如学步，开初总是要摔几跤的，不要紧，摔过跤之后，步子才会稳。今天娘要告诫你一句重要的话，就是生意场上自古要讲的是信义二字，做好了这两个字也就做好了人啊。"母亲的话重重地撞击着儿子的心灵。李嘉诚细细品味母亲的话，学做生意首先要学会做人，我生产出来的产品质量不过硬，就是对客户的不讲信不讲义，不讲信义又如何做人呢？

从此后，他牢记慈母的教诲。亲自上门拜访银行、原料商和客户，向他们赔礼道歉，公开承认错误，终于得到了谅解。为了还债和赔偿，他与员工一道认真处理所有不合格的产品，对于新生产的产品严格把关，在市场重新树立"长江"的形象，将回笼的资金尽快还清欠债。这样，艰难奋斗了五年，从失败中取得成功。李嘉诚在赢得社会信任的同时也发展了自己的事业，长江塑胶厂的产品在市场上受到欢迎。李嘉诚抓住时机，开设了分厂，扩大生产业务。

1957年，李嘉诚进军塑胶花生产行业。一天，一位欧洲客商前来订货，由于数量太大，客商提出要有一家大企业为"长江"作担保。李嘉诚只好找到一位大公司董事长的亲戚求援，可是这位亲戚婉拒了他。回来后，他只好对外商如实相告，对方被他的诚实感动，放弃担保的要求，同意签下这宗大批业务。

承接这宗大额业务后，李嘉诚不敢懈怠，一边添置设备，扩大厂房，增加技术力量，一边考虑如何利用当前世界最先进的塑胶花生产工艺进行生产的问题。从一本英文版的杂志上他了解到意大利有一家在世界上最早的生产塑胶花的公司。他把家里的事情安排好后，便揣着求知识的欲望飞越大洋来到了意大利。

当他找到这家公司门口时却止住了脚步。自己虽然千里迢迢，但人家会不会把新产品技术告诉自己呢？绝不可能。他在大门口看到了一张招聘工人的广告，便灵机一动，应聘！他果然应聘到车间做打杂的工人。每日，李嘉诚推着小车在厂区各个工段来回走动，清理废品废料，利用这么一个绝佳的机会，用眼和心牢牢记下了各个生产流程，晚上就将看到的全部记录在笔记本上。只记下了生产流程还不够，重要的是技术环节。他主动地去接近技术工人，并热心地与他们交朋友。休息日，邀请这些新朋友到中国餐馆吃饭，在交谈中他有意无意地询问技术环节的细节。因为已经成了朋友，所以对他并不设防。聪明的李嘉诚通过几次的交流，便能悟出塑胶花制作配色的技术要领。"偷艺"获得成功，在临回去前，他又跑到市场购买了几大箱塑胶花样品。

　　回到香港后，他立即组织技术力量研制新产品生产工艺，很快获得成功，随即大量生产，推向市场，深受客户青睐。这一年长江公司的营业额达1000多万港元，纯利100多万港元，塑胶花为李嘉诚赢得第一桶金。同年年底，他又把他的产品推向东南亚和欧美市场，"长江"的订单逐年成倍增长。直至1964年"长江"成为世界上最大塑胶花生产基地，李嘉诚也得到了"塑胶花大王"的称号。

　　在塑胶花生产如日中天时，李嘉诚清醒地意识到没有永远的晴天，风暴会随时袭来，他果断地转投生产塑胶玩具。不出所料，两年后塑胶花产品严重滞销，而他的玩具产品在国际市场大显身手，年产出口额达1000万美元，成了商海的佼佼者。

　　李嘉诚善于逆向思维，善于透过现象看本质。1965年又发生了严重的银行信用危机，房地产暴跌。1967年香港发生反英暴动，房地产市场陷于死寂。此时他却反行其道，大量购入贱价旧楼和地皮。3年后风暴平息，香港社会恢复正常，经济复苏，房地产价格随之暴涨。1971年李嘉诚正式创办长江置业有限公司，大力发展地产事业，结果在楼市大升时获得巨额利润。

　　手上有了大把大把的资金，他不动声色地挺军股市。第一个目标盯上"九龙仓"，几个月下来他原来只花13.4元每股收购来的九龙仓股一下子狂升至每股56元，第一仗就取得了大胜。不久，当他发现华资财团主席包

玉刚也在争夺九龙仓，便主动将手中的1000万九龙仓转让给包玉刚，从中获利5900万港元。包玉刚是个看重人才的长者，他欣赏李嘉诚，便有意将手中的"和记黄埔"股票转让给李嘉诚。李嘉诚后来成功地控制了老牌黄资财团、和记黄埔，终于走上人生事业的巅峰。

李嘉诚入主"和黄"后，用心经营，不出几年就将它发展成为一个国际性的公司，晋级世界数一数二的跨国企业。

进入2000年后，李嘉诚以个人资产126亿美元两度登上世界十大富豪排行榜，并多次荣获世界各地杰出企业家称号。

李嘉诚从一个贫困家庭出身的孩子变成华人首富，他始终没有忘记祖国，没有忘记家乡。他对祖国的教育文化卫生和公益事业一往情深，尽心竭力。1988年他斥资18亿元创建了汕头大学；1994年捐资1100万元为潮州家乡贫困地区建立350所基础教育学校；1997年为北京大学新图书馆捐资1000万美元；2000年捐资2400万美元参与国家互联网InternetII发展计划；他每年几乎都向内地捐助1亿元以上的资财兴办公益事业。2008年四川汶川大地震，他慷慨捐资1个亿。李嘉诚从少年时代被迫随父母逃难到香港，13岁当学徒，到今天已成为全球华人首富，不是上帝的恩赐，而是靠个人的刻苦好学，立志高远，善良做人，诚信经商而得来的。李嘉诚创造的神话正好佐证了这个道理。

（吴云川）

华侨巨贾李光前

——有一颗感恩和诚实的心灵

　　李光前出生于福建省南安县梅山芙蓉乡，10岁时随父亲出洋去新加坡谋生。1927年开始创业，此后四十年勤奋不止，成为世界十大华人富商之一，是整个东南亚地区杰出的华人企业家、教育家和慈善家。

　　李光前是一个苦难中泡大的农家孩子。1903年，10岁的李光前和父亲相拥着挤在一大批福建难民当中，在海轮的颠簸摇晃中向新加坡驶去。海风像一片片刀刀割痛着每一个衣衫单薄的难民，无法抵御寒冷的船内成了一个冰窖。当时船上有一个著名的爱国华侨叫陈嘉庚，无意中发现同胞们冻得直打哆嗦，就对管事的人说："你通知全船的人，凡是姓陈的，每人发一条毛毯。"毛毯发过后，陈嘉庚到各个船舱巡视，看到众人都披上了毛毯，就放了心，可当他看见一个小孩子未有毛毯仍在发抖时，觉得很奇怪，就问他为什么没去领毛毯，这个小孩子说，我姓李不姓陈，不敢冒领。陈嘉庚听了，深受感动，也为自己只顾陈姓人安危的做法深深自责，他命人赶紧拿来毛毯为这个小孩披上。没想到这个赠毛毯的故事，成就了日后的一段美满姻缘，同时也为日后成就一个华人富商埋下了伏笔。

　　13年后的一天，李光前和陈嘉庚巧遇，正在街边大排档吃饭的李光前看见了当年赠他毛毯的恩人，于是主动把自己的雨伞给了冒着大雨跑步的陈嘉庚。陈接过雨伞并没多看李光前一眼，性子比较急的他头也没回地对借伞人说："明天到我的橡胶公司去拿伞吧。"

　　第二天傍晚，李光前来到了陈嘉庚的办公室。陈嘉庚忙招呼他坐下，并感谢他的借伞之情。李光前笑笑说，我还得感谢您当年赠毛毯之情呢，十多年过去了，我一直没忘。陈嘉庚这才想起来，不禁大笑，当年的小毛孩，深怀感恩之心，不错！闲谈中，陈嘉庚了解李光前熟悉中英文，又被他的诚实为人感动，就有意聘请李光前来自己的橡胶公司工作。李光前满口答应。

在陈嘉庚身边工作的日子里，李光前学到了许多东西，很快就掌握了橡胶生意的所有知识，并打通了欧美市场。因为办事干练精明，业务熟练加上老成持重，他很快就荣升为橡胶贸易部经理，甚得陈嘉庚的器重。陈并将自己17岁的宝贝女儿嫁给了已经27岁的李光前。这两个恩德相报的忘年交朋友，因为毛毯和雨伞的牵线，终于成了岳父和女婿，成了一段永久的佳话。

1927年，已经羽翼丰满的李光前，决定开始自己的事业，像岳父陈嘉庚那样成为商界巨人。苦于没有足够资本的他正一筹莫展时，机遇的大门向他敞开了，一个英国商人准备回国去，急于想把麻坡一千亩橡胶园低价卖掉。李光前经过调查后毫不犹豫就用10万元买了下来。事隔不久，麻坡新开了一条公路，他买下的胶园成了一块宝地，价格翻了几番。

李光前迅速将麻坡橡胶园以40万元的价格卖出，短期内净赚了30万元，他用这笔钱在麻坡创办了自己的第一家企业，取名为南益橡胶公司，与岳父的谦益橡胶公司共用了一个益字，他得益于岳父陈嘉庚的赏识和栽培，得益于谦益公司让他充分施展了自己的才华，他甚至还得益于当年海轮上那床毛毯没有让他冻死，他还得益于贤惠的妻子陈爱礼给予的一切帮助。

公司开业的第3年，遇上了世界经济大萧条，拿现在的话说就是经济大风暴，热血沸腾想干一番大事业的李光前站在了大风暴的前沿，他经受了经济风暴带来的毁灭性打击，公司像一条小船漂浮在大海汹涌的波涛之中。经济危机过去之后，顽强的李光前看准各国经济开始复苏的机会，迅速扩大资金，将公司改为南益橡胶有限公司，并出任董事长。得到壮大和发展的李光前，一面不断扩大经营渠道，发展对外贸易，一面又不失时机地开展多种经营，除经营橡胶制造、种植、运送胶片和胶液外，还进行黄梨的种植和生产。几年之后，李光前的企业扩展到了泰国和印尼。到30年代末，他已是新加坡、马来西亚等地家喻户晓的橡胶与黄梨大王了。虽然在商界有了如此巨大的成就，李光前并没有就此止步，而是瞅准了机会进军金融业，他先是投资与人合办华商银行，后来华商银行又与华侨银行和汇丰银行合并，重组的华侨银行一跃成为新加坡四大华资银行中最大的一家，刚满40岁的李光前任该银行董事会副主席，后升任主席。

李光前把自己三十年积累下来的经验带入了金融界，凭着他敏锐的眼光和精明的头脑，华侨银行得到了空前的发展，先后在新加坡设立了20多家分行，连日本的东京、大阪和吉隆坡、香港、上海等世界各地也设有60多家分行。到了第二次世界大战时，李光前已经是海内外著名的华人实业家和金融家。时间进入到二十世纪60年代末，年迈的李光前拥有1.85万亩橡胶园，南益橡胶公司附属机构35家，他还热火朝天地经营着黄梨厂、油厂、彩色印刷厂、火具厂、木材厂、南益饼干厂、南益种植、南益联合橡胶等23家有限公司，再加上华侨银行与东方人寿保险公司等金融机构，李光前成了世界大富豪。

这个来自福建的农家子弟，这个苦难中挣扎长大的穷孩子，在陌生的异国他乡、在新加坡这块拥挤的土地上，用自己的智慧和拼搏精神，用自己的一腔热血写下了光辉的人生篇章。

（林德元）

海尔总裁张瑞敏

——决不让一台次品流入市场

中国海尔集团总裁张瑞敏把一个亏空147万元的集体小厂变为年销售收入上1000亿的大型企业。他是如何创造了让世人瞩目的东方神话,二十多年来的创业历程经过了多少风风雨雨?

1984年,35岁的张瑞敏被派到青岛日用电器厂担任厂长。这个厂原来是一个手工业生产合作社,后来过渡成集体性质的合作工厂,它生产过电动机、电葫芦、民用吹风机、小台扇等。张瑞敏刚来时,厂里生产一种"白鹤"洗衣机。全厂有800员工,亏空147万元。在他上任前,没有人愿意来,一年内换了三个厂长。车间见不到人上班,厂区杂草丛生,道路泥泞,一副破败的景象。

张瑞敏高中毕业就进厂当了工人。他是个有抱负理想的青年,不愿碌碌无为地混日子,要干一番事业。领导既然把这个厂子交给他,他要管好这个厂子,要改造这个厂子,要让这个厂子为国家创造利润。

上任后的第一件事就是制定规章制度。共订出了13条,其中有几条是"不准在车间随地大小便,不准迟到早退,不准在工作时间喝酒,不准哄抢工厂物质……"现在谈到这些条款未免发笑,其实那个年代人们的精神状态就是这样。规定公布不久,就有一位工人扛走厂里的一箱原料,张瑞敏抓到后立即发出布告开除此人。这一下,全厂工人才知道新厂长来真的了。半年后,厂里的秩序正常了,纪律也好了,面貌开始发生变化。

由于生产的洗衣机外观粗糙,质量低劣,一直销不出去。张瑞敏决定放弃这个产品,转产电冰箱。他把厂名也改了,叫"青岛电冰箱总厂"。

他曾经被派到德国考察过，考察的过程中德国一家冰箱公司利勃海尔有意愿向中国输出制造技术和设备合同。他向国家轻工部和青岛市政府提出要求申请引进利勃海尔的技术，获得批准后，青岛电冰箱总厂作为轻工部确定的最后一个定点生产厂，转产和引进技术给这个濒临倒闭的厂灌注了新的血液。冰箱当时是非常紧俏的产品，老百姓要凭票购买。这让工人们看到了前途。其实工人们谁不盼望自己的工厂兴旺发展，每天都有活干，每月都有工资拿。以前之所以那样，只因没有一位能干的好领导。现在张厂长决心要打翻身仗，改变厂里的面貌，大伙怎能不跟着他拼命干？

　　转产的第一年，全厂上下一条心，大干快上。第一台电冰箱生产出来了，工人们敲锣打鼓，放着鞭炮，欢天喜地庆祝成功。他们就像嫁女儿一样，把冰箱送向市场，青岛电冰箱一走向市场就被销售一空。张瑞敏的一位朋友找到厂里来，要选一台好的，张瑞敏让他去挑。可是这位朋友挑了很多，发现都有毛病，最后勉强拉走一台。朋友走后，张瑞敏心中不是滋味，他叫人把尚未运出厂的400台冰箱全部检查一遍。检查的结果令他大吃一惊，居然有76台不合格！他把自己关在办公室里思索了一整天。第二天，他把厂里的干部和工人召集到库房，指着那76台不合格的冰箱问大家怎么办？技术员仔细察看了每一台冰箱，认为没有什么大问题，不影响使用，只是有各种各样的小毛病。有的人提出：卖出去影响不好，如果便宜点处理给厂子里的员工，一举两得。当时一台冰箱的价格是800多元，几乎是一名工人两年的工资。

　　张瑞敏说："卖给员工也是卖，员工人人都有亲戚朋友，都有生活圈子，同样会在社会上造成不良影响。今天我要是允许把这76台冰箱卖出来，就等于允许你们明天再生产760台这样的冰箱。"这时，不知谁小声说了一句："难道还砸掉去？"张瑞敏马上大声说："对，砸掉！全部给我砸掉，谁干的谁来砸。"说罢，他抡起大锤亲自砸了第一台！这重重一锤砸在了全场员工的心上，员工们震撼了。顿时鸦雀无声，谁也不敢再讲什么，沉默了好大一会儿后，有人接过锤子砸向冰箱，砸过后他们个个都流下了伤心的眼泪。这种悲壮的场景，深深地印记在每一位员工的

脑海里，一辈子都不可能忘掉。从这一件事，张瑞敏和员工们都开始认识到质量第一的含义。随后的一个多月里，全厂进行了质量大讨论。张瑞敏提出："从我做起，提高产品质量。"在这场大讨论中，张瑞敏把厂名更为：青岛市海尔电冰箱厂，海尔冰箱正式诞生。三年后，海尔人捧回了我国冰箱行业的第一块国家质量金奖。

张瑞敏从实践中得到一个真理：产品的信誉取决于它的质量。他紧紧抓住质量不放松，使海尔的质量过硬在社会上建立了良好的信誉。

国内市场的销路越销越好。进入上世纪九十年代，张瑞敏开始把目光盯上国际市场，他的第一个目标就是海尔的娘家——德国。1991年他决定向德国出口8000台海尔冰箱。可是德国的海关和商品检验局不相信中国的产品，不让进口。

张瑞敏咽不下这口气，从前外国人歧视我们中国人，现在这什么时代，还用这种眼光看待新中国，岂有此理，决不能让这种歧视再继续下去！他要德国检验官做一个公正的试验：把德国市场上所有品牌的冰箱和中国海尔冰箱都揭去商标，放在一起进行检验。傲慢的德国检验官满以为他们的产品质量肯定比中国的好，便答应按海尔提出的方法进行检验。谁知检验的结果让德国人大为尴尬：海尔冰箱获得的"十"最多，比海尔的"老师"利勃海尔还多了几个"十"。德国人服气了，8000台海尔冰箱进入德国市场后很快被销售一空。这一年，海尔冰箱产量突破30万台，产值超5亿。全国100多家同行企业，海尔成为唯一产品无积压，无三角债的企业，海尔开始多元化发展。海尔现有产品58个系列，9200多个品种，其中冰箱、冷柜、洗衣机、空调器等的市场占有率在全国名列前茅。

1997年，海尔集团建立工业园，兼并了国营黄山电视机厂等18家企业。其中原黄山电视机厂有4000名员工，由于企业亏损，大家思想较混乱。张瑞敏兼并后立刻停业整顿，强化规章，改造设备，老厂很快呈现新的气象，年底产量提高15%。

张瑞敏的成功不仅是抓质量，还在于他十分注意市场行情。只要一有空他就会抽身到商场去作调研。有一次，他发现5公斤量的洗衣机不受客户欢迎，原因是浪费水、电，特别是北京、上海这样缺水的大城市。回来后，他要厂里的科研人员研制小水量的洗衣机。科研人员日夜攻关，很快设计出一种洗衣量只有1.5公斤的洗衣机"小小神童"。小小神童在上海试销后立刻受到热烈欢迎，接着全国各城市对这种世界上最小的洗衣机非常青睐，两年时间销售量达100多万台，并出口到日本和韩国。

从1999年开始，海尔实施国际化战略。迄今海尔已在全球美、德、日、法、奥、韩等30多个国家建立了本土化的设计中心，制造基地和贸易公司，全球员工总数超过5万人，年营业额超1000多亿元，海尔成为世界级的中国品牌。

张瑞敏20多年的创业之路充满了艰辛和欢乐，他用意志和智慧创造了中国企业界的神话，为民族的复兴和祖国的强盛做出了巨大的贡献。

（吴汀清）

空调业"四大天王"之一李兴浩

——财富是金钱、信誉加人脉

敢向全球空调业叫板；手签一张白条能当800万支票在供货商间流转；身价数十亿的大企业集团董事长去竞选村长；在全国人大上呼吁除去国营民营企业间的不平等法——这个李兴浩，身上布满了浓厚的传奇色彩。

可值800万的白条

早年广东佛山出过武林大侠黄飞鸿，至今当地仗义救难、两肋插刀的侠风仍很兴盛。

1996年8月志高集团所在的佛山南海里水镇，整个镇子好像都笼罩着一种不安。人们脸色凝重，小道消息早已传遍全镇——台资已经撤走了，银行冻结账户了，看来志高厂是挺不下去了，李兴浩手下重臣总经理也要辞职了。只要志高厂一跨，全镇的兴隆也会烟消云散。许多职工的眼睛，还有镇上人的眼睛都在搜寻李兴浩，想从他这儿猜测吉凶。

其实这几天他在清远的一个温泉宾馆，召开一个决定志高厂生死命运的会议，来开会的都是讨债的供货商。

李兴浩开场白很有悲壮感。

"请各位朋友来这里开会很不容易，这里有很好的温泉，可是要走很崎岖的路。今天的志高就像这温泉，去开发才有回报，不开发就不可能有回报。我把我的战略说给诸位听听，信不信，投不投资请各位仁兄自己拿主意……"也许是李兴浩的情真意切，也许是那战略的确可行可信。第一天的会刚开完，赞助的钱就够志高用2年了。当时竟还有人拍他肩膀说，给志高的货一年后才收钱。都说李兴浩的朋友多，人缘好，关键时刻还真的见情见义。

李兴浩给供货商签了张欠款800万元的白条，没有人怀疑其价值，甚至还在几个供货商手中流通，最后在1998年又回到了李兴浩手中。这般融资传奇可也只在佛山、在李兴浩这儿才能发生。靠着许多朋友的信任和帮助，还有那张白条，志高终于挺过来了。

关键时刻，也有让李兴浩伤感的事，他平时最信任最器重也付出最多心血培养和提拔的总经理离他而去，不过他还是仁至义尽，划给这位总经理200万。

通过这件事，李兴浩对财富有了深悟。他说：财富是金钱、信誉加人脉。这是财富的三要素新说。

的确，如果没有后两点，他在一张白纸上写些字，就怎能抵800万使用呢？

通过这件事，他对"关系学"有了新解：关系学还应包括交什么样的朋友，什么是真正的朋友，当你最困难时候，帮你、为你分忧，这才是真正的朋友。

向全球摆下擂台

"志高有资格向全球同行摆下一个擂台！"——李兴浩牛气冲天，不过现在他真的有资本有资格摆这个擂台。

李兴浩1972年高中毕业，就开始以农业为基础的务农生涯。改革开放的风在南方吹得要强劲一些，1982年他就开始办厂，从制衣、塑料、五金、电子、电器大大小小前前后后有个几十家。1989年他开起空调维修店，一年后成了维修中心。1992年与台商合资办起了志高空调厂，后来台资撤走，他靠朋友相助的2000万元挺过难关，此后志高空调渐成气候。

就在空调业一年消亡27个品牌，还有48家苟延残喘的行业烽烟滚滚时刻，志高连续7年保持50%的快速增长，并且跨进了国内空调业的"四大

天王"的第一方阵。

他是有牛气的资格：

2002年志高空调出口已居国内第二位，目前出口量、销售额都跃升第一位，以至于流传"志高海外名气大于国内"的说法。

2003年雅典奥运会空调招标，他击败国际上十几个品牌而夺标，2万台志高空调被安装于奥运会场馆内外。

现在他还把工厂开进了越南和尼日利亚。

我们能做到世界空调能效比最高7.4的能效比，国家检测中心已经宣布，目前还没有谁能超过。

志高空调可以整机、压缩机包修6年（别人只能包修3年），可以免费提供零配件，宣布时有人认为是炒作，后来证明是真的。

志高空调除了能杀菌、除异味，还能净化空气，室内有人抽烟，该空调可以起到净化空气作用。

李兴浩多年来对志高空调的付出可以说费尽心机。他为了抓好科研，用"一杯水、一小时、100万"把科龙的副总、空调技术专家郑祖义招到麾下（原在科龙也是这个价），让他的空调研发如虎添翼。他不愿把巨资投到广告上，而是投入科研。他抓质量和品牌动真格。反复讲要想到客户是自己的家人，是自己亲戚，要让他们买到最好的空调。

"我一年投进几个亿，建了12个国家级的实验室，世界级的试验室有6个。"他那么自信，那么有底气，敢于向世界空调界叫板：我要做世界上最好的空调，做最大的空调企业。谁听了都提气，壮哉！

竞选村长的世界著名企业董事长

本来是风马牛不相及的事，却真的又成了一段传奇佳话——大老总当村长，还当出了口碑。

志高集团所在村丰岗村的村长选举，把李兴浩卷进来了。人家拉票拉到他头上，一怒之下，他偏要去蹚蹚这浑水，他以高出10票当选村长，是险胜，既当之，则安之，还真把村长当得"政绩突出"。

竞选前几天贴出竞选告示，当选就拿出200万投资建村甲公益事业。果真，几百万下去让村里实现三通一平，建起敬老院，费用全包，建托儿所村民幼儿入托全免费，65岁以下村民全安排工作，女55岁以上，男60岁以上村民领取志高养老金……新农村建设有了这样一位有事业心有爱心财大气粗的村长，就立竿见影了。 由此人们产生联想，如果全国众多老总、董事都能挂个村长，或包个村，大概中国农村的现代化建设速度真的能快马加鞭了。

其实，李兴浩竞选村长，也不一定是什么一怒之为。因为他本身就有一种根深蒂固的农村情结，为民谋富的情结，村长是他一种实践这种情结的最好平台罢了。

小时候他家在农村穷到一家人挤几平方米的住处，他睡在一个一伸手能摸到梁的平台上。母亲拉扯着3个孩子……苦难磨炼了他的对底层的关心。他成功了，成了有2万员工，3000亩厂房的大企业集团老总，为什么不能惠及全村呢。

李兴浩在志高立下的志高文化核心价值就是：让人类生活更加美好。

（魏东）

中国西裤王林聪颖

——死死抓住质量这一关

林聪颖，福建晋江人，九牧王服饰公司董事长，一个农民出身的亿万富翁，被人誉为中国西裤王。

林聪颖原在粮食部门工作，1984年24岁的他毅然辞掉工作，邀了两位同班同学下海做粮食生意来了。这一年他向亲戚朋友借了4万元钱，承包了晋江粮食局的一个议价门市部。凭着对粮食部门的熟悉，生意做得很顺畅，到年终他本以为可以大赚一把。谁料，一结算不但分文未赚，投进去的4万元赔个精光，还欠2万元的债务！林聪颖一头雾水，责问两位合伙人怎么回事？两人支支吾吾半天说不出理由。此时林聪颖什么都明白了。他愤然地与二人分手了，独自背起了6万元的债务。

粮食生意没做起，春节过后他带着仅有的200元钱来到江西九江推销拉链。拉链生意在九江这个地方不好做，他听说山东的服装业很发达，有服装就要用拉链，于是他又在家乡邀了几位老乡来到青岛。

到青岛后他们找到一家羽绒服装厂，第一笔生意就卖掉了100多条。不多久他们又从青岛把生意做到了大连。客户逐渐多起来了，三地奔波的确十分辛苦。后来发现一些生产拉链的厂家只求数量，质量不过关，常常引起消费者的投诉。林聪颖感到这样下去非把自己推上绝路不可，自己还很年轻，今后的路很长，不能在社会上留下一个很不好的形象。

正当他们的拉链生意红火时，林聪颖突然提出来不做了。别人一时难以理解，他耐心地劝说了同伙们，最后他说："不做拉链生意不是不做生意，我们在服装行业来来往往这么久，也懂得了一些行情，不如搞个门面

卖服装？"大伙听从了他的劝说，在青岛租了一家服装零售店做起服装生意。他们打拼了四年，各人都赚了些钱。林聪颖把赚来的钱先还清了当年欠下的债务，一切又从头开始。

1989年，林聪颖29岁了，他和几位同乡又回到了家乡晋江磁灶镇。走在家乡的土地上，发现竟和四年前一个样，没有什么变化，不由十分感慨。他暗暗下定决心，一定要用自己的双手改变家乡的面貌。回家后他从亲戚那里借来1万8千元钱，再和几位朋友一起共凑了7.2万元，向磁灶镇福利院租了500平方米的房屋，开了一家服装厂。白手起家，一无所有。林聪颖就动员自己的亲戚朋友，凑齐12个人。买了几台二手锁边机和裁床，至于缝纫机、剪刀、凳子全由工人自己带。在附近的镇上请来了一位当地的老裁剪。他们真的办起了磁灶镇历史上第一家服装厂。

林聪颖脑子很灵，他的产品定位是做西裤，特别是男式西裤变化小，社会需求量大。第一批产品就是九牧王牌男式西裤。林聪颖看着生产出来的一条条折放整齐的西裤，心情很是激动，他不禁用手轻轻地抚摸着，这是自己的产品呵。突然，他的视线凝聚在裤子口袋上，怎么？口袋针歪了！他忙放下手上的裤子，去检查别的成品裤，糟糕！竟有三分之一的产品出现同样的问题。他很清楚，质量就是产品的生命。质量不过硬，产品的寿命长不了。他火了："重做，全部重做！"工人返工后，他又一条一条仔细检查，直到全部合格才放行出厂。

第一批九牧王西裤在青岛、大连正式上市。一上市，很快被消费者抢购一空，商场频频打电话叫他补货。成功好像来得太突然了，林聪颖显得手足无措。他做的第一件事，是开个庆功会，慰劳慰劳大家，胜利应该由大家分享。

从这年十月一日产出第一批成品到年底短短几个月就创下了20万元的销售额。这远远超出了他们的预料。九牧王的品牌越来越在市场上让人瞩目。这时，林聪颖清醒地认识到，产品越受欢迎，越要抓好质量。同时还要不断创新，否则就会昙花一现。为了扩大生产，他先后租用了一家酒店和一家停产的瓷砖厂。同时一边投资培训自己的工人，一边招收一批技术人员。队伍和规模的壮大给企业带来了兴旺景象，此后九牧王牌男式西裤大批大批流入全国各地的市场，效益也在直线上升。次年，他投资7000万在泉州建起了清蒙工业园。企业做大了，他就要考虑到产品的更新，只有创新才有更大的发展空间。1995年3月他去厦门参加一个企业界朋友的聚会，在宴会上他发现一位朋友身上穿的西裤的面料很特殊，超轻超薄，手感细腻，坠性极佳。凭直觉，他预测这很可能成为未来引导市场潮流的新面料。聚会结束后，他立即去买了一条同样的裤子。经调查，这种面料叫"重磅麻纱王"，是台商在福建的一家纺织厂刚刚开发出来的新品种。于是，他立即派人去这个纺织厂洽谈，厂家正要找销路，双方一拍即合，林聪颖的九牧王公司与台资公司签下了独家代理重磅麻纱王在大陆销售的协议。

协议签下来后，林聪颖着手对现有的生产工艺进行全面改革。新的工艺生产出新的产品，重磅麻纱王系列西裤一上市就引起了轰动，北京、上海、成都、广州、西安等地甚至引发了抢购风潮，九牧王的名气一夜之间红遍了大江南北。从1995年6月到1996年，销售量就达400多万条，销售额超1亿元，创下了单品种销售的奇迹。

林聪颖靠不断创新开拓了自己的事业，成为中国西裤王。

（吴云川）

中外创业传奇100例

开心人大药房董事长梁永强

——卖良心药做开心人

　　本文的标题，是一句广告词，但我以为这是迄今为止我看见的最好的一句广告词。

　　这里要告诉读者，想出这句广告词的人，正是总部设在江西南昌的开心人大药房的董事长梁永强先生。

　　都说一个人的事业和归宿，其实和早年的经历有关，梁永强恰是一个证明。梁永强参加工作伊始，就进入医药行业。据他自己说，在这个行业里，除了临床之外，其他的所有环节几乎都涉足过，所以，他清楚地知道这个行业里的水有多深。

　　中国的医药行业在摆脱计划经济体制弊端的过程中，实行了一系列的演变，演变带来的新的弊端，为梁永强所亲见。

　　一次，梁永强在一家医院里，看见一个抱着孩子的母亲蹲在地上痛哭。原来，医药费太贵，母亲根本拿不出钱，生病的孩子抱在母亲怀里，母亲却无法替他救治，此情此景深深地震撼了梁永强的内心。

　　他要办一家药房，他的宗旨是：让所有的老百姓都能买得起药、治得起病。

　　1995年，他尝试着办药店，可是没有成功。这个行业有许许多多的明规则、暗规则，你哪怕触动了其中一条，也许就无法动作。

　　他等待机会。到了1999年，他再次试水，做到一半的时候，竟然又被迫刹车。

　　都说事不过三。2002年，他再度行动，这次，他和张晖等几个合伙人终于找到了正确的突破口，他们获得了成功。

他们选择的突破口就是：与民众利益、社会舆论和主管部门的要求契合，在官方和民间的双重支持下，夺关斩隘，闯进这个积弊深重的领地。

2002年8月31日，开心人大药房在省会城市南昌正式开张，鲜花彩带，气球红旗，洋溢出一片喜气。

它打出的旗号吸引了无数前来"捧场"的市民。它的旗号是：它出售的药品比核定零售价平均低45%。

上午10时整，当响亮的鞭炮鸣放之后，开心人大药房的店门打开，早已急切地聚集在门口的上千民众潮水般涌进店里，将1500平方米超市式销售大厅挤得水泄不通，一个侧门的玻璃当场被挤碎。

当时，店里呈现的景象是：人们提着篮子买药，排成长队付款，营业人员忙得手脚不停，顾客人人笑脸盈盈。

前面说了，梁永强对医药行业各个环节都非常熟悉，所以他有胆量把药价定这么低。

他的办法其实类似于直销，就是直接从生产厂家进货，这样可免去多个中间环节；同时尽量用现款提货，也能降低药品的折扣。另外，由于他们是股份制的民营企业，在管理和人力费用上也可做到比传统药品零售企业更省，他采用了"成本减肥"的一系列方案，这也是他的制胜法宝。

开心人大药房的开业盛况，引来了全国300多家媒体的竞相报道，成为人们津津乐道的话题。

不过，违反潜规则虽然获得民众的支持，但却必然遭来业内的反弹。就在开业仅仅5天之后，一场突如其来的"撤货风波"让"开心人"险些遭受不测。原来，当地多家医院和药店紧急召集供货商，向他们提出一道选择题：要不停止给"开心人"供货，要不别再想让我们接收你的货。

300多家药品生产企业，面对同样是300多家的零售药店和医院，他们不得不做出违心的选择：停止继续向"开心人"供货，而且将已经承诺的供货条约撤回。

几个合伙人当初曾设想了一切可能的后果，就是没想到这么一个结果。他们很郁闷，也很伤心。创业艰难，他们不怕，但为社会、为百姓做一份善事如此之难，的确出于他们的意料之外。

但他们没有畏缩。在"撤货风波"发生的当天，他们连夜派出采购人员从外省调进货源，充实货架，好让慕名而来的百姓能买到自己需要的药品，同时，他们看出这种销售方式深得人心，并发誓要把这个品牌做下去。

有人暗中向主管部门举报，说他们的"降价"有猫腻。主管部门派人前来核查，结果是：对"开心人"的做法给予高度认同和肯定。

"青山遮不住，毕竟东流去"，"开心人"这艘航船终于闯过礁岩遍布的港湾，驶向了宽阔的航道。

梁永强回顾"开心人"走过的历史，坦承自己当初曾有着这样的悲壮之情："这是医药行业的一场革命，成功了我们就是英雄，失败了那也是先烈"。

我们来看看这些年"开心人"走过的脚印：

2002年8月31日，南昌"开心人"旗舰店开业。

2003年6月，"开心人"获得连锁经营资格，更名为江西开心人大药房连锁有限公司；同年，上海、宁波"开心人"相继开业。当年，"开心人"销售额达4亿元，进入全国连锁药店销售百强第13位。

2004年，梁永强被评为"中国医药十大年度人物"。8月1日，"开心人"启动千店计划，要在全国各地开设1000家连锁店。10月，"开心人"成立全国首家药店学校。

2005年，北京"开心人"大药房延静里店、和平乐园店同时开业，这一年，"开心人"销售额突破10亿元，进入全国十强。"开心人"还和江西同仁眼科医院签订《药房托管协议》，开创了药房、医院合作新模式，为此后的医药改革提供了一种全新的思路。

2006年，"开心人"大药房被依法认定为"中国驰名商标"，这是中国医药服务类第一个中国驰名商标，也是继中化、中国粮油、国美电器、沃尔玛之后全国服务类第五个"中国驰名商标"。

2007年，公司董事长、总裁梁永强被江西省委统战部等部门联合授予"优秀中国特色社会主义事业建设者"称号。公司年销售额进入中国连锁药店百强榜第六位。

2008年，开心人大药房完成了第一个并购方案，同年，开始探索向医院、社区卫生服务中心配送药品的模式。梁永强应邀参与国家医药流通体制改革工作组以及医药流通法规的修正……

如今，"开心人"正在推进其上市融资计划。

一位知名经济学家认为，"开心人"不仅在短短的时间里实现了事业的壮大，还不断推动着中国医药改革，直接为老百姓省钱达20多亿元。

经过六年的打拼，"开心人"已当之无愧成为中国医药零售业的先锋。在一次高端会议上的主题演讲中，"开心人"的董事长梁永强说出了心底的一个秘密：他其实一直在效仿美国的百年零售老店沃尔格林以及美国另一家连锁药店"开心哈里森"，他认为这两家药店顾客至上、以人为本的价值观为医药行业树立了一个品牌，也树立了一个标杆。他也要在中国医药市场树立自己的标杆，这就是他自己所说的：卖良心药，做开心人。"

（褚兢）

华东破烂王彭保太

——破烂堆里"淘金砖"

在鹰潭、在余江、在潢溪镇郊外的青山绿水间有一片开阔地，一个投资3000万元打造的鹰潭市保太有色金属有限公司的厂区就坐落其中。而提起公司的董事长彭保太绝对称得上是一个传奇 ——这位曾小打小闹的"破烂王"，靠捡破烂起家、又靠做破烂生意打拼下一份家业。他一步一个脚印，带动了全县5000多农民从事废旧有色金属收购，实现年销售收入5亿多元，上交国家税收3000多万元。被当地百姓形象地称为破烂堆里"淘金砖"的"破烂王"。

苦难点燃创业激情

生在农村、长在农村，彭保太小的时候家里很穷，12岁时母亲就病故了。1982年，眼看着还有一年就要高中毕业了，可家里却再也拿不出钱让他继续上学。无奈之下，彭保太只好离开了自己深爱的课堂，大学梦也随之破灭。多少个日夜，他独自一人跑到大树底下哭泣。"那时候真的很难过，我是真喜欢读书啊。"每当回忆起这段艰苦岁月时，彭保太总是这样动情地说。失学后的几年里，他一直坚持学习，嗜书如命。闲暇时候，就去新华书店看书，学习养鸡、喂鸭、种大棚蔬菜等相关的技术。后来他搞了建筑，又钻研起建筑专业的书籍来。但因为家里实在太穷，资金成为他创业的硬瓶颈，做什么都没能做大，日子一直过得紧巴巴的。虽然发展之路艰难，但在他心中创业致富的念头一直没有改变。

后来，他又来到了舅舅的公司打工，并筹钱做起了废塑料收购生意。

在舅舅的废品收购公司打工时，彭保太在一个偶然的机会敏锐地发现，并不起眼的废旧有色金属收购生意比废塑料生意好做多了。"或许这是一条路子，成本低、收益快、前景广阔，何不试试收购废旧有色金属呢？"他脑中灵光一闪。分析可行性后便拿定主意，决定自立门户收购废旧金属。他认定这个市场是非常广阔的，只要用心一定能做好。他仔细分析后认为，材料有三六九等之分，废旧金属收来一般是一个价，倘若又以统一的价格卖出，那只能靠规模赚取中间很小的差价。相反，如果能进行分类，优等废金属的价钱肯定比一般的要高出很多。"这需要很高的专业技术，不少人都不懂如何给'破烂'分出品级来。我对废品非常熟悉，它们戴的是什么帽子、穿的是什么裤子，我都一清二楚。"彭保太兴奋地说。

虽说做这行成本小，但毕竟还是得有一定的投入。再加上他抱定的是抬高价格、扩大规模的经营理念，小笔资金根本起不了什么作用。巧的是彭保太的表哥做贩牛生意红红火火，有一定的资金实力。然而，要说服表哥把资金借给自己，彭保太知道那并不容易。多次登门讲想法、谈方案、做承诺，最后在老丈人的出面担保下，6000元终于借到手了。上世纪90年代初，潢溪镇是周边10多个县市有名的废旧物品集散地。1992年，彭保太就用借来的6000元开办了一家废旧有色金属收购部。收购价格抬高，吸引了周边很多县市的收购商们。一车车廉价的废旧有色金属被拉进了小小的厂房，分类之后卖到了不错的价钱，彭保太迅速占领了市场。彭保太的"破烂王"昵称，从那时起便被人叫开了。

执着推动市场发展

然而，最叫人头疼的是货源不足。为寻找货源，彭保太常常推着自行车走街串巷，风里来雨里去，跑遍了华东六省一市。刚开始，条件非常艰苦。租别人的一间平房，吃睡都在破烂堆里。有时甚至还睡过候车室、钻过火车座位……一个个磨难，彭保太都以一颗坚韧执着的心坚强地挺过来了。

经过10年的摸爬滚打，他的废旧有色金属收购生意逐渐红火起来，

但他并不满足。他认为，收购废旧有色金属虽然赚钱，但还只是给人家提供原材料，产品没有附加值。要把生意做大，在市场中站稳脚跟，就必须提高产品竞争力，提高附加值。要进一步把事业做大，就得自己做铝锭和铜锭的加工。创新，永远是企业发展的动力和成功的关键。为此，他放下生意，先后到温州、台州、重庆等地学习铝锭加工技术，回来后做铝锭加工，创办了鹰潭市兴发有色金属有限公司（现保太有色金属有限公司），形成了收购、加工、销售一条龙的产业链，企业走上产业化发展道路。公司生产的铝锭主要用于如汽车、摩托车、机床、电动工具等产品的零部件。到2005年，公司实现产值超亿元。

近年，彭保太又迈出创业的大步伐。在一片荒山上，投资3000余万元建起占地面积150余亩的现代化厂房，做深做细铜、铝加工，形成回收、加工、深加工三位一体的经营模式。在铜、铝加工车间里，收购来的破铜烂铁经粗加工后，变成了银白的铝锭、金黄的铜柱，堆满一地，在日光灯照耀下闪闪发亮。工人们正熟练地操作着机器，时而将破铜烂铝投入熔炉。一车车粗加工过的铜、铝也拉向了四面八方……彭保太的生意非常好，公司也迅速做大。实现销售收入3.8亿元，上交税收1900多万元，成为江西本土最大的有色金属回收和加工企业之一。

诚信树立企业形象

如果说好学、创新为彭保太成就创业垒好了基石，那么诚信则为他赢得了发展的空间。一次，浙江省乐清市的一位客户电话预订了30吨铜棒，然而接下来的两天铜价急剧上涨。交货时，尽管客户建议适当调整铜棒价格，但彭保太仍坚持原价交易，为此他丢掉了20多万元赢利。

彭保太做生意，不管新老客户，都明码标价，客户最放心的就是他的诚信。在从事废旧有色金属加工的初期，有一次，彭保太发了一批30吨的废铝给浙江温州客户。可客户收到货物后，发现里面混有5吨左右的废铁。彭保太立即展开调查，了解到是公司一名员工为了让公司多赚钱，在装货时瞒过客户，掺进一些废铁。一向视诚信为企业生命的彭保太立即装好5吨废铝，亲自送到温州，当面向客户赔礼道歉。发生这件事后，彭保太非常注重公司信用建设，把讲诚信写进厂规厂纪，要求所有员工诚实待客。此后，公司再也未发生类似的事件。

诚信，使他赢得了客户长久的信任，树立了良好的企业形象，这就是客户给他最好的回报。彭保太说："对于创业来说，诚信是无形资产，你不看重它，它一文不值，看重它，它就是无价之宝。除了敏锐的眼光、过人的胆识和吃苦精神外，执着和诚信正是彭保太持续多年的经营之道。在总结自己的创业经历时，彭保太说："如果没有敏锐的市场眼光，没有敢拼敢闯的精神，没有求知若渴的进取心，今天我不可能有这么大的发展；如果不创新发展，瞄准铝锭加工，公司肯定不会有今天这么好的经济效益。"

彭保太的诚信故事，被客户一传十、十传百，形成了滚雪球式的信用效应。如今，全国有400多家客户与彭保太建立了稳定的业务关系，他的购销网点遍及浙江、广东、上海、湖北、河南、福建等10多个省市。今年6月，中国工商银行余江县支行主动上门为其提供了900万元的授信服务。支行负责人说："彭保太的信用像金子一样发光，我们为他服务，没有后顾之忧。

（何素红）

靠创新打天下

KAO CHUANGXIN DA TIANXIA

创新是成功之母。一个企业失去了创新能力亦就失去了生命力，最终就会走向末路。

美国早期的富豪，多靠机遇成功，而洛克菲勒例外。他以他异常的冷静、精明、远见，独有的魄力和手段，创新打天下，一步一步地建立起庞大的石油帝国。

我国悠久的历史造就了很多中华老字号药业，但是随着时代的变迁，很多老字号已经销声匿迹，幸存下来的也出现经营困难的局面。而广东王老吉药业通过品牌的定位创新、传播创新、产品创新以及后续的品牌保护延伸等品牌营销，实现了跨越式发展，给其他老字号药业提供了一个成功的范例。同样的，跨越了三个世纪的全聚德，也因为扎扎实实的体制创新、机制创新、管理创新、营销创新、科技创新、文化创新，实现了快速发展，跨越式前进，在中国餐饮业500强中，排名为中式正餐之首，以其独具特色的饮食文化和企业发展业绩，成为令国人引以为豪的著名民族品牌，在市场经济的大潮中，走出了一条国有老字号企业再振雄风的兴盛之路。

企业必须追求永续经营，是毋庸置疑的。如何使企业永远走在永续经营的大道上，不偏不懈，不停不废，创业中能守成，守成中再创业，使企业常青并茁壮，则是值得多方探索的课题。许多企业由盛而衰，难以为继，最大的问题是缺乏创新活力。

将人类带进汽车时代的亨利·福特
——汽车王国是这样炼成

1863年7月30日，美国的一座农庄里，一个婴儿呱呱落地。来自爱尔兰的移民威廉·福特夫妇满心欢喜，感谢上帝，他们辛勤开拓的农庄有了继承人。这是他们的头生子，他们给他取名亨利。在英语国度，这是一个最普通不过的名字。这对夫妇怎么也没有想到，这个普通家庭生下的这个普通的孩子，日后会缔造一个汽车王国，将人类社会带进汽车时代，让福特家族享誉世界。

少年时代的亨利，颇让父亲威廉失望。他无心农作，着迷于机械，把家里的钟表拆拆装装，捣鼓了个遍。亨利·福特是个天生的机械师，12岁时就建立了自己的机械坊，让父亲感到惊讶的是，这个孩子居然还亲手制造了一台内燃机。17岁那年，亨利·福特独自一人到底特律密西根汽车制造公司学徒。

到了23岁，制造经验日渐丰富的亨利·福特开始研制使用内燃发动机带动的交通工具，从此与汽车结下了不解之缘。但是他的父亲仍然希望他回到农场经营农业。这一年父亲给他40亩木材地，条件是让他放弃做一名机械师。"作为权宜之计我同意了。"亨利·福特后来回忆道。回到农场，他砍下木头建筑了自己的"婚房"，却在里面藏了个工作间。在这段隐居的日子里，亨利·福特开始试验双缸发动机，掌握了汽车生产、装配的关键，熟悉了流程的每一个细节。

1891年，他接到爱迪生照明公司月薪45美元的聘书，40亩地的木头这时也全都砍完了，从此他告别了农场，一边工作一边参加夜校学习。他的最大愿望是"不屈居于人下被别人利用而过一生，自己开一家制造机械的工厂"。

初战告负

但是他的创业之路极不顺利。1893年圣诞节，福特汽油机试验成功，他受到极大鼓舞，接着就研制"不用马拉的马车"。1896年春天，他的第一辆两缸气冷式四马力汽车试制成功。1899年，福特又成功地制作出了三辆汽车。他觉得可以"自己开一家制造机械的工厂"了，于是与别人合作成立了底特律汽车公司并任制造部经理。然而，经营公司和设计汽车并不是一码事，几乎所有员工都没有制造汽车的经验；零件质量不好，采购不及时，常常延误工作流程；高成本制造出的汽车无法销出，公司苦苦支撑了一年，造了25辆汽车，不得不宣布倒闭。

1901年10月10日，福特接受凭赛车建立起了商业信誉的温顿的挑战，驾驶自制赛车参赛，结果获得了胜利。于是，在商人们的支持下，他第二次成立汽车公司。可是批量生产汽车完全不同于单一制造汽车，修理工出身的福特显然还不能胜任这一重任。当投资者发现他只热衷于将金钱花在研制一种无法销售的高价竞赛车上时，毫不客气地将其赶出了厂门。福特第二次办汽车厂也以失败而告终。

永不言败

失败并没有吓倒福特，他执着地谋求在汽车业的发展，付出了比以往更大的努力。1903年6月，福特与11位志同道合者投资2.8万美元建立了福特汽车公司。他自驾赛车四处表演，经常获得各种比赛的胜利，他新设计的车只用39.4秒就开过了一英里，被新闻界誉为"速度之魔"。当时一个著名的赛车运动员将这辆车命名为福特999型，并驾着它周游美国，为福特在美国创出了名气。吸取以前失败的教训，福特汽车厂制造出了性能稳定的A型汽车，不到一年时间内就销出650辆，为福特公司日后的发展奠定了基础。第二年，A型车月产量稳定在300辆，第三年达到360辆，福特公司因此而成为全底特律最为忙碌的工厂。

二十世纪初，汽车在美国还是奢侈品。福特认识到让汽车开进千家万户，才会有更加广阔的市场。他的研制重心不再是单纯地追求速度，1906年，按字母顺序从A排下来，他的N型车问世了，这是一种物美价廉的汽车，外形美观、性能良好，两年之内共售出8000多辆。N型车是福特的得意作品之一，它的成功不仅使福特汽车厂在市场上站稳了脚跟，而且为今后的大发展提供了良好的经验。

大展宏图

福特的创新能力不仅表现在汽车设计方面，当他将精力集中在如何提高生产率、形成崭新的经营模式方面时，再次表现了惊人的创新天才。

1908年秋，具有划时代意义的T型车诞生了。T型车在设计思路、生产方式、零售定价、销售组织、售后服务等许多方面都采用了与众不同的方法：各种零件被首次设计成统一规格，可以总成互换，实现了标准化生产。在大型总装车间，由机械传送带运送零件和工具，极大地提高了工作效率。采用低价（每辆车只售850美元，后又降至360美元）销售策略，使大多数人都能购买得起；提供充足的零部件和及时的售后服务，消除了用户的后顾之忧。

大幅度提高工人工资，实行"8小时5美元工作日"，相当于原工资的200%以上。高工资结合福利使工人对工厂有深厚的感情，提高效率、增产节约的创造性办法层出不穷。许多好的建议都来自一线工人。例如，用高架传送装置把铸铁从铸造厂运送到机器车间，这为运输部节省了70个人。据估计，福特公司在节约上得到的收益超过4000万美元。

由于提高了工作效率、降低了生产成本、价格低廉、使用方便、维护容易，销售异常火爆。以1914年为例，福特公司以不足13000人生产了730000辆汽车，获利3000万美元。到1921年，T型车的产量已占世界汽车总产量的56.6%。自1908年10月1日第一辆T型车交货以来，直至1927年夏天T型车成为历史，共售出1500多万辆，创造了空前的世界纪录。这个纪录一

直保持了45年未被人打破。

不断创新和用户至上的理念使福特获得了巨大的成功。T型车成为普通民众的交通工具，改变了人们的生活方式、思维方式和娱乐方式，美国成了"坐在轮子上"的国度，人类也进入了汽车时代。

1919年，正当壮年的亨利·福特将公司总裁的位置让给他的儿子埃兹尔·福特。亨利·福特是个性格固执的人，在他执掌福特公司期间，拒绝与银行合作引入按揭购车，认为对经济发展不利；拒绝引入液压刹车系统，认为会使车价上涨。他的固执使公司蒙受巨大损失，市场占有率一度被通用汽车公司超过。接任后，儿子埃兹尔·福特纠正了他的偏见。此后，美国经历了三十年代的大萧条，世界经历了第二次世界大战。尽管福特公司遭遇了种种困难，但最终都安然度过。

1943年，他的独生子埃兹尔·福特不幸逝世，已届八十的亨利·福特再次执掌总裁一职。1947年，亨利·福特患脑溢血去世，结束了多姿多彩的一生，终年84岁。在下葬的那一天，美国所有的汽车生产线停工一分钟，悼念这位汽车王国的国王。半个世纪之后，《财富》杂志称其为"20世纪最伟大的企业家"；在《福布斯》"有史以来最有影响力的20位企业家"中，他的名字赫然列在榜首。

（何侃）

世界摩托业巨子本田宗一郎

——用发明和创造来满足顾客需求

他一生有470项发明，150多项专利。本田成了著名品牌，本田公司成了世界第一摩托车企业，也是十大世界顶级汽车企业之一。他被人称为日本福特。他靠发明起家，但不仅是个发明大家。他能精彩地"升起"，更能潇洒地"降落"，即使他留下的"本田遗憾"，也能让人深受启发。

靠发明起家

1959年世界高水平摩托车TT赛，将许多摩托车爱好者吸引过来。往年都是意大利、德国等摩托车强国于此展示摩托车制造技术，几乎是欧美的车队一统天下，今年挤进来个新面孔——日本本田。结果是本田车队惨败，引来的是藐视嘲笑和国内对本田的责难，因为是他不自量力来此丢丑的。本田面对喧嚣却很坦然，只有在这里，他才看到了差距。知耻者近乎勇，惨败不灰心。1961年本田摩托车又来参赛了，这次本田车队获得的是冠军，让人刮目相看。到了1966年的赛事，更叫人目瞪口呆——本田车队垄断了4个级别的世界优胜奖，包揽赛程前5名，本田的摩托车技术的盛名得到确立和公认。

本田的摩托车技术之精非一日之功，几十年来都是靠技术发明进步。从上世纪30年代组建东海精机公司，读过小学又学过三年金属学的本田，充分展示着他的发明天赋。从最早的车轮铁制辐条和螺旋式切削机，到战后利用积压的通讯微型发动机发明风行日本的"吧嗒吧嗒"机器脚踏车，再到汽车活塞环、A型50毫升自行车马达、本田摩托车发动机、双缸98毫升D型发动机、四冲程E型发动机。1975年让车界轰动，减排效果超一流的CVCC发动机更是让他赢得了声誉和经济效益。

本田车队也挤进1961年的F1大奖赛，他是来此检验他研发的高性能赛车的水平，虽然失利，他看出了不是发动机的问题，是经验问题，因而他更有信心。1965年本田车队取得欧洲赛程冠军，标志着本田车已进入世界先进行列。订单日渐增多。汽车赛场的角逐，其实是技术实力和市场的角逐，本田深谙此道。

1951年7月15日，本田公司的"理想"车型试车成功，他同藤森、河岛三人在倾盆大雨中抱在一起，分享技术成功的喜悦。

技术发明让他渡过一个个难关，支撑了本田的不断发展。

"不为99次失败气馁，一心为100次成功努力"，每次成功都是他坚强意志的成功。

他重视技术民主，主张技术面前人人平等。

本田不单单是个发明家，他培养的本田精神——独创性更是显示了长远实力。在经营大师藤森加盟本田第二年后，让本田的技术插上经营的翅膀，本田的技术实力更加发挥得淋漓尽致。

第一原则：顾客满意

在本田公司，从来见不到"称霸世界""赶上丰田""超过日产"之类的口号，本田也从没提也不让别人提此类口号。

他强调顾客第一，客户满意为第一。这是本田的经营理念。

他的"创造顾客"论很独特。他对法国服装善于变化，引导流行潮流，很有见解。春秋两季时装表演，就是在创造顾客，创造需要，因为一旦流行，顾客就源源而来。这让人理解了为什么许多车展车模靓女都够得上美女如云，这是在创造顾客。

顾客第一原则还反映到他细细地、敏锐地收集顾客反映——"兔子长耳朵，是武器，它生存是靠信息灵。"本田总是关注从市场来的顾客信息。

科学技术研发上，也要有顾客第一思想，根据顾客需要，解决技术研发方向。他提出："研究所不是博士制造所。"本田公司的一个电机研究所，出了90位博士，却没有干出满足顾客需要的得意之作，让本田有些失望。当初战后日本满目疮痍，因轰炸和地震道路损坏较多，自行车是重要交通工具，便捷、便宜，可是无动力。本田看到了顾客需要，他把堆在仓库的通讯设备的微型发动机买来，加上水壶当油箱，这种机器脚踏车抢购一空，后来供不应求，微型机有限，顾客的需要促使他下力气研制出了50CC的A型发动机，有了批量生产的本田摩托车，满足了城乡交通需求。同时由此本田公司也积累了发展资本。其后他的很多发明，也都连着顾客需求这条线。

平安降落：潇洒人生

本田总记得幼年第一次看到汽车时，一直惊奇地追着汽车跑，直到汽车看不见了。这个追赶汽车的画面演绎了他一生追求一流汽车的梦，这个梦实现了，可追梦人1991年于东京顺天医院去世了，他被授予了正三位勋一品旭日大绶章。他的离去很释然很安然，因为1973年他66岁时已经进行了交接。接他棒的是一个非亲非故的普通技术人员，他相信这年轻人能带领本田团队继续前进。这种交接方式和对接棒人的选择都可以视作本田的最后的独创性作品。

本田把人生比作驾飞机，起飞容易，飞行也不难，难就难在降落，操纵失败，血本无归。本田平安降落了，他微笑着离开了，跳出了世袭羁绊，多么潇洒。

本田宗一郎出生在日本滨松市磐田郡光明村，父亲是铁匠，弟妹8个，他是老大，日子过得艰苦却充满欢乐。从小他有种很强的责任感，入主本田公司后又升华为社会责任感。他最初从家乡出来到城里进一家汽车修理厂当学徒，既认真学技术，也学会热情待客。学成回乡开了一个修理店，凭着精湛技艺和责任感站住脚，后来一步一步发展到跨国公司，他的那种社会责任感也就更强烈了。他认为企业是社会的，不是私产，他说他唯一的遗憾是当初不该叫本田公司（本田是他的姓），可是他最后的漂亮降落却很好地弥补了这个遗憾，凭他的成就和作为应该是死而无憾。

他不准本田领导层亲属进本田，并立下制度，以保持混血主义、创造力。在公司内一律以先生相称，不称职务，也是要还原企业的社会色彩。他反对将铃鹿市（本田公司所在地）改为本田市，虽然全市几乎靠本田吃饭，他的用心还是减弱企业的个人家族色彩，增强社会色彩。

他教诲人们，不仅要学会登山，还要学会下山。常言上山容易下山难，很多很会上山的人，却忽视了下山，留下了遗憾。本田下山就下得从容，自然也赢来敬重。

一位发明大家走了，他的发明留给人类享受速度和方便。他的独创性和发明不仅是技术层面的汽车和机械。说他是第二个福特也不尽全面，因为他还有更多的极有价值的理念和人生哲理。

（魏东）

"IBM"创始人托马斯·约翰·沃森

——市场永远是引领技术的最好手段

托马斯·约翰·沃森——"IBM"的创始人，也就是我们都尊敬的"计算机之父"。他一生的经历向我们演绎了一个典型的"美国梦"。

推销起家

托马斯·约翰·沃森是个地地道道的美国人，1874年2月17日，他生于美国纽约州北部一个贫困的农民家庭。因为家里穷，所以沃森没有上过几天学，并且为了减轻父母负担，他17岁就开始进入社会，替一家五金店老板走街串巷推销缝纫机。而在当时，推销并不被多少人看得起，因此小沃森受到了很多白眼，但正是推销的经历锻炼了他，后来沃森在谈到自己早年的辛苦，也说："一切始于销售，若没有销售就没有美国的商业。"

慧眼认准打卡制表机代表未来

没过几年，沃森已成为闻名全美的王牌推销员，他除了练就了一副三寸不烂之舌外，更为重要的是，他具备了敏锐的市场嗅觉，尤其是对新技术市场前景的把握能力。

1914年，沃森被"数据处理"公司（Data Processing）聘用，成为公司的总裁。这是家小公司，由于经营方面不得要领，成立不到三年已是负债累累、濒临破产。但沃森肯来"屈就"，看准的却是该公司的新产品——该公司的创立者赫尔曼·霍勒瑞斯（Herman Hollerith）发明的一种打卡制表机。他机敏地认识到，计时钟、制表机等都是办公自动化的工具，随着美国工业化进程的加快，这种打卡制表机代表着未来。

沃森上任后的第一件事便是向银行借贷5万美元用于产品研发。当银行对公司的偿债能力提出质疑时，他解释说："负债只说明过去。而这笔贷款是为了未来。"这句沃森一生中最伟大的推销词打动了银行官员，于是他顺利借得款项。在渡过最初的艰难时刻后，公司业绩开始迅速上升。

第一次世界大战结束时，制表机需求量激增。几乎每一家大保险公司和铁路公司都用上了计算制表记录公司生产的霍勒利斯制表机。不久，政府部门也采用了。沃森适时地推出新型的打印——制表组合机，更是受到广大客户的欢迎，产品供不应求。1919年，公司的销售额高达1300万美元，利润也升至210万美元。1924年2月，已经身为公司总经理的沃森决定将公司更名为国际商用机器公司，简称IBM。是年，沃森刚满50岁。

"冒险"让IBM增长三成

在20世纪20年代早期，他曾描述自己说："我头脑敏锐，总是处在对新事物的感知和探索的状态中。"他继续着自己对新产品的着迷。

沃森对电子产品的发展起初反应很慢，因为他就是不明白为什么顾客会想要把计算速度提高到那么快的速度，但是当他意识到顾客的确有这样的需求时，他就开始全力推进公司在这个领域的研发生产工作。随着时间在20世纪20年代一天天流逝，沃森越来越看清了当时的机遇。IBM可能拥有当时80%～90%的制表机销售市场，但是他认为当时的市场只是潜在市场需求的5%而已。他对新技术产品的渴望使得他对于潜在市场非常敏感，而且他对于拓展市场将要遇到的困难也有所准备。1929年，华尔街遭遇了股市大崩盘，沃森反而却更加有干劲。他召集公司的高层领导开会，并宣布"公司面临的主要任务"。当时的管理者们都以为他会说要节省开支，不过沃森说的却是"把IBM打造成一个更大更强的企业"。到1930年时，办公设备的市场需求缩减了50%，所以IBM不得不为自己生产的设备找寻新的市场，这个市场不仅仅包括美国本土市场，还包括国际市场。事实上IBM成功地开拓了市场，从1930年到1931年，公司的销售额实现了实质性的增长。前面的旅程变得越来越艰险，但是对于一个心怀目的的人来说，不断发展才是至关重要的。在1929年到1932年间，沃森的冒险被证明是成功之举，IBM公司的生产能力提高了33%。

创新精神让公司保持领先地位

第二次世界大战的爆发为沃森带来了更多的机遇，战争为公司带来了更多的订单。他知道一旦战争结束，IBM的生产能力和人力就足以开始在数据处理市场进行大规模的扩张。在1943年，他就有了这个规划。当沃森决定IBM公司的生产能力维持在战时的水平时，他其实又在拿公司的未来冒险。沃森掌管的公司从一开始就在数据处理市场占有先机，在他的努力下IBM也成为一个需要保持也有能力保持这种领先地位的公司。

沃森不断创新的精神体现了目的的本质，他对于这一目的做出了不懈的追求。对于传统他毫无兴趣——比如公司的销售员被要求身着深色西装，这在当时来说就是非传统的。沃森让他们这么穿的原因是——这是效忠公司的体现。同样，他对于员工何时到达公司也并不追究——重要的是这些员工心里要想着他们该做的事情。销售员要想着顾客的需求；管理者要思考销售员的汇报意味着什么；公司的工程师要想着研发新的制表方法。同样，销售员和经理要想着如何提高公司的服务让顾客更满意。因为公司要发展的是一个新天地，所以公司员工要甩掉传统的束缚，跟随这样的信条："在遇到事情时都要以全新的态度来考虑，要努力找到最佳的解决办法。"

（刘勇）

惠普创始人戴维·帕卡德和比尔·休利特
——硅谷精神的诠释者

长得高大英俊的戴维·帕卡德和长得又矮又胖的比尔·休利特开始并不相识，但当他俩一接触并且成为学术上的好朋友之后，这个世界就让他俩变样了：美国有了硅谷，硅谷有了惠普，惠普有了帕卡德和休利特，帕卡德和休利特让世界每个角落有了惠普电器，惠普电器让世界的脚步加大了力度。这不是绕口令，这是真实的美国惠普奇迹，这个奇迹的制造者就是一高一矮两个美国大学生。

帕卡德出生在美国科罗拉多州一个富有的律师家庭，父亲想让他子承父业，但他却反其道而行之，偏偏喜欢搞些小发明、小创造之类的奇事，喜欢的代价是大拇指受了重伤，父母都恨他不成器。但是他的兴趣依旧，拿中国的话说，叫作"江山易改，本性难移"。

1930年，帕卡德来到了著名的斯坦福大学电机工程系，在这个非常有名的电子学圣地开始了求学生涯。斯坦福大学是美国的骄傲，是硅谷的母亲，在这里孕育了许多知识英雄。后来的帕卡德是英雄中的英雄。帕卡德在斯坦福读书的几年中，认识了两个决定他一生的人，一个是他的老师费雷德·特曼，一个就是他的终生搭档学友比尔·休利特。这两个人可不简单，老师特曼是著名的"硅谷之父"，电气工程系的教授，斯坦福大学副校长，他在大学的地盘中划出579英亩闲地，创建了一个高科技的"斯坦福研究区"，集研究、开发、生产、销售于一体的工业园区，后来就叫美国硅谷。在传播知识的大学校园里创办企业赚钱，是需要胆识的。没有先例的事做出来就是先例了，特曼教授对人类的贡献就在于，他让世界开创了工业园一说。现在中国遍地开花的工业园区，都是特曼教授的翻版。有了地盘的工业园里，帕卡德和休利特两个人首先闯了进来，他俩是受特曼教授的鼓励和特批进来的。特曼曾指导过他们的论文，知道这两个孩子聪明爱动脑子，将来一定是两个可圈可点的人物。

帕卡德和休利特搜遍各自的口袋，凑拢了538元钱。帕卡德朗声地笑，休利特抿着嘴笑，他们笑话自己穷，笑话大萧条阴影下的整个美国经济，他们准备用这仅有的538元钱作为全部家当，投入他们将要创办的企业。

26岁的帕卡德和25岁的休利特把毕业证交给了特曼教授保存，拿着538元钱买回了这几样东西：一个工作台、一部钻床、一把螺丝刀、一把电烙铁、一把钢锯和用手都能捧回来的电子零件。这就是世界著名企业惠普公司最早的固定资产。他们最原始的创业开始了。周转资金为零。

1939年圣诞节的时候，两个年轻人正式签署了合伙企业的协议，在圣诞老人慈眉善目的注视下，蜡烛摇晃的光亮见证了两个人的热血沸腾。最关键的时刻到了：为他们的新企业取名字，就像两个初为人母的少女一样，帕卡德和休利特都为"孩子"的名字难倒了，取啥名呢？帕卡德围着圣诞老人转着圈，想请圣诞老人拿个主意，可是老人光笑不说话；休利特缩在一个角落里，张着厚厚的嘴唇，想说又没多大的把握和勇气，加上平时的语言操练不多，所以一时半会说不出来。最后还是采纳了两个人的意思，用抛钱看正反面的方式决定将谁的名字放在前面，当硬币"哐当"一声落在地上的时候，休利特终于时来运转了，他的名字在前面，帕卡德在后。学校足球队的讨厌做法在这里恰好颠倒了。他们的合伙企业被注册为"休利特—帕卡德公司"，简称惠普公司。

这是发生在斯坦福大学附近一个简陋车库里的故事。休利特和帕卡德将这个创办初期的天真故事保留了下来，目的是想让后来者在合伙办企业时加以模仿。不管这种近乎童真的做法多么可笑，但他俩在以后的几十年中，一直是友谊如初，相伴到老，除了妻子儿女，他俩是最亲近的人，无话不说的人（后来休利特开口说话了，因为他要时时教导公司的员工如何

去做。帕卡德的身份是公司总经理，而休利特的身份是总工程师）。

　　惠普公司最原始的工作作坊就是在刚抛过硬币的车库里，刚开始的创业十分艰难，休利特继续自己硕士论文题目中的一个新产品开发，急于想赚到一笔钱用于公司的周转；而公司老总帕卡德却急功近利，靠接一些小活的加工来维持公司的运转。事情往往就是这样，越急越不来钱，公司的运转举步维艰，两个人经常怀疑这样的日子还能撑多久。就在他们又想抛硬币决定惠普是死去还是存活的时候，特曼教授向他们伸出了援助的手。有了这三个高智商的"臭皮匠"的努力，惠普公司很快就走出了死亡的阴影。

　　特曼教授还发明了一种观察每个学生的技术，从老远走近惠普公司的特曼教授，从汽车的停放地点就可以马上判断出休利特和帕卡德是否在做生意，理由是：如果汽车停在车库里，说明他们无事可做；如果汽车停在门前的车道上，就说明他们的生意不错，为此老头子可以暂时缓口气，短时间内不必去揽活来干了。

　　虽然帕卡德和休利特先后于1996年和2001年去世，但是惠普公司按照他俩的意愿仍在高速发展着。硅谷的历史见证人、作家迈克尔·马隆在回忆起休利特时说："他仍然与我们同在。在今天的硅谷，如果你想看看休利特的遗产，只需望一望窗外。"

　　1938年以538美元起家的惠普公司，2000年销售额已高达600亿美元，用计算器去计算他俩的升值倍数吧。

（魏峥）

"苹果"电脑创始人乔布斯

——用创新改变时代的人

　　史蒂夫·乔布斯创造"苹果"个人电脑被称作改变了一个时代，在巅峰时刻却被董事会扫地出门。几年后，半死不活的苹果又因他卷土重来而新生，他成为屹立不倒的美国式英雄。

　　硬汉、创新者、计算机狂人、成功的管理者，这些都是别人送他的称号。

福兮祸所伏

　　1977年4月美国西海岸的一件盛事，别人可以忘记，但乔布斯是绝不会忘记的，他是这件盛事中最出彩的人物。美国有史以来第一次计算机展会开幕，乔布斯为他的"孩子"苹果2号闪亮登场，费尽了心思；花巨资要到最好最大的展位，产品宣传、演示都无懈可击。

　　一炮打响——"苹果2"引起了轰动，几乎吸引住了所有人的眼球。这小玩意能在大荧光屏上连续显示出壮观的、如万花筒般的绚丽色彩让人见所未见。几千用户拥向展台，订单纷纷而来。苹果2一改苹果1的傻大黑粗，变得小巧、灵便、美观，12磅重，仅用10只螺钉组装，塑料外壳美观大方，像部漂亮的打字机。

　　乔布斯笑了，苹果2是他用尽心血的第二个孩子，可是他不知道，一场危险也在发展中。他还是被接下来的利好消息陶醉。《华尔街日报》整版广告"苹果电脑是21世纪人类的自行车"——他成了家喻户晓明星般的人物。苹果股票上市，不到一小时被抢购一空，按每股29美元的收盘价，苹果公司领导层产生了4名亿万富翁和40名以上的百万富翁。乔布斯本人也由里根总统授予了国家级技术勋章——真是名利双收。

1985年4月，董事会决议撤销乔布斯的经营大权——理想大厦轰然倒塌。虽然他也知道睡醒的蓝色巨人IBM进军个人电脑，夺走了不少地盘。乔布斯新开发的电脑市场不被看好，公司业绩下滑，受到责难，没想到他却成替罪羊，他伤心，委屈失落，他为并肩战斗的伙伴的作为伤心。

当初他们两个人在车库，忘记了白天黑夜，用最便宜的芯片成功组装出人类的第一部个人电脑，两人紧紧抱着，喜极而泣。后来成立了三人公司，苹果推向市场，那个咬了一口的苹果成了商标，而第一张单子50台，要一个月交货。又是一段两个人不见日月星辰的搏杀，第29天交货时，他们又把车库当成了狂欢地。可是这一切都过早的结束了，对远景的判断和方向识见不同也争论过，董事会站在了对方一边，乔布斯一时愕然。他决定撤出后又感到一身轻松，是撤出而不是倒下。

又站立起来

乔布斯轻装上阵，重整山河，并很快证明他雄风依在——他新公司制作的第一部电脑动画片《玩具总动员》，又一炮打响，他个人的身价也跃上了10亿美元，金子还是金子。

而苹果公司并没有因乔布斯的离去而带走晦气，更加每况愈下。许多公司人物都在怀恋苹果昔日辉煌，怀念乔布斯。一个要乔布斯归来的声音越来越强。

乔布斯又回到原来的家。

"我始终对苹果一往情深，能再次为苹果的未来设计蓝图，我感到莫大荣幸。"

乔布斯开始救治苹果，其实病根他早就了如指掌，果断是他的一贯处事作风。他首先改组董事会，接着请微软的比尔·盖茨。这让许多公司要人大跌眼镜。因为两家结怨很深，当初微软还是小弟弟时，苹果根本不瞄他。人家上门合作，被拒之门外，正是苹果的拒绝兼容，才逼得微软开发自己的独立系统，而让苹果吃尽了苦头。乔布斯知道两家和则两利，斗则两伤。两家达成战略性的"全面交叉授权协议"。乔布斯又一次成为《时代周刊》的封面人物。

乔布斯深知真正能让企业起死回生的实力是产品，他推出了一款全新电脑：iMac。所有的员工都注视着它的出场。这个全新理念的电脑，半透明的包装，发光的鼠标，亲切的色彩，到位的广告插入笛卡儿名言："我思故我在。"这一下又点燃了苹果拥戴者的热情，它终于来了，如此气度不凡。iMac荣获《时代》杂志1998年最佳电脑称号，并列1998年度全球工业设计第二名。乔布斯又让苹果感到了振奋。苹果追赶的步子越来越快。

紧接着iMac的第二代机在1999年推出，五种水果颜色，任你挑选。接着当年7月又推出像漂亮玩具样的笔记本电脑iBook，在市场受到热捧。这款电脑既融合了时尚，又融合了最新无线网络功能，其专为家庭和学校用户设计的"可移动iMac"。这年10月这款便携式电脑夺得"美国消费类便携电脑"市场第一名，在《时代》杂志举行的"1999年度世界之最"评选中，获"年度最佳设计奖"。可以看出，乔布斯的出拳速度真的很快。

乔布斯回来了，苹果得救了。曾经年亏损10亿美元的苹果，乔布斯回来一年就奇迹般赢利3.09亿美元，苹果的股价立即攀升至每股46.5美元，一时舆论哗然。苹果的市场占有率从5%跃上了10%，乔布斯在苹果成了被崇拜者。

乔布斯又站起来了，没有毁灭，更没倒下。

挫折并不都是不幸

乔布斯一出生就碰到的是不幸：他在1955年2月24日出生，天很冷。当教授的生父和颓废派的生母将他遗弃，一对好心夫妇收留了他，收留了一位后来改变人类生活的天才。这第一次人生大挫折于他毫发无损。

进了中学，邻居是硅谷元老，让他迷上电子学，还参加了惠普公司工程师聚会"发现者俱乐部"，对计算机有了朦胧认识。

进了大学，刚读一年，他就选择了离开。认为读大学花光家中积蓄

无意义。跑到印度学佛法，没修成正果。于是就同沃兹在车库鼓捣起计算机，最后真的装出了世界第一台个人电脑。这般挫折，用他的话说，提供了"把一切灵感片段串联起来的机会"。

他最初推出苹果1电脑时，市场反映冷淡，这个挫折没让他停步，他又不断地改进，直到他的苹果2问世，终于获得成功。

他在被苹果董事会扫地出门时，开始不能接受。后来他又荣归故里时，曾经感叹："这看起来是经历过最好，也是最幸运的事。"这让他跳出圈外，有时间更冷静地观察，更透彻地分析。

"我丢下了失望的沉重，有了从头做起的轻松，我自由地进入了这辈子最有创意的年代。"后来他的电脑制作动画，如果没有这场挫折可能也就失之交臂。

"别人用砖头打你的头，你不可失去信心，未来是美好的，这些年是它让我走下去。"那次绝对致命性的打击，反而让他对电脑发展的大势和苹果的致命弱点有了彻悟，复出后连连妙招就是已经深思熟虑过的整体把握。

挫折不全是不幸，看你如何对待。

史蒂夫·乔布斯，不仅是IT界的硬汉和创新者，也是事业和人生的创新者。

（魏东）

索尼之父盛田昭夫

——使"日本制造"走向世界

翻开索尼的历史，是一部不断创新的历史：1950年，制造出了日本第一代磁带录音机和磁带；1954年，利用美国元件制造了日本第一台半导体收音机；1955年，生产出了第一台全部由日本自制的半导体收音机；1960年，索尼公司生产出世界第一台半导体电视机；1965年，生产了第一台家庭录像机；1970年，索尼公司成为日本第一家在纽约股票交易所上市的公司；1972年，又成为日本第一家在美国建厂的公司；80年代，索尼公司开始出售Walkman随身听微型收录机。从此，"日本制造"便成为高品质电器的代名词。而在索尼的背后，其创始人之一的盛田昭夫是当仁不让的舵手，也一度是日本成功企业家的标志性人物。正是他举家迁往美国为开端，以10年不盈利为代价，打开美国市场，第一个实现日本企业国际化的梦想，也开始引领了一个日本制造时代。

幼时显露经商天赋

盛田昭夫出生在一个世代经商的家庭里，到他父亲这辈，家庭开设的日本清酒公司在名古屋已经是非常有名气了。耳闻目睹以及天赋使然，盛田昭夫小学三年级的时候就显露出经商的才能——为同学设计别致的小纸贴风行整个学校，最终成了同学们的抢手货，并且还得事先预订才行！

二战期间，为了躲避日本的兵役，盛田昭夫挂名到一家日本军队的研究所打杂。在那里，他认识了日后"索尼公司"的另一位创办人，并且成为共知共识的好朋友。盛田昭夫没有躺在父辈们创下的基业上睡大觉，他放弃了舒舒服服的阔少爷生活，而创办了"东京电讯工程公司"。

创业之初惨淡经营的盛田昭夫确实拥有非凡的市场洞察力。盛田昭夫的公司一起步就提出了"品牌效应"和"品牌责任"两大全新的概念。这两种概念的核心就是：一提起品牌的名称就想到高质量的产品。这两大概念现在被日本公司广为使用，但在当时却是特别超前的，因为当时日本绝大多数的公司都是靠挂别人的招牌生产产品的，比如说"潘太克斯"是给美国的"霍尼威尔公司"加工产品；"理光"打的是"萨尔文公司"的招牌；"三洋"是为"希尔斯公司"打工。

从"没用"的晶体管中发现商机

索尼公司的第一件产品是1955年生产出来的晶体管收音机。尽管晶体管是美国"贝尔实验室"第一个发明的，又是美国"西部电子公司"第一个生产出来的，但美国人看不出这玩意儿有多大的用途，所以根本就没有厂家问津，然而，盛田昭夫却以独到的眼光说服日本政府的科技部门，并且从父亲那里借来了在当时如同天文数字般的20000美元。直到盛田昭夫把晶体管技术买到手后，日本国内仍没有理解晶体管的意义！然而，当索尼公司1957年推出的便携式收音机风靡世界后，日本和美国的众商家们才恍然大悟，但市场已经被索尼占先了。继收音机之后，索尼公司先后推出了许多"第一"：第一台8英寸电视机、第一台录音机……索尼的技术和产品以及市场使"日本制造"的含义发生了根本性的变化："日本制造"意味着好产品、好质量、好的服务，把"日本制造"的产品从廉价的形象飞跃到"高质量"的地位。

举家迁往美国开始国际化

实际上"索尼"这个名字就是盛田昭夫创造力和超前意识的最佳体现。当他考虑要为"东京电讯公司"重新起个名字的时候，他就想到重要的一点：起一个在任何地方任何时候都叫得响的公司名称。这个公司品牌名字必须看一眼、听一耳朵就能让人想到公司和品牌有创造力，简短、顺口但又绝对让人不容易忘记。两位创始人一连几天扎在图书馆里，他们最终发现了一个拉丁单词"SONUS"，这在拉丁文中是"声音"的意思，另一个单词"SONNY"又是美国年轻人当时非常时髦的口头禅，盛田昭夫和他的合作伙伴大喜过望，把两个单词合起成"SONY"不正是意味着一个由年轻人组成的生机勃勃的公司么，就把它当成公司和品牌的名称吧！

索尼真正向全球化发展始于1963年盛田昭夫举家迁到美国之时。正因为这次举家搬迁，盛田昭夫才有机会了解美国人，了解美国人的市场，了解他们的消费习惯和各种规定。把公司的业务发展到海外，走向全球对于当时的日本商人来说确确实实需要勇气和非凡的超前意识。如果没有这种胆识的话，盛田昭夫是不可能成功的，也就没有了今天的索尼。盛田昭夫把索尼公司的办公地点设在曼哈顿第五大街一套大大的公寓里。每个星期，他总要举办许多社交活动和晚会，从而为索尼公司建立一个稳定有价值的顾客网络。盛田昭夫后来一辈子都保留了这个习惯。

"玩"出随身听

盛田昭夫确实是一个不折不扣的工作狂，但他也喜欢玩乐，并且很会玩。他喜欢艺术和音乐，是一个地地道道的体育迷。在他60多岁的时候，他还坚持冲浪、潜水，并且坚持整个冬季都滑雪。

"随身听"也是盛田昭夫为玩而发明的。盛田昭夫注意到，他的孩子们和朋友们一天到晚都喜欢一边学习工作，一边放着优美的音乐，而许多人喜欢拎着笨重的录放机在汽车内、公园里和海滩上欣赏音乐。一个新奇的发明思想闪现在盛田昭夫的脑海里，他要发明专门便于人们欣赏音乐的单放机。刚开始的时候，索尼公司工程部坚决反对盛田昭夫提出的只有放音功能，而没有录音功能的单放机，但盛田昭夫是不容否定的，他坚持生产高质量的汽车音响和便于人们一边干别的活一边欣赏音乐的单放机，并且起了个响亮的名字"随身听"（英文名叫"Walkman"，直译是"走路的人"）。刚开始的时候，索尼美国分公司的人觉得这个英语单词简直是没文化的人创造出来的，所以世界各地的公司把"随身听"译成五花八门的名字，结果直接影响了销售量。盛田昭夫当机立断，把索尼生产的单放机一律叫"Walkman"，不久，这个名字成了一个世界名牌。

（刘勇）

电子游戏机之父诺兰·布什内尔

——玩出来的亿万富豪

诺兰·布什内尔，美国人，20岁时入盐湖城犹他大学工程系读书。1971年用妻子给的500美元创办阿塔里公司，一年后，公司生产出第一台游戏机，第二年销售了一万台，第三年公司销售额达350万美元，第四年猛增到1500万美元。现在的布什内尔已经是世界级大款。

诺兰·布什内尔一出世就喜欢玩，专玩最新鲜的电子游戏，对落后的玩法不感兴趣，所以他总能玩出新花样，改变老花样。在大学读书的时候，他也忘不了玩，暑假时别的同学都回家和父母亲热去了，布什内尔却留了下来，他想没老师和家长管他，玩个痛快，同时也忘不了在玩耍中弄点钱花花。布什内尔就是这样把一个个暑假打发掉了，父母不见他的踪影，但也不见他向家里要钱，双方都显得很清静。玩得多了，有经验了，布什内尔就看出了游戏机的木讷，没喉咙唱歌或者放点音乐调节情绪，更没本事吸纳玩者的钱财，他想，要是在计算机上开个装填硬币的槽子，塞一枚硬币玩一阵子，不塞硬币便请拜拜，如果自己能制造这种高智能的游戏机，准能一夜间成为百万富翁。可是囊中羞涩，白天摆摊赚的钱都玩掉了，吃饭都要勒紧裤带，怎么能造那种机器呢？

大学毕业后，布什内尔耳闻目睹了硅谷惠普和英特尔等一大批公司老总们创业的故事，深受启发，觉得办公司赚钱也不是挺难的，问题是办什么样的公司才赚钱。布什内尔白天到应聘的公司去上班，晚上便在狭小的家里设计他的游戏机，他一直想着那个理想，把游戏机挖个槽子，张大嘴巴吞玩家的钱。1971年，自认为游戏机设计已经相当成熟的布什内尔，把心中的秘密终于向妻子说了出来（之前他妻子一直认为他是在玩电子游戏机）。妻子对他办公司的想法相当支持，可她搜尽家底只有500美元，连两个女儿的零花钱也捐了出来。这点创业投资，布什内尔却认为够了，不够的只是公司没有办公地点，更没有厂房。于是他让小女儿作点牺牲，到楼上去和她的姐姐睡上下铺，腾出来的卧室就成了布什内尔最早的公司车间。

布什内尔永远是一个外表浪荡的人，穿着花里胡哨的T恤衫，长发又蓬又乱，像顶着一个鸟窝；又高又尖的鼻子下一张嘴总是逗得别人发笑，嘴唇四周都能做出滑稽表情；而一对又长又浓的眉毛下两个小眼睛却充满了智慧，让人猜不透。他6.4英尺的个子显得又大又高，看上去很蛮，但是他的性格却十分随和，几十年的公司老员工回忆说，他们从没看见过布什内尔在开会时发过脾气，平常就更不会发脾气了。他喜欢照相，每幅照片几乎都叼着烟斗，好像在深思什么，偶尔有一张照片没叼烟斗，不用奇怪，是他忘了带烟斗出门。他这种做派一直延续到现在，虽然他是有名的硅谷哲学家之王，但他更愿意人们把他看成是一个幽默滑稽的老顽童。

俗话说得好，谁低估了美国人的智力，谁就会发财。布什内尔深知这一点。他决心在公司开业之初就能制造出一个简易的游戏机投放市场，这种无需动脑筋就可玩耍的游戏机，就连小孩子和酒吧的醉鬼也能一玩就懂，这种游戏机他取名叫"乒"，是一种电子乒乓球的游戏，比起他玩过的"太空争霸战"容易多了。游戏机制造成功以后，看似马大哈的布什内尔决定谨慎行事，他选择了一个酒馆试销，体验这台游戏机的魔力。一天不到，酒店老板就气急败坏地打电话来了，抱怨游戏机玩一天就坏了。布什内尔赶过去一看，笑得合不拢嘴，他拉过酒店老板来看稀奇，并向气鼓鼓的老板做了个鬼脸。老板一看，也乐了，游戏机里一个装钱的暗盒，已经吃饱了钱，造成了"喉咙"堵塞。这一盒钱，老板一点力气没花就赚到了手，而辛辛苦苦端一天盘子的收入，也不过如此。

回到家的布什内尔，高兴得像小孩子过圣诞节似的，他认为一个全新的电子游戏机时代拉开了序幕，台球、棋盘戏、乒乓球和纸牌的传统游戏全部黯然失色，那些揣着硬币的游戏爱好者和赌徒，都把激情凝聚到屏幕、操纵杆和几个按钮键及电子的嘟嘟声上，又过瘾又刺激，输光了钱还不忘回头多看几眼。

布什内尔的公司阿塔里，1972年11月制造出了第一台游戏机，被那个酒店老板高价买下了，说啥也不还给他作为样机。第二年，公司造出了1万台游戏机，全部售空；第三年，阿塔里公司的销售额达到350万美元，第四年就猛增到1500万美元；1976年，年仅4周岁的阿塔里公司，年收入就将近1亿美元。年轻气盛的布什内尔像一个吹气球的玩家，4年时间内就把一个500美元原始资本的小气泡吹成了1亿美元的大气球，让气球威风凛凛地飘扬在美国的硅谷上空。

电子乒乓球游戏旋风迅速席卷了整个美国。布什内尔这个硅谷最富有想象力的人物，一下子成了大众瞩目的中心。他办公司跟任何人不同的是，对公司和对员工的管理相当松散，除了不发脾气还不会扣工资，开除员工的事他就更不会做，他的态度是"大家都是兄弟，何必呢"。每一个新员工的到来，他都高兴得手舞足蹈，使劲与对方握手，并咧着嘴大笑，似乎只有这样才能表明他的诚意和欢迎的程度。

布什内尔是那种必须对所做的工作感兴趣的人，他在玩中工作，又在工作中玩，体会工作的快乐，体验玩时的忘情，他总是笑眯眯地将眼光看得很远，渴望发现一种震动世界的新方法。当有人问他："你在创造中最感兴趣的是什么？"他很难作出回答，也从来不作回答，要么就这么回答："我最感兴趣的工程？下一个！"

（林德元）

时尚女王可可·香奈儿

——用时装来阐释不断变化的时代

　　提起"香奈儿"，近百年来每个时期的时尚女性对其可谓无人不知，无人不晓，它不仅是华丽的服饰和诱人的香水的符号，更是创造这个"符号"、款款走在时尚前沿、永远保持着创新活力的一位优雅女士的灵魂印记。她的名字就是这个品牌，她创造的这个品牌就是她始终引领时代的象征。

　　可可·香奈儿，一个原本默默无闻的法国贫家少女，用自己的智慧和灵感，创造了世界服装史的奇迹，成为二十世纪最杰出的时装大师之一。她在总结自己的成功经验时说："我使时装的观念前进了四分之一世纪，我凭什么？因为我懂得了如何解释自己的时代。"是的，香奈儿的成功，靠的就是她善于把握时代，领先一步，一刻不停地创新创造；靠的就是她懂得用时装来阐释和表现不断发展变化着的时代。

　　二十岁以前的香奈儿，是一个地地道道的灰姑娘。她出生于1883年，降临人间之际，她的父母实际上并未成婚，这样的人生开头，似乎从一开始就预示着她的人生必不平凡。五岁那年，她的母亲即因肺结核而离开人世，而她的父亲则为了自己的享乐远走美国，把香奈儿丢给当地最大的孤儿院，让她在孤儿院中度过了惨淡的童年。由于缺少家庭的温暖和亲人的依傍，幼小的香奈儿早早就学会了如何应对生活的挑战。她在孤儿院一直住到1900年，又在救济院里度过两年光阴，在那里，她学会了缝纫，为她未来的服装设计之路打下了坚实基础。

　　1910年，27岁的香奈儿开始了她事业的起步之旅——在巴黎康朋街21

号开设了一家女帽店。创业伊始，香奈儿就十分注重创新和突破。当时，爱美的法国女士们已厌倦了帽子上花哨的饰边，香奈儿敏锐地捕捉到了这一趋势，她说："我注意到当时的帽子都比头小，戴上后还要别上帽针才能固定，并不适用，所以我决定设计出稍宽大而没有太多繁缛装饰品的帽子。"按照这个思路，香奈儿自己设计和缝制出款式简洁、大方的新式帽子，尤其是硬草帽和圆顶狭边的钟形帽，受到市场的热捧，让当时盛行的波烈式的羽毛头饰和大团帽步步"败退"市场。1912年，《时装杂志》甚至以完整篇幅介绍香奈儿的帽子，并由年轻的明星示范，使这位年轻而无名的小帽商，从此在巴黎时装界崭露头角。

但是，香奈儿并不以此为满足。帽子的成功远远不能实现她的雄心。1914年，香奈儿开始进军高级服装领域。香奈儿设计时装，依然像她设计帽子一样，延续着敢于突破传统的创新风格。当时的法国，一些贵妇人喜欢借助羽饰、花边、长裙等夸张的服饰，来炫耀丈夫的地位。但是，时代的发展告诉香奈儿，女人不再是男人的"花瓶"，和男人一样，她们也是担负社会重任的公民，那种宽大拖沓的时髦服饰，带给人的只不过是一种虚荣，既不适宜更多的社会活动，也显得可笑滑稽。于是，香奈儿大胆地逆潮流而动，以一种源于板球运动装的简朴造型，推出了她的第一款女装：针织羊毛运动装。这种适于妇女户外活动的休闲装刚一面世，就遭到世人的非议。但香奈儿无视舆论，经常穿着这样的羊毛衫，配上简单的褶裙招摇过市，充分展现自己的强烈个性。香奈儿说："要让妇女从头到脚摆脱矫饰，要创造一个年轻的形象。"她终于取得了成功，为时装界注入了一股新风。

从此，香奈儿的灵感一发不可收，她的创造力简直是爆炸性的无处不在：当看到侄女穿着一袭黑色晚礼服出席晚宴时，她让管家取下餐厅白色纱帘，随手弄成一条漂亮的白纱巾搭在侄女脖子上，又在其胸前加上一朵别致的白色小花，黑白经典搭配便诞生了；有一次天气骤冷，她穿上情人的马球套衫，随意地束起腰，卷起袖，一个偶然的装束又迅速成为时髦风行的新款"香奈儿"装，被人争相模仿；她常常从男装式样上获得灵感，把男装稍加修改，配上一个恰到好处的饰针，便成了一款新颖的女时装；当时的西方女性只穿裙子，她却果敢地推出女士西装裤子……总之，香奈儿用她那造型简洁朴实、色彩单纯素雅、穿着舒适自如的设计风格，牢牢地俘虏了高贵、时尚、骄傲的巴黎女士，以至于当时的一家巴黎报纸撰文说："这是位令人惊愕的天才，她的服装富有女性美的艺术，是匠心独运的充分展示。"香奈儿的服装从此风靡法国，风靡欧洲，并最终风靡全球，成为全球时装的顶级品牌。香奈儿本人也被国际时装界推崇为世界三大服装设计师之一，毕加索奉她为全欧洲最有品位的女人，萧伯纳则称她为世界时尚奇葩。她，由一个典型的灰姑娘，蜕变成了一只圣洁、高贵的白天鹅。

香奈儿的一生，是不断创造的一生，是永不停歇的一生，她是时装设计家中为数不多、能走完艺术生命全程并永获成功的天才，她比其他服装设计家的艺术生命更长，直至1971年1月10日，她八十八岁的日子，她仍然在为自己即将到来的时装发布会工作到很晚很晚。凌晨临睡前，太累的她服用了安眠药，静静地睡了。但这一睡，她再也没有醒来……

香奈儿，用创新给了她的时代巨大的影响，用时装告诉了人们那个时代的模样。

（杜少华）

泰豪集团董事长黄代放

——敢于问鼎行业一流

2008年是泰豪人值得骄傲的一年，因为无论是鸟巢还是国家体育馆，都离不开泰豪人提供的发电机及电源保障。为了确保奥运会及残奥会成功举办，泰豪人尽职尽责地担当奥运主场馆的光明守护者。

从1988年创业至今仅20多年的时光，毕业于清华大学的一介书生黄代放，带领泰豪站在了国内发电机及电源领域的最前沿。

人生信条：承担责任，实现价值

1986年清华大学汽车系毕业的黄代放，为响应国家"支援'老、少、边、穷'地区发展"的号召，回到了江西这片熟悉的红土地，被分配到南昌市工业技术开发中心（现南昌市工业研究院）任技术员。初涉世事，这位身体单薄的年轻人却有着兼济天下的雄心。他在日记中写下了这样一段话："个人的成功在于承担责任的实现，人生的价值在于不断地承担责任。"此后，"承担责任，实现价值"就成为黄代放一生追随并践行的人生信条。

1988年，国家出台政策，鼓励科技人员"下海"。他看准大中型国有企业、乡镇企业等普遍存在技术人才稀缺的空当，毅然停薪留职，开始了艰辛的科技创业历程。时光荏苒，如今他已经走出了一条属于自己的创业之路。

从2万元投资起步发展成总资产20多亿元、员工3000多人的国家重点高新技术企业，他，创造了江西经济发展的一种模式；他，成为江西本土青年创业的一个典范。

创业之路：从"技术中介"到"技术创新"

看泰豪公司近几年这样一组数字：2004年，13.04亿元；2005年，15.88亿元；2006年，20.51亿元；2007年，30.95亿元……这是泰豪近年总资产飞速增长的发展足迹。解读近几年的跨越式发展，可以发现泰豪的飞跃与技术创新的力度始终成正比。

创业之初，黄代放注意到母校清华大学及北京其他高校有一批科研成果亟待"找婆家"转化，而江西正缺少这样的成果来促进地方经济增长。于是他瞄准了这个产学结合的市场切入点，以"技术+贸易"架设起一座桥梁。短短几年的时间，他创办的企业推广了众多国家"七五"攻关、"八五"重点应用技术和项目，使一批国家高新技术、863项目等在江西生根开花，转化为实实在在的生产力，而泰豪也在服务企业的同时，把企业定位在高新技术产业化和市场化上。

企业发展到一定的程度，需要有自己的核心竞争力——不断创新的产品。卖别人的技术毕竟受制于人，求人不如求己。

从单纯的技术贸易转型为创办实体，让科技创新有良好的载体和平台。黄代放把眼光停留在一家濒临倒闭的老国企身上。1998年，泰豪整体兼并了当时总负债1.06亿元、累计亏损2900万元、资产负债率达87%的国有大型企业江西三波电机总厂。

兼并之初，黄代放以惊人的毅力承受住了沉重的企业负债和企业改革带来的巨大压力，以技术创新为先导，经过调整运行机制，重塑企业文化，转换管理模式，整合人力资源，优化产品结构，加大研发投入，狠抓质量工艺和技术服务等一系列改革创新，彻底摆脱了原三波厂传统落后的生产工艺和管理模式，使一个濒临倒闭的企业一步步走出了泥沼、焕发了生机，成功地实践了以信息技术改造提升传统产业和"技术+资本"的发展思路，探索了一条实现国有企业脱困的新路，被江西省原省委书记孟建柱誉为"泰豪模式"。

泰豪要保持快速发展，唯有不断创新。黄代放时常提醒员工，与有技术的企业竞争，才有更大的创新动力；赚有钱单位的钱，才有更周到的服务。公司相继开发出一大批具有自主知识产权的新产品和专利，攻克了多项国家重点工程的技术难关，成功完成了如青藏铁路工程电源保障、国家会议中心智能化工程、人民大会堂电气系统改造工程、首都机场三期旅客捷运系统、国家体育场（鸟巢）工程电源系统等多项国家重点工程，并且还攻克了国防武器方面多项高新工程的技术难关。

求新思变：闯资本市场与世界接轨

2002年7月，泰豪股票在上海证券交易所发行A股上市，成为江西省民营高科技企业和国内智能建筑电气领域的首家上市公司，对江西省民营经济的发展和高科技产业的发展产生了重要示范影响，同时也引领了国内智能建筑电气产业的发展。

在做好国内市场的基础上，为让企业更好更快地与世界接轨，黄代放提出使泰豪成为"中国的泰豪，世界的泰豪"的蓝图，将视线投向了广阔的海外市场，并注重和世界500强公司的交流与合作，以专业国际化发展态势参与全球产业分工。公司先后与世界500强企业ABB公司、松下电工、三井物产进行全面合作，建立了合资企业。2004年底，泰豪入选中国软件欧美出口工程试点企业，并成为了"国家规划布局内重点软件企业"。基于这种"技术+资本"的发展之路，泰豪还与世界最大的软件供应商微软结成战略合作关系，并在江西共建了江西微软技术中心。这些合作关系的建立，无疑为泰豪走向世界奠定了坚实的基础。

泰豪20年的发展历程，主要经历了创业发展、产业发展、品牌发展三个阶段。即从1988至1996年，用8年时间走完了创业历程。在这段历程中，围绕信息技术应用，开展计算机软件开发、系统集成服务，以及专业电源、办公设备、空调等相关产品的销售，取得了在这些产品领域省内市场的竞争优势，确立了公司在江西信息产业领域的领先地位，实现了泰豪人创业之初做的第一个"梦"——成为江西省最有竞争力和影响力的IT企业之一。

从1996年到2004年是公司产业发展阶段。在这个阶段，公司的销售收入由1996年的1亿多元增长到10亿多元，且80％以上的销售收入来源于省外市场，产品在多个产业领域取得国内竞争优势，基本上实现了我们的第二个"梦"——以公司上市促进产业规模化，建立一个具有国际水准的现代工业园。这是泰豪发展的第二个阶段。

从2005年开始，泰豪进入了第三个发展阶段，那就是品牌发展阶段。泰豪要成为中国有品牌影响力的企业，也就是做中国的泰豪。通过与国际著名企业的战略合作，在未来10年内达到出口收入占泰豪总收入一半以上的目标，使泰豪成为"世界的泰豪"。

泰豪在短短几年时间内成功地实现了资本的扩张和企业的迅猛发展。它带来的不仅仅是自主技术的产业发展，更重要的是由此而产生的适应社会主义市场经济发展的新机制和新体制。

泰豪论坛：掀起头脑风暴，享受思维盛宴

在经营企业的过程中，黄代放切实体会到，江西要在中部地区崛起，迫切需要发展高科技产业。在这种责任的驱使下，他积极推动江西和清华大学的"省校合作"，一直以来，黄代放频繁在北京与南昌之间来回奔波，成为清华大学与江西省间密切合作的忠实"红娘"。

思路决定出路，要改变江西经济落后状况，实现在中部地区崛起，黄代放认为更重要的还在于观念的转变与更新。自2001年开始，他与《江西日报》携手，积极参与策划40多期"泰豪论坛"，并在繁忙的工作中抽出时间与专家学者进行深入交流，力求每期论坛都能以全新的理念、深刻的思想火花和务实精到的评论给人以启示，"井冈山精神与江西经济创新""用世界眼光探求发展新路""金融资本与江西经济""加快江西城市化进程""科学发展、和谐创业""创新创业、共建和谐"……很快形成了江西的"头脑风暴"与"思维盛宴"，发人深省，为江西的解放思想学习教育活动发挥了舆论先导作用，获得江西省委宣传部颁发的"江西省解

放思想学习教育活动优秀作品特别奖"。2004年，"泰豪论坛"更是走出江西谋智慧，先后在北京、深圳、香港、上海、广州等地市组织经济、技术、社会等各个领域的专家分别就"人才强省""CEPA与赣港合作新机遇""对接长三角，融入全球化"等话题展开研讨，通过与发达地区找差距，寻求实现江西崛起所需的资源与支持，建立科技创新、观念创新的社会共识。

"用好清华大学的无形资产，用活国家企业的有形资产，采用多种途径融资形式，实现企业发展规模化"，黄代放以这一发展思想，把一个2万元起家的小企业推向了上市公司行列，让小公司成为大集团，有了自己的江西"清华科技园"开发生产的"节能空调系统""不间断供电系统"等一批高科技产业项目……面向未来，黄代放充满信心地表示，力争十年内把江西清华泰豪科技集团建成全国最大规模的高科技产业集团之一。

（鄢涛）

用友软件董事长王文京

——中关村精神的诠释者

王文京是中国软件业20年来的一个标志性人物，在很多人眼里，王文京是"知识创造财富"这句话最生动的阐释。十几年的时间，王文京从身无分文的穷书生发展到高达50亿元的个人身价，他一手缔造的用友软件也牢牢占据着中国财务软件的领袖地位。公司上市连创四"最"：首家采用核准制发行并上市的股票，发行价最高的股票，沪市股价拆细以来的第一支百元股，新股上市首日开盘价最高。而王文京个人也成为中国软件行业的翘楚。美国《商业周刊》杂志2002年度"亚洲之星"评选结果新鲜出炉了，用友软件股份有限公司董事长王文京作为内地唯一的企业家当选。

15岁上大学的神童

1964年12月，王文京出生在江西上饶的一户普通人家里，其父是一位煤矿工人，其母则是一位地道的农妇。王文京自小聪慧，5岁半上学，15岁考入大学，当地人都叫他"神童"。他因此成为家族的希望。

那是1977年，恢复高考的第一年，当时王文京正在读初中三年级。在他模糊的记忆里，他在那时候变成了一个梦想家。"当时第一次听说，哎，中国恢复高考，可以考大学了，有的人可以成为大学生了，那个时候的梦想就是说以后做一个大学生最好。大学生在自己心里边就特别神秘，特别向往。"

两年后的9月，王文京来到南昌赶考。他本报的是西南政法学院，但未被录取，转而进入了江西财经学院（现江西财经大学）。

财富故事埋下创业种子

就读财经类院校，使王文京有机会接触各种各样的财富故事。"那时候中国已经改革开放了，虽然传记还不多，但是很多报纸、杂志会经常介绍一些国外企业家尤其是欧美和日本的故事。还有一些二三十年代中国实业家的一些故事。那时候印象就挺深的。"

"到了大学毕业工作几年之后，我读了一套书。这套书我还一直保存着。我现在记得还很清晰，那是介绍美国的十个企业家和日本的十个企业家的传记故事，一套共有20本，什么铁路大王、金融大王，还有像杜邦化工、日本三菱等等。现在有时候我也会想起里面介绍的很多故事。实际上中国改革开放我觉得跟19、20世纪当时美国、日本的情形有很多很相近的地方。"他说，"那时候我就梦想能够在某一个领域开创一个实业。如果这个实业对社会有所价值，就能够在这个基础上发展出一个企业，而且这个企业要变得有生命力。"

这些财富故事开启了王文京的创业梦想，在他大学毕业之后的多年里，他的这个梦想一直在持续地蛊惑着他，直到有一天他作出了人生中最重大的选择。

国务院机关辞职干个体

王文京的选择有点惊世骇俗，至少在那个年代和他生长的环境里是这样的。因为他放弃了国务院机关的工作，干起了个体户。

1983年，王文京大学毕业，被分配到了国务院机关事务管理局财政司。从一个小村庄到省城再到这个国家的首都，这巨大的人生裂变使王文京恍然若梦又兴奋不已。

王文京在这个岗位也干得不赖。他干了两件大事，一件是起草了中央国家机关行政会计制度，这个制度一直沿用到90年代，另一件是负责实施了中央国家机关行政会计电算化工作。作为一名"毛孩子"，他也得到了很多老家伙终生都不曾得到的机会和荣誉——他当过先进工作者和新长征突击手，也在全局干部大会上作过先进事迹报告。

这样的人生曾经让王文京感到满足和惬意，也曾让他对自己的未来产生过宏大的设想，但是他很快就感到了困惑。也许有一天他会成为一名政府高官，但最可能的未来是，他只是作为一名资深的财务工作者，陷落在各种各样的数字当中。

经过无数个夜晚的思考，王文京最后决定叛离那种碌碌无为的庸常生活，他希望自己能够找到一个实现自己宏大梦想的机会，而不是整日被围困于琐碎零乱的数字当中。

1988年，王文京终于按捺不住了。他整日阅读的企业家传记终于彻底扫除了他的忧虑，它们使他倾听到了自己内心的召唤——辞职、创业去。这一年王文京24岁。

敢为天下先

选择辞职，他并不是仅凭热情与梦想，而是选好了前进的道路。在国务院中央国家机关任职时，他就用计算机编写成一套财务软件，这套软件最后通过上级部门的鉴定，在80多个部委、全国人大、政协机关应用。那时候他就发现，几乎每个单位都有对财务软件的需求。"在机关做的时候我就感觉到社会对财务软件其实有需求，但那个时候没有什么专门的公司干这个事儿，我觉得可能是一个机会。那时候各个单位都自己开发，自己用，没有一个统一高效的软件，也没有专门的商业机构来做这个事儿。"王文京说。他决心自己做一个财务软件公司。

下海后，王文京在中关村海淀南路一个居委会那里租了一间9平方米的小平房，借了5万块，买了台电脑，注册了个体工商户"用友财务软件服务社"。财务背景、机关工作经验和大量的企业家传记的阅读使王文京知道，除非拥有明晰的产权，否则未来将会麻烦不断。而在当时的中关村，各种各样的公司形态错综在一起，既有联想那样"戴红帽子"的，也有四通那样的集体企业，产权最明晰的则属个体私有。尽管个体工商户得不到更多的政策优惠，然而王文京想到未来，还是将自己变成了个体户。

和大多数的中关村创业者一样，王文京白天带着名片骑着自行车外出"拉活儿"，晚上回屋编程"做产品"，单身的他干脆睡在办公室里，用友的历史便这样开始。

王文京正在经历他人生中最曲折的一段，他一边编程序，一边学习如何做老板。对于这个年轻的小书生来说，与其说这是一种挑战，不如说是一种考验。从那时候开始，他就必须面对属于自己的现实——如何从一名工程师转型为企业家。

第一年，王文京有了8万元的进账，第一次获得7000元大单的那天，王文京开心了好几天，那段时期虽然艰辛，但那却是王文京最快乐的日子。由于"起得早"，1988年到1991年，用友软件便确立了中国财务软件市场的霸主地位。用友在1990年3月转制为有限责任公司，一个月后用友财务软件通过了财政部评审。

24岁那年王文京曾雄心勃勃地计划10年之内将营业额做到3000万人民币。那时候他觉得未来很漫长，3000万很遥远。可是10年之后，1998年，34岁的王文京发现，用友的营业额已经达到了1.8亿。2001年5月18日，用友软件在上海证券交易所挂牌上市。作为当时中国第一家核准制新要求下发行的新股，用友软件创造了包括发行价、开盘价和收盘价在内的一系列纪录。它的控制者王文京因为间接持有用友软件5520万法人股，那天的身家超过了50亿元人民币。那天，他变成了一个神话人物，也成为中关村新精神的诠释者。

（刘勇）

中国计算机工业旗手柳传志

——让联想龙腾四海

在中国，谈IT业不能不谈联想，联想控股已成为国人心中的民族品牌；谈联想又不能不谈柳传志，柳传志是联想的创始人，也是中国IT企业的一种符号。从1984年开始，柳传志带领着联想，从仅有10名员工、20万元注册资金的小公司发展到如今拥有员工3万多名、总资产651亿元的国际大企业。柳传志创造了一个耐人寻味的商业神话，也谱写了一部伟大的民族英雄的创业史诗。

不甘憋屈：40岁进军IT业

柳传志1944年出生于江苏省镇江市，1961年考入西安军事电讯工程学院（西安电子科技大学前身）。大学毕业后正赶上"文化大革命"，他在广东珠海白藤农场劳动锻炼了一年半后分到了科学院计算所工作。1978年，计算所办了一个半脱产班，柳传志感觉春天真是要来了，他拼命地补习英语，心中涌动着成就一番事业的强烈愿望。

1978年以后，柳传志参加了三个科研成果的设计，都得过奖，但是最后的结果让他感到有点迷茫：做完以后怎么样？这个成果做完放在一边，写论文、评职称，到此而已，这个东西没变成生产力，对社会到底有什么用？柳传志在这些问题上不得其解，他意识到研究所固有的那一套研究路数不可能给他满意的答案。

正当他感到分外"憋屈"的时候，契机出现了：1984年，中央决定"向外国投资者开放14个沿海城市和海南岛"，批准了《关于经济体制改革的决定》，宣布把改革由农村推向城市，由此，引发了一次全国范围内的自主创业海啸，许多胆识过人的"闯将"开始"下海"弄潮。不甘憋屈的柳传志毅然放弃"金饭碗"，下海了。

他和10个同事一起，在中科院一间仅有12平方米的传达室里办起了"公司"——北京计算机新技术发展公司，即联想的前身，挂靠在中科院计算所名下。

善于借力：让联想插上腾飞的翅膀

创业之初，相对于当时中关村最知名的公司信通、四通、京海、科海而言，柳传志没有任何技术和资金优势，但他凭借着关键的两步"快棋"让公司风生水起，显露出他"善借于物"的锐利锋芒。

他的第一步棋，就是一反常态积极强化公司与计算所之间若即若离的"血缘关系"，不仅解决了资金来源问题，而且和当时的IBM搭上了线，成为其在中国的主要代理公司，在最初几年的时间内确保了公司最重要的利润来源。第二步棋，1985年他说服了中科院著名的计算机专家倪光南加盟公司并担任总工程师，不仅解决了技术带头人的问题，而且拿到了倪光南的研究成果"联想式汉字系统"。这让当时同样瞄上了倪光南的信通公司懊恼不已。

与其他汉卡技术相比，"联想式汉字系统"把两字词组的重复率降低50%，三字词组降低98%，四字以上的词组几乎没有重复，这对于计算机的汉字输入技术来说，无疑是一个划时代的进步。联想I型汉卡当年就销售了300万元，"联想"也由此成了公司的新名称。

锐意创新：纵横IT行业的最大依仗

一开始，柳传志就认识到，仅靠销售"联想汉卡"和做电脑销售代理的联想是没有出路的，唯一的出路便是自己"造电脑"。而当时生产计算机需要电子工业部发放生产许可证。浪潮、长城等公司都有许可证，中科院却没有，联想自然也没有。这时，柳传志选择了一条"拐大弯"的路线。

1988年1月，柳传志来到了香港。他的目的是，在这个没有"计划"的城市成立一家公司，为生产"个人电脑"做资金、技术和市场准备。一年后，柳传志将在香港研发出的"286微机"送上了飞往德国的飞机。在汉诺威举办的这次电子技术交易会上，柳传志终于实现了"造电脑"的目标，也使联想迈出了至关重要的一步。

他的另一个"大手笔"就是反其道而行之，实施"贸—工—技"发展战略并取得巨大成功。上个世纪90年代，国际上比较成功的高新技术企业基本走的都是同一条道路，先研发技术再进行营销，然后上市发展，即"技—工—贸"。而在联想的发展过程当中，由于市场环境并不完全成熟，柳传志扬长避短提出"贸—工—技"的发展战略。用他的话说就是："变成市场经济以后，我们要自己找客户，要让自己的产品符合客户的需要，而所有的这一切都是外部从来没有过的。我们就先做贸易，给外国企业作代理，进行学习，了解什么叫作市场拓展，什么叫作销售和服务，客户要什么东西，把一切都弄透了以后，也积累了资金。然后我们自己再建厂子，抓技术，这条倒过来的路叫作'贸—工—技'，和以前'技—工—贸'是不同的，这是联想在理念上根本的创新。"

有了创新作动力，联想在上个世纪末迅猛发展。1996年，联想首次超越国外品牌，市场占有率位居国内市场第一，并持续6年稳居榜首。联想品牌开始植根在中国用户的心中。1998年，第一百万台联想电脑诞生，英特尔总裁安迪·格罗夫特地出席庆典，并将这台电脑收为英特尔博物馆的馆藏。1999年联想电脑更是以8.5%的市场占有率荣登亚太市场PC销量榜首。

立意高远：把民族品牌打造为世界品牌

1993年，中国开始大举放低了PC机的进口关税，国外PC品牌纷纷抢占中国市场。中国的很多电脑制造商，刚刚与国外电脑公司交手，就败下阵来。不久，这些制造商不是把自己卖给了国外厂商，就是和国外厂商合作，放弃了自己的品牌，中国的自产微机到了濒临灭亡的地步。在这个危急的时刻，柳传志站出来大义凛然地说："我们办企业为了什么？要不是为了国家，那我们还做什么？联想要做中国自己的品牌。"柳传志举起了民族计算机工业的大旗。

2004年的联想分外引人注目。这一年，联想以16亿美元收购IBM的PC事业部，在美国政界掀起了一场轩然大波。

从2005年到2008年，联想更是从众多的企业中脱颖而出，成为国际奥委会全球合作伙伴。2008年，美国《财富》杂志排名，联想成为第一家进入"世界500强企业"的中国民营企业，当年联想的年营业额是170亿美元。如今，联想作为世界品牌正在国际市场的挑战中不断壮大。

这就是柳传志，一位教父级的企业家。20多年来，他带领中国企业探索出一条非凡的成功之路，向世界彰显了中国企业家的强大力量和独特智慧。

柳传志和联想的故事还远远没有结束。

（汤建萍）

在网络江湖当英雄

ZAI WANGLUO JIANGHU DANG YINGXIONG

互联网的迅猛发展使整个IT产业发生了巨大变化，互联网改变了人们的生活方式。

互联网领域，创业是最热门的话题，也是其魅力所在。无论是对用户，还是创业者，抑或是投资人，互联网都是一个极有魅力的行业。互联网永远都有机会。

多少在生活中看似平凡的人物，在网上纵横驰骋，并取得骄人成绩，成为名动江湖的风云人物。他们的传奇，在于他们无时无刻不在思考创新、实践创新。他们是创新的英雄。只要创新精神不灭，网络江湖的英雄就会不断涌现。

网络上的真英雄是先行者，走在同行前列；是开创者，研制最紧俏的系统平台；是资本运作的行家，成功引入国际资本、领导企业在国外上市；是新锐领军人物，最早提出和倡导应用与管理理念；是见证者，承接上一代高新技术建设者的使命；是领跑者，影响新一代在信息时代勇敢前进的步伐！是勇者，敢于攀登高科技巅峰；是韧者，百折不挠，愈挫愈勇。

雅虎酋长杨致远

——引领互联网时代的革命

　　1995年的一个夜晚，两个年轻人在挑灯夜战，在为他们的"产品"取名。手边的《韦氏词典》几乎被翻烂了，还没有找到一个合适的。这两个年轻人，一个叫杨致远，一个叫戴维·费罗。以"Ya"开头是最初就想好的，因为"Ya"是杨致远姓氏开头的两个字母。Yauld？Yammer？Yardage？Yardbird？Yawn？一连串的名字跳了出来，似乎又不够响亮。突然间他们想到了Yahoo这个奇怪的字母组合，便迅速翻开手边的词典，发现这个字母串出自斯威夫特的《格利佛游记》，指一种具有人类的种种恶习的粗俗人形动物。这个词显然不太雅，但仔细一琢磨，在强调平权的因特网上大家都是"乡巴佬"，雅不雅又有什么关系？他们随手加了个惊叹号，变成"Yahoo！"，"没错，就是它了，这简直是神谕！"两人兴奋地叫了起来。

　　如果说比尔·盖茨开创了PC新时代，那么杨致远则开启了网络新时代。

无意插柳

　　1968年，杨致远出生于台湾，2岁丧父，10岁时，母亲带着他和弟弟一道移民美国，定居在加利福尼亚州圣何塞市。那时他一边上学，一边当报童。"那种生活简直像在地狱。"若干年后杨致远回忆说。1990年，杨致远以优异的成绩进入斯坦福大学，选修电机工程，只花了四年，就获得了硕士学位，并结识戴维·费罗。两人的结交无疑是雅虎成功的关键因素。费罗1988年毕业于杜兰大学，一度担任辅导杨致远的助教。后来两人同班听课，还在作业方面开展合作。以此为起点，两人成了最佳搭档。费罗内秀，喜沉思，而杨致远活跃，是社团中的领袖。不久，两人去了日本。在那里两人都成了外国人，友谊与日俱增。回到斯坦福，两人在一辆学校拖车上成立了一间小型办公室。

1994年4月，杨致远与费罗为了完成论文，整天泡在网上，寻找资料。他们收集到很多自己感兴趣的站点并加入到书签中。受当时条件的限制，网站的数据存放在杨致远的电脑内，绰号为"akebono"；而搜索引擎则存放在费罗的计算机中，绰号为"konishiki"。渐渐他们链接的信息越来越广，两人索性把网页并到了一起，称为"杰瑞与戴维的万维网向导"（杨致远的英文名为杰瑞）。

可是随着收集到的站点越来越多，查找起来非常不方便。于是，他们把这些书签按类别整理，每个目录又容不下时，再细分成子目录，共有十几个门类，编制成软件，成为一个类似图书索引的搜索引擎。上网者可以在茫茫如大海的互联网上很方便地搜索到自己所需要的信息。他们的网站招来了许多用户，人们纷纷反馈信息，还附上建设性意见，使内容更加完善。杨致远说，"要不是有这么多外来的回应，我们就不会继续下去，更不会有今天的雅虎"。

直到此时，他们完全是凭兴趣从事"图书索引"工作，并没有意识到互联网时代的一场革命即将发生。

借风扬帆

当时，网上有许多竞争者，如WebCrawler、Lycos、Worm等，这些网站都靠软件自动搜索起家，缺乏准确度。杨致远他们则纯粹是手工操作，搜索准确，更加实用。实际上到1994年年底，雅虎已成为搜索引擎的领跑者。1995年1月，网景浏览器的一个网上搜索按钮偶然指向了雅虎。此后，当网景浏览器的用户按那个按钮时，他就会被自动地带到雅虎的网站。网景浏览器的成功，犹如东风送帆，使得雅虎迅速在互联网上成名。

此时，杨致远意识到，一个重大的商机出现了。他积极寻找潜在的投资者，1995年上半年，开始与硅谷的风险投资公司接触。但是，第一个找上门却是路透社市场部副主任泰森。他在网上经常光顾雅虎网站，认识到雅虎可以消除读者与传媒的距离，可以利用它扩大路透社的影响。两人一拍即合，但是，与路透社合作虽然扩大了知名度，雅虎并未得到多少实惠。具有商业眼光的杨致远认识到，必须自己制订一个周密的商业计划，以我为主，通过广告赢利。

功夫不负有心人。杨致远找到了硅谷最负盛名的风险投资公司——红杉资本公司。但红杉公司的莫里兹起初有些犹豫，因为雅虎实在太与众不同了，本身只是"在网上提供服务"，而且是免费的，其商业潜力在哪里呢？莫里兹决定去实地考察。当他走进雅虎的"办公室"时，那里的情景吓了他一大跳："可以说是一片狼藉。"莫里兹后来说，"杨致远与他的伙伴坐在狭小的房间里，服务器不停地散发热量，电话应答机每隔一分钟响一下……我觉得杨致远和费罗大概连白天黑夜都分不清了。"然而，正是这种狂热的工作精神感动了莫里兹。他相信，"这几个小子的确有眼力，这种新生事物之中蕴藏着巨大商机！"

1995年4月，红杉投资雅虎200万美元，成立Yahoo! 公司。杨致远名片上印着的头衔是带有几分调侃的Chief·Yahoo! （Yahoo酋长）。此后，红杉的股本一路飙升值至34亿美元。

创造奇迹

雅虎公司的成立，无疑给两位年轻人注入了更多的激情和鼓励，开始将网络搜索引擎商业化。雅虎将网上搜索资料无偿提供用户使用，公司盈利则主要依靠广告收入。由于当时能够提供免费信息检索服务的公司寥寥无几，因此雅虎得到市场广泛认可，每日雅虎为软件增加两百多条新目录。由于雅虎检索系统实在方便，前景被普遍看好，广告收入相当乐观。

1995年秋，雅虎展开第二轮投资战。这时通过红杉公司认识雅虎的日本一家大财团软银开始向雅虎投资，买下雅虎5%的股份，后来又大幅度增加，这使杨致远的公司走向了新阶段。雅虎第二轮投资的落实使其有能力扩大服务项目，成为一种新媒体。成千上万的人进入信息高速公路，雅虎成为必经的入口处。

1996年3月7日，雅虎股票上市，这一天被评为"华尔街盛事"。4月12日正式交易，正值周五。股票最初定价13美元，但交易狂热，平均每小时转手6次之多，一度飙升至43美元，最终以33美元收盘。雅虎市场价值达到8.5亿美元。从"红杉资本"投资，不到一年，资本翻了200倍。

此后，杨致远的商业潜能开始爆发。他决定在传统媒体上大做宣传，一出手就是500万美元电视广告费。广告客户——股票报价、聊天室、新闻、天气预报、体育新闻、电话黄页、分类广告、网上商场等蜂拥而至，财源滚滚而来。Yahoo！ 如愿以偿地创造了新一代的服务媒体。

至1998年，每天至少有3000万用户访问 Yahoo！， 每天浏览下载量达到1亿页！公司市场价值高达390亿美元，《福布斯》杂志推出高科技百名富翁，杨致远以75亿美元的财富跃居第16位，成为高科技中的华人首富。

（何侃）

盛大网络董事长陈天桥

——弄潮儿勇向涛头立

2008年10月8日，中国改革与发展高峰论坛暨中国改革30周年功勋（贡献）人物颁奖典礼在北京召开。年仅35岁的盛大网络发展有限公司董事长陈天桥荣获"中国改革贡献人物"称号。

听到关于他的简介，观众觉得这个年轻人太幸运了：

17岁考上复旦大学经济系。1993年被授予上海市唯一的"优秀学生干部标兵"称号，并提前一年以优异成绩毕业，进入陆家嘴集团总裁办，隔年被委任为集团下属一家公司的副总经理。

1999年10月，拿着炒股赚来的50万元投入到互联网创业大潮中去，和弟弟一起在上海创立了一家名字叫作Stame.com的网站，从事网上娱乐项目，如虚拟社区、互动娱乐以及网络游戏。

2000年，盛大获得中华网300万美元风险投资，创立盛大公司。

2002年，盛大网络年营业额达到6.8亿元人民币，纯利1亿元人民币。

2003年，获得国际著名风险投资机构日本软银集团4000万美元风险投资，美国《福布斯》杂志和欧洲《货币》杂志将陈天桥和丁磊评为中国富豪排行榜的首富。同年，当选为共青团中央候补委员。

2004年，盛大在纳斯达克上市一周后，股票交易价从11美元冲上17美元高位，市值达到65亿元人民币，陈天桥个人所持有的盛大网络股票市值也高达50亿元人民币。

年纪大的观众都在感叹：生子当如陈天桥！

然而，这个"天之骄子"辉煌的背后，却是一段惊涛骇浪般的历程。

盛大公司上市时的1998至1999年，正是网络经济的火爆期，但是好景不长，到了2000年后，网络经济的泡沫陡然破灭。此时的盛大才刚刚起步。在这样的大环境下，陈天桥讲，在2001年之前，盛大每天都可能死去；在2002年，盛大每个月都可能死去；在2003年，盛大每个季度都可能死去。雪上加霜的是，2001年5月，中华网承诺投资盛大的300万美元中，还有100万美元没有到账却准备撤资。原因是中华网已经开始质疑陈天桥。因为公司虽然有100万注册用户，但几乎没有一分钱的进账。眼看事业难以为继，下一步做什么，陈天桥陷入苦恼之中。动画在国外已经发展了二三十年，我们去和对手正面交锋肯定不是对手。思考再三，他决定放弃网络动画："世界上最大的网络市场是什么——网络游戏！那是老少皆宜的消闲，这就是我们进攻的机会。"

机遇只青睐有准备的人。刚好此时韩国游戏开发商Wemade到上海来寻找合作伙伴，推广网络游戏《传奇》。上海市动画协会向Wemade推荐陈天桥。陈天桥拿到游戏，他自己先动手玩。在大学的时候他本人就是个游戏高手，一下子就被吸引住了，看到了其中的市场前景。于是，他"逼"中华网至少按合同留下30万美元后，再分道扬镳。这30万美金包括固定资产，陈天桥手中的现金只有10万美金。2001年7月14日，盛大和《传奇》海外版权持有商Actoz（Wemade的合作伙伴）以每年30万美元的价格签约，签完约，陈天桥的口袋就空了。《传奇》上线有两个月的测试期，这是公司生死存亡的关口。如果在两个月内不能吸引足够的玩家，不能收取运营费，盛大就坚持不下去。没有钱，盛大就会因《传奇》而死。陈天桥开始了他的融资之旅。他唯一的本钱就是与韩国方面签订的那份合约。他首先找到浪潮、戴尔等，告诉他们："我要运作韩国人的游戏，申请试用机器两个月。"服务器厂商一看的确是国际正规合同，盛大以前也是信誉不错的客户，将来恐怕还是潜在的大客户，于是就同意了。然后陈天桥又拿着服务器的单子，以同样的方式找中国电信："浪潮、戴尔都给我提供服务器，我们需要很大的带宽运营游戏。"电信也没有放过这个看上去不错的客户，给了测试期免费的带宽试用。

2001年9月，盛大开始了两个月的《传奇》游戏测试期。

陈天桥关于网络游戏的判断是正确的。但他没有料到，《传奇》在玩家之中是如此火爆！从2001年9月28日公测开始，在线人数就不断增长，11月28日开始正式收费，同时在线人数迅速突破40万大关。

就在盛大沉浸在首战告捷的喜悦时，又遭遇到新的问题。盛大的合作者和销售商育碧公司也没有料到《传奇》的在线人数会增长得这么快，所准备的销售卡不多，玩家根本买不上卡，很多省市断货。育碧公司又给各地分销商一个很长的回款期，现金回流很慢，盛大和育碧公司摩擦不断。这时候，育碧公司人事变动，不承认原先的合约，盛大又面临现金短缺和品牌影响的困难。

怎么办？陈天桥决定单干。但是谈何容易？就凭公司几十个员工，到全国去铺点，根本是不可能的事情。在很多人看来，盛大此时和育碧公司"决裂"无异于自杀。但是，陈天桥自有高招，他将目光投向网吧。网吧是实质的终端销售商，直接面对玩家。盛大确定了以网吧为中心建立销售渠道，将各地的网吧当作游戏卡的销售据点，在全国各地招聘总代理商、分销商，建立盛大自己强大的销售网络。这一招大显奇效。玩家在装有盛大系统的网吧里，只需告诉网吧老板他需要玩多长时间，交钱以后网吧就可以在两分钟内把游戏时间打到用户的账号里。财源滚滚而来。有人形容网吧成了盛大的印钞机，当年进账超过6亿元，纯利润达1亿元。陈天桥的盛大靠《传奇》游戏渡过了摸索模式的创业期，进入了快速发展期。

然而，一波未平，一波又起。由于利益纠纷，韩国《传奇》游戏的供应商Actoz公司开始和盛大打起了官司。对方有很多把刀——不提供技术支持，盛大完蛋了；不提供新版本，盛大也完蛋了。这场官司一开始，盛大就处于劣势一方。韩国公司态度强硬，2003年1月单方面通知盛大停止代理协议，此时距离合同到期还有7个月。

陈天桥深切意识到，没有自主的知识产权，就会永远受制于人。他投下巨资研发新产品。2003年2月17日，盛大宣布自主研发的新产品《新传奇》面世。就在这时候，戏剧性的一幕发生了。韩国Wemade公司单独将

自己的《传奇3》和国内的一家公司进行了合作，但它的版权持有商Actoz公司并没有参与决策，便跳出来反驳Wemade公司，两家韩国公司的联盟开始瓦解，形势转而对盛大有利了。Actoz公司掉转头来找陈天桥继续谈判，最终"相逢一笑泯恩仇"，2003年8月，两家公司再次续约。

盛大在受到Actoz公司要挟的同时，却获得了软银4000万美元的投资。有了软银的投资和《传奇》带来的巨额收益，盛大开始强化自主研发能力。2003年，盛大在日本投资一家游戏开发公司——BOTHTEC；2004年，又收购了美国ZONA公司100%的股权。

有了自主研发能力和自主知识产权，盛大的腰板子硬了。2004年11月29日，盛大以9170万美元现金调过头来收购韩国Actoz公司，彻底了断了长达两年多的版权争议。

这一年，盛大财富由40亿元暴增到88亿元，《福布斯》排名中31岁的陈天桥登上中国大陆高科技百富榜首席。

网络是个典型的高发展、高风险行业，不知道什么时候会"祸从天降"。用陈天桥自己的话讲，一路走来，如履薄冰，半夜听到电话铃响就心惊肉跳。财富对我并不重要，但是，有了财富我才可以捐助希望小学；可以将优秀的传统文化放到游戏的内容中去。多帮助一个人，所得到的成就感和赚钱的感觉是完全不同的。

（何侃）

网易总裁丁磊

——神话诞生的过程

丁磊1971年出生于浙江宁波，1993年毕业于电子科技大学，分配在宁波市电信局工作。后辞职南下广州创业，1997年创办网易公司，经过几年打拼，网易一举成为在美国公开上市的知名互联网技术企业。

中国有句俗语："人挪活，树挪死。"丁磊对这句话的理解是最有感悟的，他在人生不如意的时候，多次跳槽寻找更适合他发展的地方，终于在兜了一大圈之后，回到原点，创办了他的私人企业网易公司，几经打拼，从一个打工皇帝变成了国际品牌的大富豪，这当中的奥秘，说来也是一段生动的故事。

丁磊1993年在电子科技大学毕业后，首选就是回宁波工作。他顺利找到了专业对口的单位：宁波市电信局，准备在这里好好干一辈子。本来丁磊有一个特好使的脑子，在电子科技大学读书时，一直是班上的前5名，这么好的成绩却没考研究生，让老师和同学们不能理解，其实丁磊的想法很简单，只想早点赚钱报答父母，他家太困难了。

丁磊参加工作的起点很高，一进单位就当上了工程师，吃香的喝辣的令人羡慕。在电信局工作的两年中，他除了每月领取一份可观的工资之外，最大的收获就是学会了高端的电信业务，加上大学所学的理论知识，可以说丁磊在单位上游刃有余。一天，丁磊无意间在一本杂志上得知北京开了一个名叫"火腿"的网站。这是一个可以发帖子的网友论坛，尽管当时站上的内容很少，不过他敏感地意识到，网站是以后发展的方向。第一次登录论坛的丁磊当晚就在中国惠多网创始人孟超的帮助下建成了自己的

网站，他感到了前途一片光明。

感觉很不错的丁磊，向市电信局建议开展信息服务业务，他可以撑起一片蓝天。可是等了一段时间，市局并没有什么动静，好像丁磊的建议只是一丝微风轻轻吹过。这让摩拳擦掌的丁磊很气愤，他决定离开这个死水一潭的地方，大有"此处不留爷，自有留爷处"的梁山英雄气概。

1995年5月，丁磊一身轻松来到广州，从一个海边到了另一个海边，他是水命，注定一生要在海边度过。对于他放弃宁波的铁饭碗，丁磊听到了身后的各种议论，直到走在广州繁华的街道上，他的耳膜才得到了清净。丁磊迅速加盟到刚刚成立的广州一家移动服务公司，可是工作不到一年，感觉自己除了整天安装调试数据库外，几乎没有什么进步，这与他的鸿鹄之志相去甚远，于是他唱着调子悠扬、情绪浪漫的《流浪歌》离开了，他要去寻找属于自己的天空，能够发挥极致的飞翔。

1996年5月，丁磊当上了广州一家网络公司的总经理技术助理，总经理让他架设了第一个"火鸟"网站，结识了很多网友。可是好景不长，这家网络公司由于面临激烈竞争和昂贵的电信收费，几乎无法生存下去。看着总经理无计可施的悲惨相，本想大干一场的丁磊又一次选择了离开，这是1997年的5月。5月，对于丁磊来说是一个黑色的月份，又是一个充满希望的月份，他三次跳槽都巧合在5月，三次机遇又都选择在5月；5月是一个多雨的季节，这也印证了他的水命，他的生命中与水有缘。

丁磊将自己关在房里整整思考了5天，除了吃喝拉撒，他哪儿也没去，白天拉上窗帘不想见阳光，晚上拉掉电灯不想见光亮，他只想静静地躺在床上，认真校正自己的前途和命运。三次跳槽已经让他很疲惫，他不想在打工者的漩涡里随着水流而旋转了，他得自主创业，自立门户，宁做鸡头，不做凤尾，就搏他一生！想好了的丁磊走出门外，见到了从云缝里挤出来的一缕阳光，知冷知热地照在他的身上。

广州是一个淘金者的天堂，只要你敢想敢干，就没有干不成的事情。年纪轻轻的丁磊，一夜间创办了自己的网易公司。他在后来的回忆中说："那时我根本不知道自己的公司未来该靠什么赚钱，天真地以为只要写一些软件，做一些系统集成就可以了。这种想法后来几乎使公司无法生存。"多少有点草莽英雄的味道。

丁磊用几年中一行一行写程序积攒下来的钱，再向所有的朋友借资，凑拢了50万元钱，毫不手软地投入到网易公司的运作中。网易筹备得差不多了，丁磊觉得最好能有一台高端服务器放在电信局里，可是，怎样才能不用花钱就把自己的服务器架到电信局的机房里去呢？丁磊为此费尽了心机。最后，丁磊向广州电信局呈上了一份丰富网络服务、吸引上网时间的方案，方案指出：现在电信网络上的服务很少，因此无法吸引用户上网，用户即使上了网，没有好的服务，也待不住。而网易提供网络服务能够吸引大批用户上网，并且能让网民一泡就是几个小时。

广州电信局领导一看方案，觉得很好，反正又不用电信局出资，而且这个服务也不会和电信局产生竞争，何乐而不为呢？于是让丁磊把服务器放进了电信局。这种做法后来被称为服务器托管业务。一个月丁磊要向电信局交很多钱？事实上广州电信局的领导很开明，并没要丁磊多少钱，都是业内人士，也算创业之初帮一把吧。

1997年5月4日，网易BBS站正式开机运行了。由于丁磊是网易第一个安装"火鸟"BBS的人，又经常泡网吧，所以他的人缘极好，影响很大，加上无为而治以及宽容，网易BBS上的人数三个月时间就超过了资深的"一网情深"，用盛况空前来形容也不过分。

丁磊最大的特点是喜欢自己组装机体，他放在广州电信局的服务器是花2万元自己动手组装的一台奔腾，如果到市场上买，有可能是几十万元的价格；后来在运营过程中，丁磊想拥有一套免费邮箱系统的设备，一打听，得花280万美元买一套，而且还要另外加收每小时2000美元的安装费。丁磊听说后，吓得向人家做了个鬼脸，明白这不是一个小户人家问津的事。

丁磊决定亲手做。他找来自己的伙伴陈磊华研究设备的结构，两个人最后一拍即合：做！一个月下来，两人的知识大增，后来自愿加入的几个伙伴也经常为一个个技术上的突破兴奋得手舞足蹈。7个月后，功能强

大的网易免费邮箱系统设备做好了，丁磊一下了节省了几百万资金。见丁磊大功告成，广州电信局提出要购买网易的免费邮箱，可丁磊的答复是："不卖。"自己做出的设备好比是亲生的娃，干吗要卖呢？他舍不得卖，想用这设备赚更多的钱。就在丁磊拒绝广州电信局的时候，美国微软集团准备用3.5亿美元收购他的免费邮箱系统。在巨资的引诱和国家的利益面前，头脑清醒的丁磊于1998年2月毅然将中文免费邮箱系统出售给广州电信局。广州电信局提出要同时附送163域名，丁磊想了想："这一送，我也知道里面的价值含量是多少"，但他还是忍痛割爱，把自己注册的163域名一同献上。广州电信只花费100多万元。

几年的打拼之后，丁磊的网易公司从一个十几人的私企发展到今天在美国公开上市的知名互联网技术企业，其股价猛涨，最高蹿至每股52美元，网易市值达到15.7亿美元，创始人丁磊持有58%的股份，账面价值约合人民币75亿元。

（林德元）

阿里巴巴总裁马云

——西湖边的神话

马云1964年出生于浙江杭州，杭州师范学院毕业，后任教于杭州电子工学院。1999年辞去公职，创办了阿里巴巴网站，任阿里巴巴集团主席兼首席执行官、中国雅虎董事局主席等职。2001年被世界经济论坛选为"全球青年领袖"，2005年被美国财富杂志评为"亚洲最具权力的25名商人"之一。

长相非常独特，走在哪个地方都能被人一眼认出来的马云，在杭州西湖边的家中，演绎了一个现代版的国际神话，仅仅打拼10年的时间，据说他的财富可以和世界顶级的大富豪相比。而他10年前的身份，不过是杭州电子工学院一个普普通通的讲师，每月领取不足千元的工资。到底是什么神奇的力量让他10年间暴富呢？我们不妨来翻开他的人生档案一探究竟。

马云1988年毕业于杭州师范学院英语专业，分配到杭州电子工学院教授英语。当了七年讲师的马云转眼到了而立之年，事业上并没有什么建树，普普通通一个人，走在学校的小道上，一点也不起眼，偶尔有学生与他用英语对话，他才活力十足起来，除了谈兴很浓，还表现得手舞足蹈，完全陶醉在生活的美好之中。

1995年的一天，英语特别突出的马云终于熬出了头，他被指派跟随国内一个访问团到了美国，作为随团翻译。那一次的美国之行，让他饱览了异国风情之余，更开阔了他的眼界，他对什么都觉得新鲜好奇，有那么多弄不懂又急于想弄懂的问题。他第一次知道了因特网，因特网的神奇和快捷令他倍感刺激。回到国内的第一件事，就是效仿美国人的网上作业，率先创办了网站"中国黄页",这是一个瘦个子男人开辟的试验田,他想在这块没有泥和水只有电和光的方形田亩中种出黄灿灿的"稻子"来。很快,有所为的马云加入了中国外经贸部,负责开发其官方站点及中国产品网上的交易市场。

有了丰富经验的马云,终于在1999年正式辞去了公职,破釜沉舟下海经商了,他对官方的东西不感兴趣,对个人的风险创业充满了好奇和勇气。回到西子湖畔的马云,说服了一班好朋友,大家集资50万元,创办了阿里巴巴网站,站点就在他的家里。100多平方米的室内挤满了人和电脑。马云没有对人说明网站取名"阿里巴巴"的意思,但那个时候正流行一首歌曲"阿里,阿里巴巴,阿里巴巴是个快乐的青年",原来,马云和他年轻的创业团队,是想做一伙快乐的青年。

已经对电脑网络有了丰富经验的马云,根据长期以来在互联网商业服务领域的经验和体会,明确提出了互联网产业界应重视和优先发展企业与企业间的电子商务。他的观点和阿里巴巴的发展模式很快引起了国际互联网界的关注,被称为"互联网的第四模式"。网络开通半年后,阿里巴巴两次荣获国际风险资金2500万美元的投入,马云以"东方的智慧,西方的运作,全球的大市场"的经营管理理念,迅速招揽国际人才,全力开拓国际市场,同时培育国内的电子商务市场,为许许多多的中国企业尤其是中小企业迎接"入世"挑战,构建了一个完善的电子商务平台。

马云走的是一盘险棋,是一盘卒子过河的险棋,没有一丁点退路可走。大投入的网上经营,在一个互联网还未真正开始应用于商业的中国,谁愿意来为马云的胆魄买单?谁愿意将自己的产品花大本钱放到网上去叫卖?然而,马云的阿里巴巴公司,却努力做着为中国优秀的出口型生产企业,提供在全球市场的"中国供应商"的专业推广服务,依托世界级的网上贸易社区,顺应国际采购商网上商务运作的趋势,推荐了一批批中国优秀的出口商品供应商,获取了更多更有价值的国际订单。一批批企业的加盟,超过70%的被推荐企业在网上实现成交,许多企业成为国际大采购商如沃尔玛、家乐福、通用、克莱斯勒等等的客户,这不能不说马云,他这个穿针引线的红娘，为多少中国商品找到了婆家，恐怕只有他自己知道；为多少中国企业创造了多少已交易和潜在交易的利润，恐怕连他也不知道。

值得惊叹的是，截至2003年5月，阿里巴巴汇聚了来自世界220多个国家和地区的200多万注册的商人会员，每天从杭州西湖边上那幢商住房里，要向全球各地企业及商家提供150多万条商业供求信息。阿里巴巴是全球国际贸易领域内最大、最活跃的网上市场和商人社区。难怪高傲的美国权威财经杂志《福布斯》两次将阿里巴巴选为全球最佳站点之一。中国更是把阿里巴巴当成宠儿，多次被相关机构评为中国最佳贸易网等。从阿里巴巴创业初始到现在，全球十几种语言400多家著名新闻传媒对阿里巴巴的追踪报道从未间断，被传媒界誉为"真正的世界级品牌"。

阿里巴巴成功了，马云成功了。2001年，马云被世界经济论坛选为"全球青年领袖"，2004年被中央电视台选为"年度十大经济人物"之一，2005年被美国财富杂志评为"亚洲最具权力的25名商人"之一。头上光环如彩虹般的瘦个子马云，无论是坐在"西湖论剑"的主席台上侃侃而谈，还是坐在中央电视台《赢在中国》演播大厅高谈阔论，狂人马云的少壮魅力已经深深地印在中国所有人的心中，他那句让"天下没有难做的生意"成为狂人不狂的名言。一生没有走进过美国哈佛大学的马云，他和他的阿里巴巴网站两次被该校引进为教案，向世界一流的学子讲述发生在中国的阿里巴巴，讲述那个瘦小的马云创造的世界奇迹，并且引用了马云对阿里巴巴的核心价值的阐述："马云认为阿里巴巴的价值不在于每天的浏览量是多少，而在于能否给客户带来价值。"以此来表明哈佛大学对阿里巴巴迅速发展的认可和盛赞。

（林德元）

网景的灵魂吉姆·克拉克

——借"鸡"生蛋一夜暴富

美国有个著名的商战实例,实际操纵者是一代儒商吉姆·克拉克,他运用的"借鸡生蛋"战法,让东碰西撞几十年的他一夜暴富,成为美国硅谷中充满传奇色彩的重量级人物,唯一敢与比尔·盖茨叫板的人。

吉姆·克拉克何许人也?他怎么会成为网景公司创始人、视算公司创始人、永健公司创始人的?这要从吉姆·克拉克的少年说起。

吉姆·克拉克1944年出生于美国得克萨斯州普拉恩托小镇。小时候,家庭经济十分困难,父亲嗜酒成性且脾气火暴,对家人十分粗暴蛮横,母亲只得含泪和父亲离了婚,带着克拉克和妹妹三人相依为命。这一年克拉克14岁,正是叛逆的年龄。上小学时,他经常逃学,学无长进,还经常做出让老师伤脑筋的坏事。到了中学,他更是放纵自己,喝酒打斗,比父亲的脾气更糟糕。有一次,他居然把自己制造的土炸弹装置放在校车上做实验,差点让整车人成为鬼魂。这次惊人之举让学校忍无可忍,最后决定开除吉姆·克拉克。

母亲对儿子的举动无可奈何,只好让儿子去当兵,期望可以改变他的桀骜不驯。海军部队的生活是残酷的也是艰难的,老兵欺负新兵并不奇怪,野马一样的克拉克受尽了嘲笑和打骂,他开始静下来思考:要想别人看得起你,必须有出息!觉醒的他重拾书本,一边操练一边潜心苦读,等到服役期满,他已经自学完了全部高中课程。三年后,克拉克大学毕业,四年后的1974年,他又获得了犹他州大学博士学位,成为一名大学教授。

但是,克拉克毕竟是克拉克,小时候的野性并没有彻底消失,他的叛逆性格与大学校园里那种安静的氛围格格不入。他从这个大学到那个大学，不断地更换工作环境，不是自己跳槽，就是被校方辞退。这种动荡不定的生活吓跑了渴望安定生活的妻子，而他在变幻无常的生活中照旧我行我素、自得其乐。

1978年，克拉克再次被解除纽约技术学院的教授职务，任性的他眼巴巴看着第二任妻子弃他而去，这一次，克拉克陷入了痛苦的深渊，整整6个月他关门不出，萌发了当兵年月的那种耻辱感，在消沉和反省中痛定思痛。他悟出一个道理：与其报复别人，不如以更大的成功、更惊人的壮举来赢得整个世界。

1979年初，走出家门的克拉克接受了日本施乐公司开发研究中心的邀请，飞抵硅谷开始了新的生活。很快，他开发出世界上运转速度最快的芯片"几何引擎"，可以使工程师在便宜的计算机上完成设计模型，节省了不少时间和金钱，将世界的高科技往前推进了一大步。

硅谷的环境与大学校园里的环境截然不同，硅谷是科学家云集的地方，也是创业者的理想天堂。充满智慧的克拉克一旦进了硅谷，就像猛虎入了山林、蛟龙进了大海，他终于萌发了创业的激情，让"惊人的壮举赢得整个世界"。

1982年，克拉克在朋友的资助下创办了视算公司，迅速揽到了一大批想创业又不敢独自创业的工程师们，他把这些人比作是会下蛋的母鸡，只要给他们安好一个窝，就可以安心生蛋了，而克拉克就是那个挽着篮子捡蛋的老婆婆。视算公司最大的研究成果是：数字图形的制作帮助电影实现了以前从不敢做的梦，制作唯美逼真的三维动画，轰动一时的好莱坞大片《侏罗纪公园》，那里面以假乱真的恐龙都是数字动画的结果，吓得全世界的电影观众脸上发紫。这些，让克拉克的视算公司成了世界上最著名的计算机工作站制造商。

克拉克最值得大书特书的一笔，是他从美国伊利诺伊大学的学生堆里，挖到了一个叫马克·安德森的大学生。克拉克创办第二个公司（网景）时，苦于人才不够，他就满天乱找，当听说马克·安德森很厉害的时候，就亲自到大学里去请，这个穷学生怎么厉害呢？他设计的图形浏览器让一家网站的用户猛然上升到1000万人以上，从此成千上万的人改变了自己的生活方式，学会了坐在电脑前漫游世界。克拉克先是试探性地从网上发了一封信给安德森，邀请他共同合作，从事开发浏览器、通讯软件的新事业，并说有可能让他成为美国第二个比尔·盖茨。安德森看到克拉克的信时，他都惊呆了，能有机会同克拉克这样的硅谷前辈合作，简直是梦寐以求的，他当即答应，并不附带条件（一个大学生能有条件吗？）。就这样，硅谷前辈与科技神童开始了一次伟大的合作。

1994年4月，克拉克和安德森联手，开创了网景公司的一个科技神话。他仅用400万美元，把安德森和他的伙伴们都拉到了硅谷，集中全力开发网络浏览器，不到两个月，安德森就带领他的工作组开发成功浏览器新版本，并把它命名为"导航员"，新浏览器的销售在互联网上势如破竹，一下就占据了80%以上的份额。

1995年8月9日，神秘的网景公司上市了，它成为全球第一个上市的网络公司，同时也创造了一个令人咋舌的奇迹，这家创始资金仅400万美元的小公司，一夜之间便成为一家市值20亿美元的企业巨人，网景公司开创了网络可以在市场上得到飞速发展的先例。风险投资人吉姆·克拉克在一天之内变成身价10亿美元的富翁，而作为技术发明人的安德森也拥有1亿美元。

1996年，克拉克创办了他的第三家公司，即永健公司。他又轻车熟路地找到了一个技术天才来开发新的软件。不过，他此次不再公布这个天才的身份，目的是想让这只"金鸡"为他静悄悄地下更多的金蛋，他扮演捡金蛋的老婆婆，就不用担心别人来偷窥他的大母鸡了。

（林德元）

搜狐董事局主席张朝阳

——觅食的狐狸长成了巨人

"如果不犯错误，10年前就已进入互联网行业的搜狐现在应该独霸江湖。"在公司成立10周年之际，搜狐董事局主席兼CEO张朝阳再度放出狠话，未来3到5年内，搜狐将成为提供主流互联网服务的两到三家公司之一。

借鉴雅虎模式，搜狐以中国第一个分类搜索引擎的身份问世，随后又推出内容频道奠定了中国综合门户的雏形。经过10年的发展，搜狐已经成为中国最大的门户网站。凭借领先的内容、博客、中文输入法、网络游戏、视频流媒体技术、社区等网络服务，搜狐重金打造的门户矩阵已经实现了"让网络成为中国人民生活中不可缺少的一部分"的目标。

2004年10月12日，胡润推出他的百富榜，张朝阳名列第66。

胡润简单地对搜狐进行评价，也许他认为搜狐的业绩就是张朝阳的业绩，也是张个人财富的最好参数。我们可以看排行榜的简介，"张朝阳个人简介：年龄：40，出生地：陕西西安，教育：美国麻省理工大学博士，主要公司：搜狐公司，公司总部：北京，上市情况：纳斯达克—SOHU sohu Inc（June 2000），主要行业：短信、在线游戏和门户网站，财富：15亿元。"

张朝阳的成长经历中，1986年是一个分水岭，他考上李政道奖学金，赴美国麻省理工大学学习。张朝阳从小就不安分，爱幻想，不甘落后，对很多东西感兴趣。他喜欢看那些自学成材的故事，读《哥德巴赫猜想》，并暗立志向：要好好念书，将来出人头地。中学时代，张的理想是当物理学家，认为只有获得诺贝尔奖，才能成就一番大事业。这是他考取清华大学的直接动力，也是他考取李政道奖学金的直接动力。

从陕西西安到北京，从北京到美国，故乡渐行渐远，理想渐行渐近。人生的转折和变化成为一种标志。而今天的张朝阳，就是理想变化的结果。1993年，在麻省理工学院念了几个月的物理学博士后之后，张朝阳突然感到学了很多年的物理学并不太适合自己。"在物理实验中，我发现，我是个操作型的人，特别注重结果，不能容忍搞一套理论，而这套理论要在100年之后才能得到验证。"与此同时，张朝阳看中了和中国有关的商务活动，他很幸运地在麻省理工学院谋得了亚太区中国联络官的角色，这个角色让张朝阳有机会频频回国。

1995年7月，张朝阳突然有了回国创业的强烈念头，美国随处可见的硅谷式创业更是激起了他的热情。他清楚地认识到互联网经济极为惊人的商业和社会价值，于是下定了创业的决心。当他看到互联网的机遇时，感觉到应该是创业的时候了。张朝阳联系到了ISI公司，想做ChinaOnline（中国在线），用互联网搜集和发布中国经济信息，为在美国的中国人或者对中国感兴趣的人服务。ISI总裁当时和张朝阳的想法相近，两人一拍即合，于是融资100万美元。1995年底，张以ISI公司驻中国首席代表身份，开始用互联网在中国收集和发布经济信息，为华尔街服务。

在ISI的经历，张朝阳觉得中国互联网的市场潜力巨大。1997年1月初，ITC网站正式开通，可是到了年底，第一次融资得来的18.5万美元所剩无几，快到了连工资都发不出来的地步。迫不得已，张朝阳向他的投资人发出了紧急求救，三位投资者再次为张朝阳提供了10万美元的"桥式"贷款。1998年2月，张朝阳正式推出了第一家全中文的网上搜索引擎——搜狐（SOHU）。1998年3月，张朝阳获得英特尔等两家公司210万美元的投资，他的事业开始蒸蒸日上。1998年9月，搜狐上海分公司成立，1999年6月组建搜狐广州分公司。2000年搜狐在纳斯达克成功上市，并购了中国最大的年轻人社区网站ChinaRen，网络社区的规模性发展给门户加入了新的内涵，使之成为中国最大的门户网站，奠定了业务迅速走上规模化的基础。

张朝阳不失时机地进行了一连串大手笔的动作，让搜狐出现在更多的地方。他及时判断出短信对互联网的巨大利益，并且尝试着把它作为一个能与互联网紧密结合的产业来运作。2001年耗资百万成就"搜狐手机时尚之旅"，张朝阳亲自出现在首席形象代言人的位置上，这在风风雨雨的互联网世界，确实收到了空前的效果，树立了搜狐人的信心。2003年春夏之交，搜狐再次给网络界带来一次惊喜：搜狐登山队攀登珠穆朗玛峰。在互联网正全面复苏的时候、在非典肆虐人类的时候，他想证明搜狐的勇气，并宣告搜狐的理想。

2002年7月17日，搜狐率先打破中国互联网的僵局，实现赢利。2003年，搜狐捷报频传，2月25日搜狐推出韩国游戏《骑士》进军网络游戏；在2003年上市公司"中国科技人物财富排行榜"上张朝阳仅次于丁磊屈居亚军；在胡润制造的2003年"中国IT富豪50强"中张朝阳亦名列前三……

"广告市场基本上这两年网易没有份了，和新浪在广告方面一个是媒体方面内容处理方面的竞争，另一个是广告销售队伍能力的竞争，在非广告方面和新浪基本上没有什么竞争，因为在这些方面新浪已经不是对手。"在潜意识里，张的战略是先将网易清除出局，然后再对新浪打歼灭战。

2001年三四月间，搜狐股票率先跌破一美元。那时没人再看好搜狐，媒体和个别网站对搜狐和张朝阳的质疑像子弹一样打在搜狐的脸上，因为一美元的搜狐有要被纳斯达克摘牌的危险。张朝阳说："我还可以用公司的现金回购股票，或者两股并一股、三股并一股。"

不论张朝阳有什么妙计来解困，当时的困境的确非常严重。张朝阳自己也正是在这种困境下锤炼了自己。张朝阳现在坦然地承认，有一段时间，搜狐的产品其实是愧对大众的。1999年到2001年，中国的互联网市场进入高潮时，搜狐这个老牌子其实在原地踏步。用张朝阳自己的话讲，那是一段长征。没有队伍，管理就张朝阳一个人强撑着。董事会也出了问题。张朝阳描述自己当时的境况是，30%精力应付董事会，40%精力应付媒体，只有另外30%精力用在产品上。张朝阳在极为艰难的处境下，人搞品牌经营，保持了搜狐表面上的风光，使搜狐得以发出持续的声音。2001年到2004年，张朝阳号称用"中医的方式"调整好了搜狐的严重问题，一直发展到目前的最佳状态。

张朝阳把自己走出困境并持续快速发展的原因，归结为自己和搜狐公司所具有的较强的反思能力。正是这种反思能力，在初期的失败中很快发现自己的队伍从董事会到管理层都存在"太洋"的毛病。在品牌营销颇有些成绩的状况下，他们检讨自己长于营销但产品不够好的毛病。这种痛切地反思，用张朝阳的话说，就是"跳出自己成长的经历，变成一个全才"。每个人都有自己特殊的成长经历，这必然导致认识上的偏颇，只有不断调整自己，不断用第三只眼睛看自己，对一切都心存敬畏，诚惶诚恐，才能跨越自己的人格障碍，达到宠辱不惊，从而举重若轻。张朝阳告诉记者，在表面的张扬之下，他其实非常谨慎、务实，他并不相信市面上任何主流的说法，只盯着自己的脚下，过草地一般试探着、实践着、分析着。

（张雪）

百度帝国的李彦宏
——搜索全球

他的搜索引擎可以让你最便捷地找到你要的信息，但不知道能否搜全他得了多少个"十大"什么的。中国"十大创业新锐""十大风云人物""中国软件十大杰出青年""《福布斯》中国08富豪榜前十""中国改革开放功勋人物"——他创立的百度帝国在中国网络世界又创下了多少个第一，如你有耐心也细细去搜索一番。

李彦宏创业8年，就实现了"科技改变生活"的人生蓝图，或许他也改变了我们。

开始搜索

2008年9月24日，华中理工大学学术礼堂，天气比往年热，热得像过第二个夏天。走道上也挤满了人，现场可以用"爆棚"来形容，很少见到学术讲座有如此火热场面。

主讲题目：《搜索引擎技术基础》

主讲人：李彦宏

虽然搜索引擎技术已成为网络科技的热门话题，虽然李彦宏已是世界三大顶尖搜索引擎技术人才中唯一的中国人，可是中国众多大学中还没有哪所开设了这门课程。华中理工大学是国内首开这门课的大学，李彦宏是第一个国内开讲这门课的人。

白衬衣、休闲裤，方脸，浓眉大眼、直鼻阔口，潇洒帅气、深沉睿智，身上无一名牌，却真正的英气才气齐飞。

讲技术、产品、远景、市场，并回答提问，他结合自己亲身经历也谈百度。华中理工大学师生从中了解了他的人生和事业历程。

当年的北大高才生在美国纽约州立大学拿到计算机信息检索硕士学位后就开始研究搜索引擎技术的应用了，从《华尔街日报》网络版实时金融信息系统设计到Infoseek工程师，再到创建百度，他一直在搜索人生和事业的最佳设计。

1999年，正是中国网络泡沫破灭的时候，那时多少人一拥而上，都认为网络是座金矿，可谁也没挖到金子。这时李彦宏和他的合作伙伴，带着从三家风险投资机构贷来的120万美元回国，在北大资源宾馆的1414室，筹划着他们的百度。

2000年1月1日百度公司成立，只有8名员工，创业意味着拼命地、没日没夜地干，面对的是各主流门户网站，最大的问题是只出不进，不能盈利。百度无论如何搜索都成了只赔不赚的鸡肋，而要研发更好的搜索引擎技术和产品，要继续投入，必须有造血功能，必须另辟蹊径。2001年夏季，他推出"竞价排名"，从幕后直接到了幕前面对终端客户，这就同各大网站直接竞争，再难也决不妥协。终于在2002年经营收入有了1050万元，2003年就实现了盈利。2004年纯利达1.2亿元，实现年增225%。李彦宏搜索到了金矿、采到了金子。百度的广告每日每个字千金。2005年百度到海外上市，登陆纳斯达克，首日就涨到353%，创了纳斯达克的新纪录。李彦宏的搜索开始发威了。

鲜花、掌声、赞扬，他不为所动，年轻的大师从容地走下讲台，有人说他理智得像台服务器。

专注、变化、国际化

李彦宏专注起来像位坐定的高僧，心无旁骛，目不转睛。他在美国专注搜索引擎技术时是这样，回国创立百度时也是这样。可是，在别人以为他会永远专注下去的时候，却突然又有了变化，而变化得又如此专注。

在美国取得硕士学位刚干几年，他就以专注搜索引擎技术开发而赚了

100万美元，而在别人都以为他会专注下去时，他又突然变为回国创业。

创业之初无论多少挫折，为了让国人能最快、最便捷地得到他的信息服务，李彦宏从未动摇过专注开发搜索技术的决心。在专注中他推出的"竞价排名"、"知道"、"MP3"音乐下载、"贴吧"，让竞争者都猝不及防。这些产品大受欢迎，如日中天，似乎已占了80%的领地时，他又变化推出了C2C和Hi，直接同马云、阿里巴巴，马化腾叫板。这变化也难以让人理解。要知道当初他手下的一个工程师曾经建议开发C2C，那时他拒绝了，过了这么多日子，他又推出了C2C，只能说当时他的身边还没出现马云的淘宝网和阿里巴巴的竞争者的身影，等他看到了威胁和危机，他的专注又发生了变化——在一个目标确定后，他就专注全力去实现这个目标，决不分心。一旦情势突变有了危机时，他又变出新的目标，又全力实现这个新目标。业内人士说他专注得吓人，大概是指他在对某一个阶段或目标时的那股牛劲。

李彦宏对百度走向国际化有着彻悟的理解。

"所有的市场都是相似的，如果一个企业在一个地方能发展成功，在其他地方又不能发展成功，那么这个企业一定有了问题，不是真正的成功企业。"——他一定想以国际化来检验他的百度的生存能力。

离开了原来的沃土，改到别的地方能否种出金豆？董事会当初否决了李彦宏进军日本的计划。

否决了再提，屡否屡提，屡提屡否。

2007年董事会终于批准了李彦宏进军日本市场的计划，这是他又一次以专注换来的胜利。

真要搜索全球吗？

在国际化上，百度刚试探起步。谷歌和雅虎已占了日本网上领地的95%以上，对后来者已经百般警惕。李彦宏相信百度的技术、人员、体制的实力。

他知道最重要的是必须懂得日本国民的用户体验。要请最懂日本文化的行家帮助，他请出索尼的前全球总裁出井伸之为百度日本的独立董事，找到合适的人，组建合适的团队。员工几乎全是日本人，由他们决定百度在日本做什么产品最合适。这同美国在中国的选择不同，当初他们只找了个中国总裁，大概也是败出中国的原因吧。经过一个月的征战，百度在日本市场的页面浏览量不断攀升，力压日本本土引擎，百度成为日本搜索市场第4个拥有独立搜索引擎的公司，而在图像视频检索等服务的平均利用网页数和停留时间上百度上升为日本搜索市场第一。

百度进军日本网络市场初获成功。"下一步，要进军非英语系市场。"——李彦宏在思考。也许还有再下一步叫板英语系市场，要到全球都去搜索搜索。

他已在搜索全球的最顶尖人才，他三分之一时间都花在"圈"人才上，他同几所高校共建了四五所试验室，国际化的节奏在加快。

李彦宏要搜索全球，他的路的确很长很长。

有人说：百度中国离中国越来越远，百度全球离全球越来越近——那一定是因为百度攀登得越来越高所致。

见识李彦宏这些有雄才大略的新起网络精英，你会怎么想？是否还会惧怕全球化，是否觉得曾经在科技上拥有"四大发明"的古国，还可以再辉煌一下？

（魏东）

"企鹅帝国"与马化腾

——从网虫到QQ之父

世界科技进入了网络时代，中国这次没有错过机会，网民数已为全球第一。在中国，当今不会用QQ，已被视为"土"。QQ帝国的注册用户据2008腾讯一季度统计已达7.8亿户，远远超过美国总人口的2倍多。这个摇晃着肥胖身躯冒着傻气的小企鹅真的好生了得，十年就长成了世界龙头老大，它改变了中国人的联系沟通方式，连国际商业机构摩根士丹利也评价其"已成内地文化现象"。这个成就"天下无人不识君"的创造者——马化腾，吸引着多少人的眼球。

企鹅跑进高交会

1999年，在中国的深圳经济特区举办了中国第一届高交会，以推动资本与项目的结合。许多腰缠万贯的西方风险投资机构，还有国内的一些投资机构，都在高交会馆摆出了展台。有钱的找项目，有项目的找钱，却难见一拍即合的场面。

一个小伙子拿着他的计划书，一个展台一个展台游说，什么即时通讯，什么集寻呼、聊天、游戏于一体，什么小企鹅，听得人半信半疑。

小伙子还在努力，尽管已唇干舌燥、腿肚子转筋，他也没放弃。他已经六次修改了20多项计划书。他要为他的"孩子"——小企鹅找条生路，它已经"断粮"多天了。

终于有2家展台听懂了，天下尚有识宝人，很快美国国际数据集团和盈科数码与他签订了投资合同，投资他220万美元，且分别占有公司20%

的股份。

这小伙子就是马化腾。

他长吁了一口气，放下签字笔，推了下细边眼镜，疲惫换成了笑容，像看到了他的小企鹅欢快地摇摆。

马化腾1993年从深圳大学计算机专业毕业时，就已是个货真价实的网虫。除了为润讯做传呼软件的开发工作外，其他时间就没日没夜地在网上爬，终于爬出一个好玩意——4位以色列人发明的一种集寻呼、聊天、电子邮件于一身的软件ICQ让他入迷，也让他不安分起来。

我们何不开发一种这种中文ICQ呢。于是他以炒股所得，与同学张志东注册了腾讯公司。

历经3个月的千辛万苦，他的聊天工具OICQ（后改为QQ）开发出来了，试着让用户免费使用，结果出人意料地火爆，10个月用户上了100万，一年就上了500万户。可用户越多，贴进的钱就越多，无资金投入继续开发，眼看着渐渐长大，食量增加的孩子，却没有买奶粉的钱，让这个父亲揪心！他试着给这个"孩子"找个"继父"以求活路，可找了四家，都没谈成。在走投无路的时刻、在"孩子"等着急救的时刻，一笔巨款来了。"孩子得救了"——他如释重负。

两个世界的玩家

一个虚拟世界、一个现实世界，马化腾都可以说"玩"到了极致，"玩"出了一个大产业。

他得到了风险投资，让点着烧了一阵又快熄灭的炉子又添进了新柴火。可这不是长远之计，他必须在这堆新柴烧完之前找到新的树林，也就是他要让他的QQ能为他招财进宝。

他从"移动梦网"收费方式中看到了灵光一闪，真是醍醐灌顶，借用他山之石，使他的亿级用户量开始产出效益。他从虚拟世界走进现实世界，玩出了收费方式的嫁接术。2001年7月就实现了正现金流，年底实现了1022万元的纯利润。他的这一玩法，也让其他三大门户网站如梦初醒，纷纷跟进，都取得了可观效益。

马化腾在虚拟世界又发现了一座好矿——韩国有种给虚拟形象穿衣服的服务，他很快就把它搬到了他的QQ上，又玩出了一个花样。

网易交友业务也给了他一个启发，由此他又玩出了个"QQ男女"的新玩法。

盛大发展网游，他也在QQ的网络上玩出了规模。腾讯开发的QQ秀、QQ宠物、搜索工具，渐渐玩出了个QQ帝国。有人送他"大玩家"的称号，直言他的成功是玩出来的成功。

对此马化腾也不掩饰他的观点，甚至提出"玩也是一种生产力"。从玩中找到需求，找到乐趣，找到商机。QQ的迅猛扩张，同他能把两个世界以及乐趣与商机的连接，商用与娱乐沟通的高级玩法不无关系。QQ的许多用户，已经把它视为一种娱乐工具，绝不仅仅是将其当做寻呼工具、沟通工具。人们在快节奏的现实生活中需要能在虚拟世界放松，娱乐一下是个不错的方便选择。

"中国越来越有机会成就网游和文化产业"，这个儒雅、谦和的腾讯董事局首席执行官昂起了脸，突然变得有点咄咄逼人，看来这个玩家还要玩出个大的。那些世界同行的巨头，是否也感觉到了这个摇摇摆摆的小企鹅，也变得有点让人担忧的凶猛呢？

年轻的QQ帝国主宰者

1971年出生的马化腾，十年奋斗，成就了一个市值过百亿美元的企鹅帝国。但是他清醒地强调："改革开放和历史机遇才是我们的最大财富。"

"腾讯的成功，有着一连串机会的巧合，靠的是在探索上善于接招。"看来年轻的帝国主宰者还会不停地探索，不停地接招。

当初他出校门做起润讯寻呼软件，按理说过个富足日子不是难事，可他选择不停地探索。六年后做到了开发部主任，他还是要选择不停地探索。当初他在家里装4条电话线，8台电脑当起了慧多网深圳站的马站长时，他选择的又是不停地探索。后来他的QQ帝国已成了气候，他成了年轻的亿万富翁，他选择的还是不停地探索。

探索和接招成了他人生不变的主旋律。

在席卷全球的金融海啸危机中，滚雪球般不断壮大的网络业似乎有着特强的抗击力。这种消耗少，产出惊人，符合结构调整升级的新产业中，腾讯创造了三个第一（市值、营收、盈利）。2008年10月24日，马化腾向政治局常委李长春汇报时，李长春鼓励他们要不但能取几个单项冠军，还要取得全能冠军。看来马化腾又要下力气探索一番。

国内企业界有个热烈的讨论话题：中国的汽车业、保险业规模如此大，可为什么没能从国际巨头中取得主导地位？而中国互联网却能赢得本土主导权，因而被称为"互联网孤例"。什么时候才能让孤例成为群例呢？

不断探索，不断接招——如果有更多的行业，更多的集团、公司掌门人也能笃行不辍，群例何愁不成。

年轻的产业、年轻的帝国、年轻的掌门人、年轻的思维和理念，国人和网民都为他们的成就喝彩，尽管他给十年所成只打了10分的7.5分。

一个险些被卖掉的孩子，数年后成了一个武功盖世的英俊小伙——互联网时代中国的一个经典神话，在网络世界却是一个真切的故事，这个故事的主人公就是QQ之父马化腾。

（魏东）

"美国在线"掌门人史蒂夫·凯斯
——一个网络神话提前落幕的启示

美国夏威夷（火奴鲁鲁岛），1964年的夏天风光格外宜人，在一个社区的街道边有两个小男孩摆起了饮料摊，显然小的那个是弟弟。

谁也没料到，30年后这个小男孩创立的"美国在线"成为世界规模最大、身价最高、经营最成功的互联网企业，有了16000个聊天室，可是更让人没想到的是，这个神话在2003年3月12日又黯然落幕。这个男孩就是史蒂夫·凯斯，他的一浮一沉引来了多少惊叹和探究。

无名小子走进PC论坛

每年的3月，在美国图森都会举行一个为期3天的全球数字化产业精英PC论坛大会，业内精英共商业界大事，可以想象豪华的壮观场面，并且那里有着诸多先进技术的展示及市场动态的论辩。精英们都潇洒倜傥，谈笑间一笔大单谈成；一场高尔夫球赛挥杆中，天文数字的合作项目敲定——这让初入道的凯斯开了眼。

不会有人注意到这个着深蓝卡其布，不刻意修饰的大男孩。虽然他已27岁了，此时只是个濒临倒闭的控制视频公司的推销员。可是置身于富豪中的这个大男孩还是发了一番感慨："我简直以为自己是从另一个星球上来的。"还好只有惊奇，没有杀气。

可是没过10多年，就出现了戏剧性变化，这个大男孩成了世界最具影响力的美国在线公司的掌门人。这个穿着印有在线商标开领T恤衫的汉子成了论坛上最耀眼的明星。所有的镜头都对准了他，身后围满了记者，报导也醒目："凯斯任何时候想开口，整个世界都会静下来，倾耳聆听！"凯斯确实已成了数字世界中一言九鼎的人物。

只有凯斯自己心里清楚，这些年他是怎样一个坎一个坎地迈过来的，他也知道"我们至少还有6个回合要打，说不定要打更多的回合。"——他说的不是垒球，而是世界的激烈竞争。

二张王牌：客户、平民
三种功法：粘功、简功、送功

凯斯出生在夏威夷火奴鲁鲁岛，父亲是名律师，母亲是教师，家境优裕。他排行老三，儿时就同哥哥开过一家"凯斯企业"的小公司，赚头不多，捣腾点花籽、圣诞卡之类的小玩意，却让他找到了市场感觉。

在中学他成绩平平，对计算机课感觉厌烦。毕业后求职于广告媒体没成功，他自费找到宝洁公司总部，面试后搞推销，最后还是进了威廉姆斯学院，该校没开营销课，只好选了政治学。这时他对家用电脑同初级服务网连接带来的神奇特痴迷，应该是最早一批网虫中的一员。

他进控制视频公司后也不得志，这个公司倒闭后老板与他另组量子计算机信息数据公司，还是干营销，老板很欣赏他的市场感觉，这正是用其所长。

"和用户保持联系。"——这是凯斯的口头禅。

"离开客户，一切都是空谈。"——凯斯的客户观始终最强烈。

如何发展，留住客户，他发挥了他的"粘"功、"简"功和"送"功。

费城附近的康多摩公司总部，几乎每个星期都能看到驱车前来的凯斯的身影，细致地问客户的要求，这个客户始终被他粘住不放，也建立起了相互信任的关系。

苹果公司加州总部老总办公室，凯斯每天都造访，这个宽下巴一脸谦和、能言善辩的小伙靠他的磨功，终于让苹果公司答应"苹果2号"使用他的在线服务系统。

他的"粘"功这下让他扩大了客户群，终于解决了量子计算机公司活下来的问题，跳出创业期的艰辛和那种朝不保夕的局面。

凯斯的目标是让他的在线服务进入千家万户，这就是他的平民理念。他的这种理念最初是不被人认可的，一些技术精英甚至嘲笑这种"土气"，他们钟情的是高技术的阳春白雪。

为了实践数字世界平民理念，凯斯力求他的在线服务系统操作简便。在计算机网络系统刚刚进入人们日常生活的时候，许多人并没有要进行复杂学习进程的准备，而凯斯的简便让更多的人开始接收它、使用它。用它即时通讯，寻呼查资料，聊天，游戏，凯斯的"简"功，让在线服务进入了千家万户。聊天室就发展到16000个，每室均有23人，多么庞大的客户群。是凯斯的理念，是他的"简"功让网民队伍日益壮大。

凯斯的"送"功，开始也被正统的商界人士瞧不上眼，认为这种办法不见经传。在线服务开始免费使用，免费访问，免费下载，免费送光盘。有的光盘就夹在杂志中送去，或直接把光盘邮寄给上百万因特网用户，使用后如何处理悉听尊便。他邀请顾客免费上网一个月或几百小时，由此网民户数极速扩张。

1991年，他又提议将量子计算机公司更名为美国在线，一是强调其所提供的在线服务，二是能产生视觉震撼，真的震撼产生了，不仅震撼了美国还震撼了世界。

美国在线在凯斯一连串的创造性的经营下，不仅名扬四海，还财大气粗起来——他领导了美国在线的上市，一举筹集了6600万美元。他既在内部不断创造特色产品，创名牌，也大刀阔斧地收购名牌。他首先把广告业引入了美国在线，等于又控制了一座金矿。他把电子商务引入在线，他发行了网络信用卡。他适时地同时代华纳公司合并（也可以说是鲸吞），使美国在线的总资本达到1640亿美元，雇员12100人，成为世界最大网上服务公司，股票市值达到1600亿美元，是电脑巨人IBM的2倍。让微软、苹果这样的超级公司也放下身架，开始同他商量着办事。

凯斯一连串漂亮的有创意的组合拳，充分显示了他的营销和经营天赋，难怪说"他一吭声，世界都要倾耳聆听"。

倒下的好汉还是好汉

2003年3月12日，因业绩直线下降，在年度的股东大会上，史蒂夫·凯斯正式辞去了美国在线——时代华纳董事会主席一职。

这个创造当代神话的好汉，就这样倒下了，不光是网民，就是他本人，对这个结局可能也是始料不及的。

虽然业内有警醒者提出一种"分裂发展论"的趋势，用户到处采购会引发价格震荡，指出这是颗定时炸弹。可是凯斯不屑一顾，还是一个劲踩加速板，结果车速过快，冲出了护栏。

球赛提前结束没有等到下一个回合，他肯定很难受。

倒下的好汉还是好汉，只好这样安慰他。他的倒下，也给后来的创业者一个提示：往前冲是必须的，但要快慢结合，注意路况。

凯斯的浮沉，给我们留下的是思考。他的客户观、平民观、创新意识是留给创业者的一笔财富；他的教训，同样也是留给创业者的一笔财富。

（魏东）

网络大亨周鸿祎
——性格决定命运

如果说，周鸿祎是中国IT业最复杂、最有趣、最另类的人物之一，一点也不为过。他从学生时代开始折腾，工作后以软件高手身份离开方正创业；3721网站获得成功，继而托身雅虎任中国区总裁，离职后拥资约五千万美元；从事风险投资不久，"变色龙"又回到起点，投资、创业两不误。

可以说，周鸿祎与中国互联网若干重大事件同在。他打造了最早盈利的搜索引擎；为了生存，不惜与权威机构翻脸；他是员工眼中的冷血老板，投资家的宠儿，业界最活跃的合作者之一；曾愤然回击"泼脏水"，也曾反躬自省，发起打击流氓软件的运动，并同旁人避之唯恐不及的"马云系"肉搏……

仗剑天下，毁誉由之。这个"喜欢做令狐冲"的家伙究竟是怎样一个人？

一心创业：遇"贵人"闯过难关

"最可怕的是事业突然死亡。3721曾经走在生死线上，那种感觉比死亡还恐怖。"

周鸿祎出生于1970年10月，籍贯湖北。由于同是测绘工程技术人员的父母迁居河南，他在那里生活到高中毕业，中学生时，周就呈现出"牛人"迹象，多次在全国物理、数学竞赛中获奖。由于父母工作的便利，周很早开始接触计算机。"不懂什么编程，就是觉得好玩。"

1992年他被保送西安交大读研究生。读研期间"不务正业",编过游戏软件、杀毒产品。为了卖自己的产品还开过两家小公司,招聘人手准备在全国"自建渠道",以失败而告终。"创业受挫让我明白自己欠缺的东西很多。我决定先进大公司,从最基础的东西学起。"

研究生毕业后,周鸿祎加入方正集团,从程序员做起,由项目主管到部门经理、事业部总经理,最后做到方正研发中心副主任。并在这家公司找到了"另一半"。

1997年10月,周组织开发成功中国第一款自主版权的互联网软件——方正飞扬电子邮件。由于互联网不属于方正的主营业务,他再度萌发了创业的念头。

1998年10月,周鸿祎成立国风因特软件公司,技术团队来自方正。公司网站就叫3721,是"不管三七二十一"的意思。新公司起步于五个人。周和同事找了套便宜房子,维持最低生活水平。然而几十万元很快烧完。此时周刚推出"中文网址"(网络实名前身),为了维持公司运转,周鸿祎必须寻找投资者。

其间,周鸿祎找过很多国内资金实力雄厚的企业家和公司,但投资者对"中文上网"的理念难以认同,让周鸿祎四处碰壁。眼看刚刚成立的公司将难以为继,紧要关头IDG风险投资(美国国际数据集团风险投资基金)的出现,终于让事情有了转机,他的兴奋可想而知。

随后,他先后见到了IDG的投资助理施晓东和IDG合伙人林栋梁。因为当时创业者远不如今天这么多,周鸿祎抓住机会分别跟他们在酒店的咖啡厅里"东拉西扯地说了两三个小时"。在努力兜售自己和自己想法的时候,周鸿祎并没有觉得自己在接触资本,"毕竟是活生生的人嘛"。

不久后,周鸿祎被邀请去跟IDG所有的合伙人见面,这是他和IDG的首次正式见面。正式会面的饭桌上,周鸿祎既没有商业计划书,也没有笔记本电脑,在交给风险投资人们一份临时手写的简单概要后,"拷问"开始了,各种各样的问题劈头盖脸地砸下来。

"他很急躁,听你说不了三句话,就会打断你",时任IDG合伙人的王功权甚至让他自己练习如何用一句话说清自己的商业模式，幸亏基于之前双方的充分沟通，以及IDG对周鸿祎本人及其团队的认可，尽管并没有看懂周鸿祎的商业模式，但IDG最终还是投了25万美金给他。

此后，IDG带周鸿祎见了很多风险投资人。投资人的打断和各种令人尴尬难堪的问题，被周鸿祎看作是完善3721商业模式的帮助。于是，他开始主动练习，逐渐能用精练的话表达自己的商业模式，此后的周鸿祎变得"善于表达"。

有了钱，周鸿祎的路子渐渐宽广起来。1999年10月《IT经理世界》的封面报道写道："周鸿祎和他的3721网站从互联网创业新生代中脱颖而出，成为本年度中国互联网经济备受关注的一个。"2000年初，3721进行第二轮融资，获得三家风险投资机构的二百多万美元。

胖手胝足：变身"办公室暴君"

周鸿祎有个能喷水的遥控坦克，数次袭击过推门进来、忐忑不安的员工。后来有人说他是"办公室暴君"，他就把坦克藏起来了。

"坚韧不拔最重要，不服输的性格对我最有帮助。你看中国互联网这些公司，坚持下来的结局都不错。"周鸿祎如是说，"我所见过的成功创业者个性都非常强烈。'偏执狂生存'，猥琐的人很难有领导力。"

周鸿祎绝对控股企业，以工作狂的姿态施行高压统治。他成天把网络实名摆弄来摆弄去，总能找到新的功能、合作者和目标，然后凶猛地推行，要求"时间过半、任务过半"。紧张感包围着创业者。周鸿祎随时监控各部门流程，不辞劳苦。他不喜欢上班时间开会，因为他觉得那样耽误工作，是"集体偷懒"，于是大家经常折腾到半夜。

洗心革面：土鳖难变海龟

2003年3721被雅虎收购，周鸿祎转身当了雅虎中国总裁，从创业者变成了外企经理人。面对媒体，周开始谨言慎行，按照外企的套路办事。

全面负责雅虎中国公司发展战略的制定及具体执行计划的管理；同年

6月，发布了集合先进雅虎搜索技术的独立搜索门户"一搜"；同年7月，率先在中国市场将免费邮箱扩容至1G。在搜索、电邮等领域动作频频，打出了漂亮的组合拳，截至2004年底，雅虎电邮跻身国内三甲，雅虎系在华流量全面超越谷歌中文。周鸿祎实现了雅虎中国历史上首次盈利。现金收入超过4000万美元，毛利接近1000万美元。虽如此，他还是无法改变一切。雅虎中国全部业务就靠3721挣的钱养活；考核指标全部是利润，做得越多就越削弱利润，非常矛盾。到2005年，百度上市、谷歌进入，门户压力日增……仗是打不下去了。2005年8月，周鸿祎宣布辞去雅虎中国总裁职务，在两年协议期未满时离开，随后成为IDG风险投资合伙人。

投资奇虎：胜利在握

任职期满后，周鸿祎离开雅虎中国，2005年9月1日周鸿祎以投资合伙人的身份正式加盟IDG风险投资（美国国际数据集团风险投资基金）。2006年2月，周鸿祎成立天使投资基金，希望帮助更多的创新企业获得发展的机会。

周鸿祎出任奇虎董事长是在2006年3月。这家公司成立于2005年9月，一班干部则追随周多年。在搜索领域，奇虎一出生就会走路。

奇虎就像"2.0版3721"，股权结构更加均衡。奇虎于2006年3月获得了红杉资本、鼎晖、IDG、Matrix以及周鸿祎联合投资的2000万美元，8个月内完成两轮融资，注入三笔资金。

一心二用：面面俱到

如今的周鸿祎同时在做创业、投资两件事。"我一直做的是天使投资的事：看早期项目、做判断。"他宣布："我现在是天使投资人。"天使投资指帮助企业迅速启动的第一批投资人。回报率可能比较高，但金额不大，一般不谋求控制。天使投资是风险投资的初始阶段。IDG就曾孵化过不少中国互联网企业。2007年1月，谷歌与迅雷宣布战略合作，从侧面验证了周鸿祎作为天使投资人的眼光。

虽然还在创业，周鸿祎的心态已与10年前大不相同。"我不那么急躁了。过去经常感觉'过了这个村没有这个店'，实际上从投资角度来看，满眼都是机会，好企业不会被投完的。"为了放松，他有时看看DVD，打打网球。

1999年《IT经理世界》写他："'自己的理解'意味着对互联网精神的把握。'自己的方式'意味着对互联网商业模式的创新。"世事如白云苍狗，周鸿祎不改初衷。

"事实证明了，在中国互联网市场上，美国公司统统都不行，必须是本土公司才行。"周鸿祎宣称："中国的互联网江湖老大是'各领风骚三百天'。新生代有更多的创造力。我要到草根创业公司中间去，发掘互联网未来的新锐力量。"

（张晶）

eBay全球副总裁邵亦波

——在网络上淘金的"神童"

邵亦波1973年9月出生于上海，为美国哈佛大学商学院1999届MBA、哈佛大学物理与电子工程双学士，1999年创办易趣网络信息服务（上海）有限公司，任董事长兼首席执行官，易趣被eBay收购后，出任eBay全球副总裁。

看上去邵亦波跟平常人没有什么不同，眉清目秀的一个后生。作为70年代生人，他学识渊博，生活浪漫，达到了人生的双赢。

要说邵亦波走过的这三十多年，每一步都有着他的超前性，这是平常人不可比的。首先是：他11岁时，在首届全国"华罗庚杯"少年数学竞赛中获金牌奖；在初高中全国数学竞赛中连获特等奖与一等奖，成为中国中学数学竞赛中的明星选手，没有过一次败绩。高中一年级时谢绝上海交通大学的直升机会，高二跳级直接漂洋过海进入全世界最著名的美国哈佛大学，成为中国以全额奖学金赴哈佛读本科的第一人；几年之后，从哈佛商学院MBA毕业，获物理与电子工程双学士。在哈佛读书期间，邵亦波被世界最著名的两家策略咨询公司争相聘请，成为一个香饽饽，这在失业率超高的美国是一个奇迹。邵亦波刚从哈佛毕业后，便谢绝美国各大咨询公司与金融投资银行巨头最高年薪超过20万美元的聘请，头也不回地漂洋过海又回到中国来了，在老家上海很快创办了易趣网，用不到一年的时间，就创造了又一个中国奇迹。亚太地区权威咨询机构的调查排名中，易趣网各项指标均居国内电子商务网站之首。在诸多的荣誉当中，邵亦波最看重的是入选"2000年度IT十大魅力男士"。

邵亦波用他少年早成的智慧和在哈佛学到的全面知识，毫不犹豫就开始了人生的创业，他的创业与众不同，是从高起点开始的，建立易趣网后，赚取了丰硕的第一桶金。26岁的邵亦波创业，便深谙用人之道，他将哈佛校友谭海音拽来一同创立易趣网，希望做成中国的eBay，建立一个适合中国的电子商务模式。他还用他成功的"做人"模式，为上千名下岗工人提供了就业机会，邵亦波喜形于色地说："许多失业人员通过易趣网再次创业，学会了利用网络手段赚钱谋生。"

说来好玩，邵亦波回国创业，身上还背着9万美元的"外债"，这是他义无反顾给背上的。1999年邵亦波从哈佛商学院毕业后，摆在他面前的有两个选择：一个是继续回波士顿咨询公司工作，他将拿到15万美元的年薪和"绿卡"，成为响当当的美国人；一个是负债9万美元（偿还两年间波士顿公司为他付的MBA学费），这相差24万美元的得失，对数学天才的邵亦波来说很容易算出结果来。美国是一个恩怨非常分明的国家，你邵亦波受波士顿公司的资助读完MBA，那么你就得为波士顿工作，否则你还钱来。最后波士顿并没有吓唬住邵亦波，他不但心不在曹营，连身也飞回了母亲的国度。他在云端上轻轻颤动的飞机中暗自攒劲，回国努力工作，要让恩重如山的波士顿咨询公司早日收到他汇去的9万美元欠款，那是一份良心，那是一个学子的美德，更是一个中国人奉承的道义！

作为一个高智商的人，创办超能量的电子商务网络，邵亦波借鉴了美国的先进经验。对于互联网上的商品交易，中国仍处在睡眠阶段，而在美国，这一块市场的容量已经远远超过每年1000亿美元，商业新革命的势头让每个留美学子坐立不安，祖国那块960万平方公里的土地之上，商机有多大，财富有多少，谁都能轻松地算得出来。邵亦波通过市场调查发现，中国居民及商家手中有大量的老旧和闲置物品，而另有一部分人由于经济原因或临时性的需求，迫切需要以较低价格买到二手货，因特网技术为解决这个问题提供了很好的平台，它可以最大限度地延伸交易的范围、时间与对象。邵亦波在深入调查的基础上注册了易趣网，这是中国第一个中文竞标网站，易趣的意思就是交易的乐趣。

易趣的高速发展连创办人邵亦波和伙伴谭海音都始料不及，1999年8月18日正式开通的网站，本来预计到年底争取有5000注册用户，没想到一个月就超额完成了这个预定计划，四个月后的用户数更是飙升到30万，发展势头令人不敢相信。到了2000年7月，公司成立还不满一年时间，注册用户竟突破120万大关，在线商品高达3.4万件。用网上的活跃竞标数计算，易趣网在中国市场占有率已达到50%以上，日新月异的速度和中国人超前的接受能力令世界为之震惊。

邵亦波再也坐不住了，免费的易趣网已经承载不下海涛一样滚滚而来的商业巨浪，他决定在易趣网开通一周年的时候正式全面收费服务，他要理正理顺这条宽阔的商业渠道，不让渠道中有泥沙俱下的现象存在。网上的卖家，有的严肃，有的不严肃，造成买家要买东西的话，不知道该找谁去，鱼龙混杂，买家不高兴，真正要卖东西的也不高兴。收费以后，就很清楚了，一半不是真正想交易的人不交费，走了；另外剩下的人都是真正要做交易的，买卖的渠道就会畅通得多，交易的信用度也会大大提高。易趣网以后主要向卖家收费，卖家既然交了费，肯定要把东西卖出去，不像以前搞不清楚他们是不是真想卖。

四年之后，邵亦波将他一手创立的易趣网卖了个天价，他套现的收益是1.5亿美元，按照股权20%~25%估计，邵亦波四年净赚了3750万美元。从借钱注册公司，到套现3500万美元，邵亦波真是个大赢家，相对于美国波士顿咨询公司的15万美元年薪，没有人不说邵亦波是丢了芝麻捡了个大西瓜。

（林德元）

用风险投资演绎财富神话

YONG FENGXIAN TOUZI YANYI CAIFU
SHENHUA

风险投资意味着"承受风险、以期得到应有的投资效益"。

"一部风险投资在华史就是一部中国互联网史",不少互联网大腕曾引用过这条精准语句,因为他们自己背后的故事就是与风险投资交融的历史。当1996年张朝阳凭借自己的执着和对国外互联网公司的简单模仿融来的18.5万美元来到中国创办谁都听不懂的互联网公司时,人们明白了商业计划书可以换来创业资金的简单道理。在美国,一个风险投资商对于创业项目的成功几率控制在10%左右,已经是非常成功了。因为任何一个成功的创业项目给风险投资商带来的回报可能是几十倍甚至几百倍。这样,一个项目的成功收益往往可以大大高于其他九个项目失败而付出的成本。

几乎所有的中国大型商业网站的背后都有风险投资的身影:新浪网获得了包括高盛银行在内的海外风险投资2500万美金,拉开了上世纪末中国互联网服务企业进军海外资本市场的序幕;中华网在纳斯达克独立上市成功,首次公募9600万美元,开创中国网络股概念,预示了风险投资商成功套现。随后,大批海归派搂着千万甚至上亿风险投资的赏金创立了成千上万的网络公司。

风险投资不等于风险投机,企业家也不是冒险家,重要的是守诚信,有责任心,任何情况下都不言放弃。

企业家精神,在某些方面就被理解为敢于冒险和创新。

IDG公司总裁麦戈文

——IT媒体界投资之王

说起IDG公司及其总裁麦戈文，大多数中国人或许不一定知道，但是说起搜狐、百度、腾讯、易趣、当当网、搜房网这些知名的公司，大多数人肯定熟悉。而这些为人所熟知的公司背后，都有一个共同的幕后推手，一位驰骋在IT媒体界的"王者"——IDG公司总裁麦戈文。

麦戈文（Patrick J.McGovern）是美国国际数据集团（IDG）的董事长。IDG的经营触角和影响力遍布欧洲、亚洲、美洲、澳洲等地，麦戈文一直被外界誉为国际IT领域首屈一指的传媒大亨，尊为全球IT媒体之王。自1982年以来，福布斯全球富豪榜上就一直有他的名字。据估算，截至2007年，麦戈文个人资产已在47亿美元以上。

麦戈文的中国投资之路

早在上世纪50年代，当麦戈文还是一名高中生时，他就已经创建了一种可以让计算机必胜的打井游戏软件，这引起了麻省理工学院的注意，并且为麦戈文提供了奖学金。1959年，麦戈文毕业于美国麻省理工学院，并于1964年创办国际数据集团（IDG）公司。这是一家经营出版业、开展市场研究及技术风险投资的公司，目前已是全球最大的技术信息服务公司。麦戈文是该公司的创始人及董事长。

麦戈文的中国情结始于1978年。那是他第一次来到中国，发现北京的书店里总是挤满了购买书籍报刊的人群。他深深地感到中国人对于知识文化的尊重和获取信息的迫切之情。于是，他第一次强烈地产生了要到中国投资办报的意愿。很快，我国国内开始大力推行改革开放政策，麦戈文再次来到中国，建立了第一个中美合资 《计算机世界》，那是在1980年的3月。

当全世界的风险投资机构尚不看好中国时，他与中国方面的合作伙伴一起投资创办《计算机世界》，这成为美中之间的第一笔风险投资。在很多人看来，这是一个很冒险行为。然而，这种敢为天下先的气魄给麦戈文带来的收益是：迄今为止，这仍然是中国国内唯一一份享有合法地位的中外合资经营的报纸。

IDG作为第一家进入中国的美国风险投资公司，在中国先后投资了著名的搜狐、百度、腾讯、捷程旅行网、世纪互联、易趣、当当网上书店、搜房网、中华学习网、伊人女士网、鲨威体坛、金蝶软件、慧聪国际、风华高科等90多个项目，投资额高达数亿美元。从已退出的30多个项目中，IDG获得了平均45%的高回报率，而在中国以外的国家却只有15%，全球的风险投资回报率则仅有10%。

到2006年，IDG在中国先后投下了10亿美元的风险资金，这一数字仍然在每年递增。

全球思考与地域行动

无疑，麦戈文是最成功的风险投资人之一，他的成功在于他独特的经营理念和成熟的运作方式。

IDG奉行的是国际化战略。从1964年，麦戈文开始创办IDG时，他就抱着将IDG建立成一个真正的全球性经营组织的梦想。当IDG的营收达100万美元时，麦戈文开始在美国以外物色市场。在其公司内部运作机制中，也无处不体现着他的"全球思考"的国际化眼光。在IDG10000多名的全球雇员队伍中，只有20%的美国本土员工，其余80%的员工是分散在美国以外的全球各个国家和地区。在麦戈文眼中， IDG从来不是一个美国公司，而是一个全球性公司。

与例如IBM那样高度集中的管理架构相比，不同的是，IDG选择的是区域放权的管理模式，就是对各个国家IDG媒体的编辑、出版商和董事长放权。对麦戈文来说，指导IDG全球扩张的哲学原则是"全球思考，地域行动"。在其眼中，IDG与其他国际公司不一样，不是要向其他国家扩张延伸，而是在其所服务的领域里，根据不同国家不同的情况，尽可能帮助所服务的行业成长，因此，麦戈文在各地特别强调本地化，即"地域行动"。

之所以选择这样的策略是因为在麦戈文看来，真正了解、熟悉市场的必然是在第一线工作的人，是本地的出版商，他们更了解本土读者和客户的需求和行业发展的进程。放手让在一线的或本地的出版商来决策，有利于根据市场的变化，快速应变，及时调整市场策略，跟上市场的变化步伐，改进服务。

事实证明了麦戈文的远见：IDG在全球七大增长最快的IT市场，包括中国、印度、菲律宾、印尼、韩国、哥伦比亚和马来西亚等地出版了几十种出版物。"地域行动"可以说是IDG在全球获得高速增长的根本原因，而"集团经营、分散管理"则是其一直秉承的管理架构和风格。

在众多的跨国公司当中，IDG是第一家采用分散化管理的公司，IDG总部2000年的时候只有18名员工，开支仅占营收的1.5%（一般公司为3%～5%）。这就是麦戈文独特的管理模式带来的效益。

麦戈文的独到眼光

麦戈文及其IDG的成功，除了其独特而先进的全球管理模式，投资的选择标准则是其另一个重要原因。

麦戈文认为，风险投资的成败关键在于项目和团队。入选IDG的项目必须在5年内创造出4亿至5亿元的市场，技术要有自己的保护性，使竞争对手难以在几年之内达到或超越。麦戈文特别强调了管理团队的重要性。团队成员需要与潜在客户多做沟通，以了解迅速变化的市场。有时技术、产品不是很好，但聪明的创业团队会及时作出调整，找到新的市场。

快步易捷就是这样一个例子。快步易捷的管理团队是一个由职业经理

人组成的创业团队，5个创业者平均年龄38岁的背景打动了IDG。快步易捷从与IDG接触，到最终完成资金注入，仅花了3个月时间。

麦戈文对风险投资的理解，没有停留在资金的层面上，他的IDG还帮助有创意的年轻人建立公司的一种机制，例如辅导创业公司进行员工培训、如何做市场、如何定价等。

但是，还有一个有意思的现象，在和《计算机世界》《时尚》合作时，这些期刊的领导人都是所在领域的门外汉，麦戈文却并不在意。他认为一个合格的出版人必须具备三个条件：一是管理能力，懂得媒体运营，有魅力，能够吸引一批人和你一起工作，形成有凝聚力的工作团队；二是沟通能力，能和媒体、客户、员工很好地进行沟通、交流；三是要有服务意识，能够了解客户的需求，做好客户服务。而这三点，这些期刊的领导人都满足。

一直以来，麦戈文坚决抵触华尔街。IDG是一家私营公司，并没像美国在线时代华纳那样选择上市。除了有充足的资金，不必上市融资外，让麦戈文拒绝上市的原因还有一旦选择上市成为公众性公司，就要面对很多以前不需要面对的问题。这是麦戈文所不愿意看到的。

独到的眼光和独特的管理方式，坚持公司的独立性，拒绝成为上市公司，最终成就了麦戈文的IT媒体界王者之路。

（张晶）

软银集团孙正义

——软件投资的大赢家

"我对自己的能力极为自负，可是那次，孙正义给我上了一课，至今我都在研究：他锐利的投资眼光，是否来自神灵的赋予？"这是阿里巴巴集团创始人、董事局主席马云对孙正义的评价。

1999年10月的一天，马云被安排与孙正义见面。

孙正义和马云说的第一句话是："说说你的阿里巴巴吧！"于是马云就开始讲公司的目标，本来准备讲一个小时，可是刚刚开始6分钟，孙正义就从办公室那一头走过来，"我决定投资你的公司，你要多少钱？"

6分钟谈话，孙正义便决定，向阿里巴巴投资3500万美元。而在当时阿里巴巴只是一家并不起眼的公司。

几年后，当阿里巴巴成为全球知名的软件公司时，许多人不由得再次对孙正义的独到眼光钦佩不已。孙正义为阿里巴巴发展壮大带来了机遇，而他也赢得了财富，为自己的软银集团创造了机会。

这就是孙正义，日本软件银行集团创造人，一名仅用二十几年工夫便成为"亚洲首富"的软件投资家，一个成就了无数人互联网梦想的人。

一个敢于追梦的人

孙正义是个奇人。他出生在日本，祖籍韩国，从小就对美国的事情非常感兴趣。他有着美国人做生意的本能，也有着日本人的冲劲和韩国人的抱根精神。

1973年，孙正义16岁时，他来到美国加利福尼亚州大学伯克利分校学习英文。他认为美国是一个他应该了解和学习的国家。1975年，孙正义转到社区大学上学，两年后就转入加州大学伯克利分校学习经济。

孙正义是一个敢于追梦的人。还在上学的时候，他就曾勾画了40个公司的雏形，并设计了一个50年创建公司的计划，如何筹集资本，如何把发明创造传下去。在他19岁那年，他发明了一种袖珍翻译器，于是他雇了一个教授制造出翻译器样机，然后申请了专利，以100万美元的价格，把翻译器卖给了夏普公司。至今夏普公司仍把翻译器的技术应用在其Wizard个人电子管理器中。

轻而易举就赚到100万，对敢于追梦的孙正义来说，并不满足，因为他只是把这个学生时代的产物当作一个打工的工具，用来勤工俭学还行，不能做终身职业，他为自己定下了50年蓝图：20来岁时打出旗号；30来岁时储备至少1000亿日元的资金；40来岁的时候决一胜负；50来岁的时候实现营业规模100兆日元。

孙正义1980年从加州大学伯克利分校毕业后，他放弃了在美国舒适的生活，毅然回到日本。因为他知道，日本才是他事业的真正开始。而正是这次放弃，才有了对后来一切机遇的把握，才有了那个一展宏图的孙正义。

把握时机开拓事业

机遇总垂青于有梦想、有准备的人。

孙正义认为，要有大的作为，就必须从事最新兴、最具发展潜力的行业。

一次偶然的机会，孙正义买到了一本《大众电子》，看到了那幅伟大的照片——英特尔生产的计算机芯片的扩大照片。这时的孙正义激动得像是失去了知觉，不仅出了很多汗，连眼泪都涌了出来。下意识地，他知道这个小小的芯片将会改变世界，改变自己的一生。而这一瞬间的直觉，让孙正义踏上了与计算机结缘的不归路。"我要搞计算机，企业家应走的路是计算机行业。"

1981年9月，孙正义在福冈市设立了软银公司，从事个人电脑应用软

件的流通买卖。当时的注册资金仅仅有1000万日元。公司开业那天，孙正义站在公司装苹果的水果箱上面，跟他的两个员工说："我叫孙正义，在25年之后，我将成为世界首富，我的公司营业额将超过100兆日元！"那两个人听了之后，立刻辞职不干了，他们都以为老板疯了。

这时又一个千载难逢的机会不期而遇了。

每年一度的家电、电子业界展览会这一年在大阪市的见本举行。孙正义决定拿出1000万注册资本中的800万日元投入这次展会，租下了与其规模有极大悬殊，跟松下、索尼一样大小的展区。以常识判断，投入资本的八成实在不是明智之举。而软银所采用的参展商业谈判也打破了常规——由软银承担展区租借费和装饰费，软件公司只要带参展的软件来就行。这次展会，前来咨询的客户的数量盛况空前。

日本软银在大阪电子业展览上的活跃表现，尽管只带来了30万日元的交易额，但软银公司的表现却赢得很多公司的刮目相看。这时，许多软件商找到软银，寻求合作。软银公司的软件推销业绩迅速排名全日本第一。软银公司也以破竹之势顺利向前发展。成立之初只有三个人，到了1982年员工增加到了30人，销售收入为20亿日元。到了1983年，员工增长到125人，销售收入也急剧增长到45亿日元。

1994年，孙正义的软件银行公司上市，筹集到1.4亿美元。从此，软银集团开始大步腾飞。

投资1亿元获利200亿

孙正义的神奇，在于紧紧抓住时代新兴、最具发展潜力的行业。1995年，他认定网络产业必将迅猛发展，决定倾力筹措资金向互联网下赌注。他依靠两项由公司经营的风险资本基金，在55家新开办的网络公司中投入了3.5亿美元。

就在这时，雅虎公司创造人杨致远引起了孙正义的浓厚兴趣。当时雅虎还是一个由5名学生创立起来的不起眼的小公司。孙正义与杨致远等人见面后，谈话只进行了半个小时，孙正义就说："我要投资你们公司，1000

万美元怎么样？" 事实上，孙正义当即还决定第二天便飞往加州硅谷，去看看雅虎公司的办公室。飞机一落地，杨致远问中午去哪个饭店吃饭，孙正义摆了摆手说："不用了，咱们直接去你们的办公室，汉堡加可乐就行。"参观完雅虎只有5个员工的办公室，接下来的时间里，孙正义很快就改变了主意，"我要投资你们1亿美元，只要能占到公司35%的股份，你们要多少钱都行，但是必须让你们的融资顾问告诉我值那么多钱的根据。"当时，杨致远他们一下子愣住了，他们还没意识到，自己为何值这么多钱。

软银发现雅虎，改变了双方的命运，雅虎互联网公司于1996年在纳斯达克挂牌上市，其股价高举高打，如今已经是家喻户晓的门户网站。正是这次赌注，软银得到的回报高达200亿美金。

互联网造就了不少奇迹，孙正义是所有这些奇迹的母版。当宽带引发了第二次互联网热潮后，中国众多著名IT企业都打下了软银公司的烙印：新浪、网易、上海盛大、携程、当当、淘宝、分众传媒、博客中国等等，这些企业都有软银公司的风险投资。

软银的下一个目标，是在十年内成为世界第一的互联网公司，并将投资重心转向亚洲和移动互联网。孙正义正在抓住下一轮发展机遇，做出很多常人无法理解的疯狂决定，创造着互联网上一个个奇迹。

（李晚成）

北极光创投公司邓峰
——在风险投资的过程中体验快乐

有人说邓峰似乎天生就是创业的，就是把他放到月球上，他也能创业再回来。这话并非没有根据。从北京到美国，再回到中国，追寻邓峰的人生轨迹，他先后获得了清华大学电子工程硕士、美国南加州大学计算机工程硕士和宾州大学沃顿商学院工商管理硕士几个学位，并拥有5项计算机结构和集成电路设计方面的美国专利。而作为2007年度"中国十大风险投资人"的他，似乎早已把人生更大的乐趣从技术领域，投向了一个更加具有探索、创新精神的新领域——风险投资。

"硅谷之火"敲开"清华首富"的创业之门

邓峰是土生土长的北京人。1981年，他考入了清华大学无线电系，4年后直升读本校研究生。毕业时，他被评为优秀毕业生。

然而，除了学习，大学时代的邓峰也开始了他人生的创业之旅。大三那年，邓峰像许多大学生一样，开始勤工俭学。但对于邓峰而言，他的创业历程真正是从1985年底开始的。一本名为《硅谷之火》的书，敲响了他的创业之门。这是一本记录硅谷所有企业发展的书，犹如一支熊熊燃烧的火炬，点燃了邓峰心中的创业激情。

1988年，在清华大学第一次大规模的创业大赛——科技作品大赛上，邓峰凭借他的第一个创业项目获得了冠军。读研究生时，北京中关村刚刚起步，邓峰开始在中关村里接项目。当时，他租了三间房，一间自己住，另外两间当实验室，并且招来了一些在清华就读的本科生。从起初自己一

个人做，到雇人一起做；从在中关村的各个公司兼职，到自己开公司接项目。邓锋迈出了他创业生涯的第一步。于是，还在校读书的他赢得了一个雅号——"清华首富"。

搏击风险成就40亿创业之梦

1990年，邓锋出国。来到美国后的他，开始学习计算机体系结构设计课程。两年后，一个偶然的机遇降临在他身上。在朋友的介绍下，他成为全球最大的半导体芯片制造商美国英特尔公司的一员。邓锋在英特尔工作的4年，恰好是英特尔发展最快的时期。4年中，除了技术，邓锋还学会了英特尔先进的管理理念，这为他后来创立Netscreen奠定了坚实的基础。

那几年，一有空，邓锋就会和几个清华的校友在一起讨论网络技术方面的问题。网络的出现为邓锋的创业打开了一扇更明亮的窗户。有一天，邓锋和朋友一起讨论时，突然想到了网络安全的问题。面对这个在全球技术都尚处于起步阶段的市场，大家都十分兴奋。在反复商量思考后，几个人决定一起来做这个项目。然而那时，邓锋在英特尔已经是拥有股份的高层管理者，而另一个合作伙伴柯严也在思科公司担任要职。如果一旦离开公司自己创业，这意味着几年来在美国辛苦攒下的收获将再次付之东流。而当时邓锋拥有的英特尔股票大约值100多万美元。

然而，创业的梦想最终促使几个年轻人放弃了公司的股票和眼前的利益，开始"自己做"！他们找来了投资人，投资人投了20万元，邓锋和伙伴们每个人分别投了5万。就这样，Netscreen公司成立了。

接着，大家又分头去找投资。一个星期就找来近100万，大家又开始做；3个月后，他们又进行了一次融资。在一次次风险融资的过程中，邓锋和伙伴们的Netscreen公司越做越大。

而在这一过程中，邓锋本人经历了多个角色之间的华丽转身。公司刚起步时，邓锋只做技术；公司开始扩大时，邓锋开始慢慢接触管理；再后来，公司逐渐壮大后，他就开始着手思考管理公司的战略，包括公司并购、产品营销策略等。邓锋逐渐从一个技术人才向一个杰出的管理型人才转变。

2001年6月，邓峰和合伙人商定，决定将Netscreen上市。然而，2个多月后，震惊全球的9·11事件发生了，全球股市都跌得一塌糊涂。上市之路是否继续，成为摆在邓峰和Netscreen面前的最大问题。面对前途未卜的艰辛，邓峰依然毅然决定，继续让公司上市。于是在2001年的10月11日，Netscreen在美国纳斯达克成功上市。让所有人都感到意外的是，由于9·11后所有人都害怕股市崩盘，没有公司敢上市，Netscreen成为9·11事件后第一家在美国纳斯达克上市的高科技企业。于是，华尔街所有的基金经理都将目光投向了Netscreen。公司原本只想向外卖1000万份市场流通股，然而，一上市，订购的却有3亿股，比预估的高出了30多倍。

上市第一天，Netscreen身价暴涨，摇身变成一家拥有24亿美元市值的大公司。后来，这份好运气也一直相随，Netscreen身价一直成长，直到2004年初，邓峰以40亿美元的价格，将Netscreen卖给了瞻博网络公司。

享受过程比结果更幸福

成功卖掉Netscreen后，邓峰个人赚了4.2亿美元。带着这笔钱，他回到了阔别14年之久的祖国。在距离清华大学几步之遥的中关村，邓峰创立了北极光创投公司——一家中国概念的风险投资公司。

这一次，他的合作伙伴中依然有柯严。北极光公司在上海和硅谷，都设有投资顾问办事处，专注于早期和成长期技术驱动型的商业机会。其针对的商机，主要是利用中国的产业、经济和人力资源优势，创建全球经济中个性独特并能持续发展的企业。

这一次的行动，被邓峰视为人生的第三次创业，成功依然眷顾了他。北极光创投公司先后投资的经营母婴产品及日用产品的红孩子、网上婚恋公司百合网、国内规模最大的中档连锁酒店汉庭酒店连锁等都获得了成功。而邓峰本人，也在取得这一系列成功后，被评为"2007年中国十大风险投资家"。

邓峰认为选择风险投资，"这一次又选对了"。他说，从大学时代

起，自己的人生就有两个目标，第一个是赚钱，第二个是make impact，即产生影响力。而北极光就是邓锋"make impact"梦想的实现。

邓锋将北极光业务范围主要集中在投资"TMT"，就是"technology，media，telecom"——生命科学、新能源、通讯技术等领域，同时也投向于消费、服务行业。在这样的理念支撑下，北极光先后投资了20多个企业，都取得了较好的市场反响。

从当初只身在美国创业，到如今回国做风险投资，邓锋的创业之路除了幸运外，离不开"创新、探索、风险"几个词。邓锋说，风险投资是一个挑战，是他人生的一次重新创业。可能做好，也可能做不好。但他喜欢这个过程！因为，在这个过程中，他能和自己喜欢的团队一起工作，而他们的工作恰恰可以对部分中国的企业家有所帮助，这个过程比结果更让他感到幸福！他，就是这样一个在不断创新的风险中体现成功乐趣的人！

（张晶）

丰隆集团第二代掌门人郭令明
——开拓性扩张的守业者

　　1995年的新加坡，经济十分繁荣，作为亚洲四小龙之一，是投资者的热土。时年54岁的郭令明以长子身份接掌郭氏家族，成为丰隆集团的第二代掌门人。

　　时隔9年后的2004年，《福布斯》杂志第一次公布了东南亚富豪名单，时任丰隆集团主席的郭令明以28亿美元的个人资产成为新加坡首富，并在排行榜上名列第三。此时的丰隆集团旗下共有11家上市公司，涉足包括金融业在内的多个行业，除大量房地产业务外，旗下还有110家国际酒店，遍布亚洲、大洋洲、欧洲和美国，总客房数目达3万间。丰隆集团成为新加坡名副其实的标杆企业。

一个成功的开拓者

　　有人说，郭令明的成功是靠继承父亲的产业而来，并不是自己打的天下。但郭令明用事实证明并非如此。他说，问题不在于是否自己打天下，而在于是否具备企业家的素质。不是每个企业家都是白手起家的，所有企业家也不必从赤手空拳做起。更重要的是，是否有能力领导你所继承的产业。多年来，郭令明是这么说的，也是这么做的。

　　中国人常说：穷不过三代，富不过三代。富不过三代，说的就是守业难。而在郭令明身上，人们看到的不是他和"守业比创业更难"的规律搏斗，而是他在继承父业后的开拓性扩张进程。作为产业继承者，郭令明一面守住父亲留下的产业并把它做大，一面按照自己的商业理想驰骋商海，

以自己的理念进行商业扩张。

接掌丰隆集团以来，他不断开疆辟土，以城市发展作为上市旗舰，主要扩张酒店业，不断在世界各地收购酒店，以实现打造一个全球性酒店王国的理想。他的每一个商业动作都堪称大手笔。

早在1993年，郭令明就一口气买入了新西兰20家酒店，同年又以19亿元购入伦敦告罗士打酒店、香港日航和吉隆坡丽晶酒店，显示了其打造酒店王国的雄心。然而最轰动的一次，是在其初掌丰隆集团的1995年，郭令明联合阿拉伯王子以25亿元购入纽约广场酒店。1999年，郭令明又一举收购了28家美国富豪酒店。如今，他已是世界酒店集团千禧国敦酒店（Millennium & Copthorne Yhotels）的主席，旗下酒店遍布全球。一个110家国际富豪酒店组成的酒店王国最终在郭令明手中被缔造。

如今的丰隆已是新加坡最大的房地产和酒店业投资发展商，总资产目前超过200亿美元，年营业额50亿美元，全球员工4万人，麾下拥有丰隆控股有限公司、丰隆亚洲、丰隆金融、城市发展和千禧国敦酒店集团等，主要业务涉及房地产、酒店、金融公司、贸易以及工业管理等领域，集团已在美国、英国和新加坡多地上市。

2004年7月，在新加坡创业行动组织（ACE）举行的"蓝天会议"上，郭令明与青年创业者们坦诚交流。有人问他成功的关键是什么，郭令明的回答是想象力。他说：首先，要有想象力，但是这种想象力必须是现实的和可操作的。然后，你必须抢占先机，迅速行动。

在郭令明的身上，闪烁着想象力的光芒。尽管在名誉上是个守业者，是家族企业的继承人，但郭令明用行动证明了他更是一个成功的开拓者。他的父亲打造了财富帝国，而他则让这个财富帝国像雪球一样越滚越大。

一次失败的经历

在上世纪末的最后几年中，郭令明成功扮演了一个"超级购物狂"的角色，这反映了他的一种商业理念：专心做自己熟悉的领域，既然对酒店业熟悉，有着超强的把握，为什么不专心经营把一块蛋糕做大呢？

虽然投资者都明白"不要把所有的鸡蛋放在一个篮子里"的风险规避理念，但是丰隆集团庞大的产业，及其在房产、金融业上的不菲实力，使得郭令明能够游刃有余地实现他酒店王国的梦想。而其遍布全球的产业分布也使他的丰隆集团对抗风险的能力表现不俗。依靠分布全球的产业网络，即便在1997年亚洲金融危机的强烈冲击下，丰隆集团也没有被经济泡沫蒸发，而是依然盈利。

郭令明如此热衷于在他所熟悉的酒店业领域进行扩张，除了源于他的商业激情外，也源于70年代一次失败的投资经历。

上世纪70年代初，丰隆集团考虑将核心业务多元化，当时，有一位高级经理人为丰隆集团工作，他称他能做一项业务，年利润率达100%。而当时年轻的郭令明相信了这位经理人能做到。郭令明形容自己当年是"我对这项业务不太了解，也不想去调查，我只是相信他"。而结果是，这项投资遇到了许多困难，既没有原材料，也没有员工和订单，这三个最基本的要素一项都没有。公司亏损，投资血本无归。而当时的郭令明非常固执，不相信这个项目会失败，于是追加了更多资金，结果仍不见起色。最后，只能打碎牙往肚里咽，关门了事。这是郭令明的一个失败案例，他回忆说自己"错误在于信任高级经理人，涉足不熟悉的行业，而且没有充分意识到内在的风险"。

这次失败的投资让郭令明学会了怎样应对风险。郭令明在回忆这段失败的经历时，对青年投资者说："你要应对可计算的风险，也就是要衡量冒着风险能得到多少利润，如果你不会，就不知道每单生意都有内在的风险。我初入商界时，每当看到父亲应对风险都会颤抖。现在，随着经验的积累，我能够应付大的可计算的风险。"

在日益激烈的竞争下，投资环境复杂的亚洲，丰隆集团能屹立不倒，不断发展，郭令明应对风险的超强把握，不能不说起了至关重要的作用。

守业者的创业梦

虽然外界都把郭令明看成是一个守业者，而不是创业者。然而，事实上，在其父创业的后阶段，外界早已看到了郭令明的身影。可以说，他见证也经历了其父缔造丰隆集团的全过程。因此，父亲的创业经历对他产生了深刻的影响。

在丰隆集团的创业之路上，郭令明跟随并与父亲一同品尝着创业的艰辛。父亲要求自己要从底层做起，和所有员工一起从最基础的工作做起，要自己一步一步地去开拓市场，那么市场才会真正属于自己！

这段艰辛的基层工作经历，让郭令明受益匪浅，至今保留着谨慎节俭的好习惯。其父郭芳枫这样评价儿子："做生意有远大眼光，能配合时代需要，顺应形势要求，把握时代的趋势和脉搏，从而因势利导，采取适当的经营对策。"这样的概括，不是一位父亲对儿子的评价，而是一位前任开拓者对其事业的继承人和发扬者由衷的赞叹。郭令明就是在这样一步一步的开拓与探索中，实现着他作为守业者的创业之梦。

（张晶）

沙特王子阿勒瓦利德·本·塔拉勒
——从白手起家到风投大鳄

阿勒瓦利德·本·塔拉勒，2004年以215亿美元列《福布斯》全球富豪排行榜第4位，2005年以237亿美元列《福布斯》全球富豪排行榜第5位。他是世界上最富有的皇室成员，生于1955年的他，是沙特阿拉伯开国国君第21位王子的子嗣。父亲曾是沙特驻法国大使，母亲则是黎巴嫩独立后首任总理的千金。或许看到这，我们会自然地联想到，显赫的出生是阿勒瓦利德日后成功的主要条件，然而，实际上阿勒瓦利德却是一个白手起家的典范。

1.5万美元起家

阿勒瓦利德5岁时，父亲因为同情后来成为埃及总统的纳赛尔，而与沙特国王以及王室其他成员闹翻，被流放到埃及。在那里，阿勒瓦利德度过了苦难的童年。几年后，阿勒瓦利德的父亲获准回沙特，但从那以后，阿勒瓦利德父亲本人及其后代，已经永远失去了进入沙特阿拉伯上层政界的机会。

1976年，19岁的阿勒瓦利德离开家乡，只身前往美国旧金山门罗学院攻读工商管理硕士学位。曾经给阿勒瓦利德授过课的人文学科教授卡洛斯这样评价阿勒瓦利德："他的成绩在班里是最棒的。"

1979年，阿勒瓦利德带着全优成绩回到祖国。父亲给了他1.5万美元，这笔钱成为阿勒瓦利德的第一笔创业资金。

这个时期，沙特刚刚开始在国际石油市场上大笔收获石油美元，沙特国内的商业活动也日趋活跃。阿勒瓦利德利用自己的关系和不多的资本，做起了贸易代理和承包生意，在这几年中，他每年的利润都达到数千万美元。他利用手中积累的资本，陆续建立了几家公司，并与外国公司在沙特搞合资企业。接着，阿勒瓦利德及时预见到，政府依靠石油美元实施的高福利政策将大大刺激国内的房地产市场，于是，在首都利雅得买下两大块地产。这些土地成为他走向地产业的开始，到今天，阿勒瓦利德已成为沙特阿拉伯首都最大的私有地产拥有人。

只购买危机中的股票

1990年的秋天，当时美国最大的银行——花旗银行陷入了困境，它在一系列地产贷款中损失惨重，急需资金，联邦储备委员会敦促它增加资金储备。但花旗银行寻找十多亿美元投资的努力毫无结果。由于人们害怕花旗银行破产，纷纷抛售它的股票，导致股价猛跌。

在获得花旗银行陷入困境的消息后，1990年年底，阿勒瓦利德以2.07亿美元（每股12.46美元）买下了花旗银行当时4.9%的普通股。在1991年2月，当美国军队进驻沙特阿拉伯准备与伊拉克开战时，利用和政府的特殊关系，阿勒瓦利德又以5.9亿美元买了花旗银行新的优先股，它们可以以每股16美元的价格换成普通股。这部分股票占花旗银行总股份的10%，这样一来，阿勒瓦利德在花旗的总股份也上升到14.9%。就在他投资了花旗银行后两周，一群国际投资者又买了6亿美元的花旗银行优先股，在众多投资者的强硬入市后，花旗银行的资金危机很快过去了。到1994年这家银行的股票扶摇直上，阿勒瓦利德王子名利双收。

阿勒瓦利德说自己是一个勇敢者专门捡便宜货。真正的股票投资应该是选择一家真正值得投资的好公司，在合适的价位购入其股票，长期持有，耐心等待企业的成长为自己创造财富。"如果你没有持有一种股票10年的准备，那么连10分钟都不要持有这种股票"，巴菲特的这句名言，同样被阿勒瓦利德所信奉。

建立沙漠中的宫殿

正当全世界都被这个最大的非美国本土投资者吸引时，他却像阿拉伯沙漠中的被远古的沙粒掩埋着的古城一样，远离了美国，居住在沙漠之中。

经过近20年的奋斗，阿勒瓦利德已成为世界第四大富翁。但和许多长期到国外生活的沙特王子不同，阿勒瓦利德一直生活在利雅得附近的沙漠中。在一片茫茫的沙漠中，他用1.3亿美元打造了一座宫殿，宫殿大门只有当门卫用阿拉伯语说出"芝麻开门"的暗语后，才能打开。宫殿有317个房间，共配备了520台电视机、400部电话、8部电梯，还有数个游泳池。阿勒瓦利德、他的第三个妻子以及两个孩子，住在这座宫殿内，供其使用的佣人多达180个，这些佣人都配备了对讲机。

而宫殿中有一个现代化的帐篷，令人意想不到的是，这顶帐篷就是阿勒瓦利德的工作室。帐篷内设有3个电视大屏幕，可与移动电话、传真机、打印机、电脑以及一辆载重汽车相连，载重汽车上价值70万美元的通信设备又可与卫星相连，并有20名经理通过这些设备管理阿勒瓦利德的财富。这些人日夜忙碌，随时会向他报告证券市场行情、投资机会和公司的业绩。

倾心投资网络和美国

自1998年以来，阿勒瓦利德开始喜欢投资一些时髦的领域，比如网络、通讯以及其他高科技产业。他向特来迪斯科公司投资了2亿美元，该公司将利用200余颗卫星建造世界第一个高速数据传输网。他认为该公司的技术，将可能改变整个世界。

2000年后，阿勒瓦利德对网络等高科技股票的热衷达到了高峰，2000年4月，阿勒瓦利德花了10亿美元大量买入了科技股股票，其中以4亿美元买入了美国在线的部分股票（股价74美元）。2000年9月，他又以每股25美元的价格从公司创始人处购买200万股Priceline。2000年11月，阿勒瓦利

德再次买入20亿美元美国在线股票（股价54美元）。除了美国在线外，他还持有另外两家网络公司电子湾、亚马逊的股票。

在创业之路上，阿勒瓦利德要面对的另一个问题则是，投资过于集中在美国，即使在2000年5月中旬，道琼斯指数下跌11％，纳斯达克指数重挫31％，美国股票市场走势扑朔迷离之际，阿勒瓦利德依旧坚决投资美国，宣布向美国15家公司投资10亿美元，其中包括可口可乐、百事可乐、福特汽车、亚马逊、电子湾及因特网资本集团公司等等。

阿勒瓦利德曾经不无自豪地说："我要是想做什么，就会干得惊天动地，要么干脆不做。"这个有时候显得有些狂妄的沙特富豪是这么说的，也是这么做的。他相信他的财富会像他花费1.3亿美元建立起来的宫殿一样坚固，但是，谁都知道他所拥有的这个城堡毕竟是建立在沙漠中的。希望如《经济学人》杂志的预测一样，到2015年，阿勒瓦利德会成为世界上最有权力的富豪。

很多人说，阿勒瓦利德的发家致富之路，完全可以书写一部现代版本的《一千零一夜》。而阿勒瓦利德就是童话书中那些具有神奇超能力的人。他以战略家的眼界、实业家的刻苦，打造了一座真正属于自己的沙漠创业王国。

（张晶）

蓝山中国资本创始合伙人唐越
——理性与激情兼备的投资人

同行说唐越是理性、实际的买卖人；

员工说唐越是平和、果断的老板；

而骨子里，唐越从来就是个追求自由、敢于挑战的冒险者。

读不下去的大学

1989年，18岁的唐越是南京大学国际贸易系一年级的学生。那时他们议论最多的就是留学问题。有小道消息说：大学生毕业后，五年内不能申请去美国留学。

"毕业后五年啊，我不可能等那么长的时间。"唐越的语气有些轻描淡写，却透着一股坚毅。

"你的目标就那么明确，一定要去留学？"旁人这样问他。

"可能我读不下去了吧！"唐越半开玩笑式地答道。

唐越所谓的"读不下去"，其实应该更准确地诠释为"我不享受读书的过程（在南大时）"。"我可能只用了10%的时间就能应付考试，成绩还很好，但其他90%的时间呢？我不愿意浪费。"

于是，大三时，唐越成功转学至美国明尼苏达州康戈迪亚学院，主修金融，副修政治学。

在美国自力更生

在国内，衣食无忧的唐越根本不知道"谋生"意味着什么，"独立于

社会"的概念只存在于同学们的高谈阔论中。而在美国，没有奖学金的他必须靠双手来养活自己，用行动去体味"独立"的真实含义。

为了赚生活费，唐越在学校食堂整整烧了一年的饭。每天早上五点到厨房，所有的配菜在凌晨两三点的时候早已被弄好，他所做的就是拿起电脑操作单的指示：第一步，将30磅牛肉馅倒入蒸汽锅中，煮到褐色为止；第二步，将油滤掉；第三步，将10罐番茄酱倒入锅中；第四步，将20磅通心粉倒入热水中煮熟；第五步，将通心粉倒入番茄酱中搅拌均匀；第六步，用保鲜膜封好，放入烤箱中。在相对单调的工作中，唐越也收获颇多，培养了自己独立的能力。与此同时，他更惊讶于美国社会的流程化，就连一个学校的厨房也不例外。

给迪斯尼讲故事

美国最受人尊敬的公司之一迪斯尼有一个"校园项目"，每年都会在全美大学招聘暑期实习生，一般情况下，一个学校就一两个名额。1992年5月，迪斯尼公司的招聘人员来到明尼苏达州康戈迪亚学院，他们面前站着一个黄皮肤、高高瘦瘦的中国学生。

"你为什么想来迪斯尼实习？"主考官问唐越。

唐越和很多前来应聘的同学一样，本能的想法是：我需要赚钱啊！但他没有这么说，而是思考了数秒后，将赚钱的理由转化为："我在中国曾读过一篇报道，一个身患白血病的小女孩有一个最大的愿望，就是能去迪斯尼乐园看一看，联合国儿童基金会知道了这个事情，就帮助这个小女孩实现了她的愿望。可是中国有成千上万这样的小女孩，她们根本没有运气、也没有机会去迪斯尼乐园看一看。有一天我将会回到中国，去建立中国的迪斯尼乐园，帮助更多的中国小孩子实现梦想。"面试官们惊讶于眼前这个外表腼腆的小伙子有如此的野心，他们被打动了。

大鱼和小鱼

美林证券，这个号称全球最大的证券机构网罗了美国金融界的精英。

在那，唐越找到了他的第一份工作。1994年，美林嗅到了正在崛起的亚洲市场的巨大潜力，于是快速调兵遣将，部署战场。新加坡成为其选择进军亚洲的第一站，仅在美林工作了1年9个月的唐越被高层选中，意欲让其在新加坡市场中大展拳脚。

任何一个大型跨国企业都是一部运行良好的机器。唐越觉得在美林证券自己不过是"a little fish in a big pond（大池塘里的一条小鱼）"，他只需按部就班地做着自己案头的事情。但对未知领域充满好奇的他不甘于被束缚在结构与框架中，他的不羁性情成为他离开的动力："一个新东西我两个礼拜就学会了，我做得很好。可是我还是要在那个位置上继续做下去，不能让我有所发挥。我向往的工作环境是非组织、非结构的。"

就在唐越思忖如何应对这一工作安排时，他在美林认识的两个朋友准备合伙开一家投资银行，并向他抛来了橄榄枝，他借此离开了美林，加入到Brookehill Equitie。唐越一再强调，这是一个小的投资银行，而他，就是"小池塘里的一条大鱼"。

打电话抢客户

唐越身上浓郁的主观色彩与富有创造的更新能力在Brookehill Equitie工作时得到淋漓尽致的发挥，一个默默无闻的亚洲小伙子在纽约华尔街做对冲基金、公共基金的销售，要与美林、J.P.摩根、高盛等投资机构抢夺客户，他能做的就是从打电话开始。电话打过去，基本上全部被转入语音信箱，运气不好的时候碰到语音信箱爆满那就连话都留不上。对着电话那头，唐越滔滔不绝地讲述自己对某个基金、某只股票的分析。

四个月过去了，终于有些客户觉得他的分析还有些过人之处，就把电话打回来，唐越就是这样积累起自己的客户。那些客户当时可能身家只有几千万美元，可是现在身家都千亿美元了，而且如今也已成为唐越最重要的支持者。

玩转"空手道"

1998年至1999年，互联网让中国沸腾了。1999年，搜狐最早的海归将士之一张黎刚决定自己创业，他向留美时的大学同窗唐越描述着互联网的美妙前景，发出了融资的请求。唐越以极快的速度回国考察，两三天的时间他就下了决心，回纽约辞职前他对张黎刚说："我们要做就做大，小打小闹没有意思。"

1999年5月，唐越从风险投资商那融到100万创业资金，在美国成立了艺龙公司。10月，eLong.com网站在北京正式开通，当时定位于提供城市生活资讯服务。到2000年1月24日，100万美元花得一分不剩，唐越开始思考艺龙的出路。

唐越借了点钱一边继续支撑网站，一边寻找买家。2000年2月，艺龙在收购了南京的一家国内著名社区网站西祠胡同后，决定把自己嫁出去。但是那时的艺龙既没有什么名气，内容也乏善可陈，在人们看来，艺龙要寻找婆家似乎很难。

不过，这对于被业界称为天生的"生意人"的唐越来说似乎并不是一个难以企及的目标。

2000年3月，唐越出乎所有人的预料，与美国最大的互联网通讯公司Mail.com置换股票，把艺龙卖了，获得价值6800万美元的Mail.com股票和2000万美元的现金。2001年，互联网泡沫崩溃，Mail.com支撑不住，唐越果断把艺龙从Mail.com回购出来，价钱是300万美元。

在网络公司发展的高峰时期，卖掉公司；在最低谷的时候，再回购。这桩最划算的买卖使年轻的唐越名声大噪，他也在当年被媒体誉为"资本市场上玩'空手道'最成功的一位"。

10分钟融资1500万美金

2003年8月，美国老虎科技基金主动找上门来，与唐越有个令人震惊的相聚。

当时，双方约在晚餐时间商谈投资事宜。在正餐没有上之前，唐越凭借自己超人的口才和诚恳的态度，与投资者仅仅商谈了10分钟，便就1000万美金达成了君子之约。之后，他去了趟美国，又带回了500万美元。

　　唐越有着自己的融资哲学："评价融资好坏的标准不是是否能拿到钱，而是以什么样的成本去拿到钱。在资本市场环境恶劣的情况下，不到万不得已不应该去融资。我们现在融资并不是因为没有钱，而是因为现在资本市场环境好，可以以低廉的成本去拿到钱。"

　　唐越平时喜欢读《圣经》，偶尔醉心于哲学的冥思中。他曾说："风险在于你对这个行业是否有信心。自己真的相信新经济的未来，还是只是在嘴上讲相信新经济。是否能把自己的钱投到这个行业，这是一个检验的方法。"在理性的哲学与激进的冒险中，唐越向我们展示了一次次成功的风险选择。

（张晶）

美国中经合集团中方总经理张颖

——风投是一种最高境界的赌博

出门远行

1973年，张颖出生在一个高级知识分子家庭。父亲是一名内科医生，母亲是清华大学化学系的高材生。1978年，张颖的父母举家迁往美国，张颖也随之开始了美国的求学之旅。

在美国的15年里，张颖在加州大学旧金山分校和美国西北大学分别拿到了学士和硕士学位，还在加州大学旧金山分校和斯坦福医学院参与了两年多生化基因项目的研究。朋友们都以为他注定要进入研究这个领域时，他的选择却让所有人都震惊——他加入了花旗银行，主要负责对互联网、软件、半导体和生命科学等领域的公司进行上市分析、重组和投资调查。

刚开始父母也不理解，觉得他可以去医学院，可以去读很好的博士学位，为什么要重新再走这条路。但张颖却是综合考虑各方面因素做出的决定，他根据自己的性格和对商业的理解，觉得自己比较适合在商务这块发展。而现在看来，他觉得这个选择还是对的。

结缘中经合

在花旗银行的投资银行做完两年后，张颖觉得学到了自己想学的东西，于是加入了荷兰银行的直接投资部。那时，荷兰银行相对还是比较保守的，对高科技风投还是处于观望的状态，后来互联网泡沫，荷兰银行裁员，张颖可以选择去欧洲，参与荷兰银行在欧洲的创投部，或者是拿一笔产权费。

但是，张颖觉得中国人去欧洲发展不是特别有利，所以就在圈子里面找一些新的机会。一次偶然的机会接触了中经合，他只听过这个公司的名字，不认识任何人，于是他便发了一份简历过去，就这样他顺利进入了中经合。回国之后，他发现北京是个很有意思的地方，无论是政府对于新兴行业的支持态度还是企业家的创业激情，都让他觉得投资这个行业将会很快变得热闹起来。

风险投资是一种最高境界的赌博

2003年，张颖以美国中经合集团执行副总裁的身份，全权负责中国业务，手里掌管着2.5亿美元。一个偶然的机会，住在现代城的他发现电梯门口有播放广告的液晶屏，投资商天生的敏感让他决定关注这家很有意思的广告公司。当分众创始人江南春正为扩大市场缺少资金而焦头烂额时，张颖站在了他面前并最终带领中经合参与了分众的第二轮风险投资。

直到今天，张颖还掩饰不住一脸兴奋："太令人激动了，投资分众两年，其市值翻了几十倍，为中经合创造了几千万美元的回报，即使在美国顶尖的投资圈里也是很罕见的，这很大程度上归功于江南春和分众团队的超强执行力。"

张颖说，做风险投资其实就是一个最高境界的赌博，一个成功的风险投资，50%是一个人积累经验的一种直觉、一种判断人的直觉，40%是运气，而10%是自己的努力包括智商等。

青睐"土鳖团队"

虽然大家普遍认为"海归"团队视野更广阔，英文都比较好，他们进行融资和国际者进行交流的时候，成本会比较低，并且信息的损失会比较小，但有过几次投资失败的经历后张颖发现，"海归"团队的创业者，往往对中国国情缺乏了解，人力成本很高，而且团队精神不佳，"有些公司拿到钱之后就开始争"。

吸取了这些教训之后，作为一家专注于初创期投资的风险投资公司，张颖及其所服务的中经合在中国开始把目光转向"土鳖"创业者。"一句英文都不会说也没关系！"他说，"在初创时期，我们需要的是了解市场，并且熟悉本土人情世故的团队。"

张颖旗帜鲜明的投资理念几乎颠覆了人们对国际风险投资的传统认知。众所周知，选对行业和创业者团队是风险投资，尤其是外资风险投资考察本土企业最主要的两个因素。而在人们印象中，来中国的国际风投家们虽然以华人居多，但通常在美国获得学位，并长期混迹于硅谷和华尔街。和他们打交道的创业者，也大多有类似的"海归"背景，这使得"海归"创业者们更容易获得风险投资和投行的帮助，华尔街也就变得触手可及。

而在张颖看来，"土鳖团队"可能更容易满足中经合对投资对象的要求：之前有过一些创业经验，无论成败，当然赚过钱最好；对当地风土人情有一定的了解；这些人渴望海外上市；有一些钱，比如100万左右——手里钱太少容易产生短期行为，钱太多创业激情会受影响。

除了这些基本条件，在张颖看来，如果这家公司直接服务于大众客户那就更好了，因为这样的企业只要推广得力，往往容易赚到钱。有了一些钱之后，这些公司会做出长期规划，而不会急于用来进行个人利益分配。在经历了10至18个月，公司度过初创阶段之后，风险投资再向这些企业追加投资，这时才引入"海归"担任财务总监等重要职位，打造一个中西合璧的团队，来等待后期更大的投资者。

退休后去做慈善

目前，中国的贫富差距还是很大，而张颖觉得自己还是很幸运的。虽然他现在还没有做任何慈善，但他一直在关注。他觉得做事情一定要专一，而且要有阶段性，他现在要努力把中经合做好，五年十年后……在达到一定成绩的情况下，他就会急流勇退，跟风投一点关系都没有，而是希望能专心在中国做一些慈善方面的工作。

"我是独生子女，父母为了我远离家乡去了美国，为了我而在美国拼命工作。我现在也要知恩图报，我希望能把他们都接回中国，让他们在家乡安度晚年。赚钱虽然重要，但当达到一定程度之后，我希望能够做一些更有社会意义的事情，也让家里人为我自豪。"说起价值观，张颖很豁达，"我无意也无法去改变这个社会的现状，只是希望能够尽我的绵薄之力，为中国的发展做出我这份贡献。"

　　"Work Hard, Work Smart"是中经合公司的理念，张颖按照自己的理解，把这句话翻译成"勤奋、思考"。他说，勤奋，因为我们不是天才；思考，为了使我们的劳动更有成效。有了勤奋和思考，张颖便明确了自己的需要，做着自己喜欢的事情。

（张晶）

凯鹏华盈执行合伙人周志雄

——独到眼光成就"男枭"投资神话

在风险投资界，他曾连续被评为2000、2001、2005、2006及2007年度"中国十大最活跃的风险投资人"，并被评为"2005年年度最佳外资风险投资人"。美林投资银行董事总经理邱文友这样评价他："他是在风险投资界脱颖而出的、不可多得的人才，同时具备投资家和创业者的素质。"

还有人这样评价他：在获得持久巨额利润的同时，他还创造了优秀的品牌与形象，他的判断力准确，自身积聚的能量和借助盟友所获得的能量令他的竞争对手感到畏惧。他就是周志雄，被同行喻为"鹰眼""男枭"，敢于投别人不敢投的企业，并获得超额回报的人。

踏上"风险之路"

周志雄生于1962年，17岁考上大学，深受上世纪70年代盛行的英雄主义情结影响。对于认定的事，他决策很快。1983年，周志雄从北京工业大学无线电系半导体专业毕业，1987年留学美国，1990年在美国新泽西理工学院获得工学硕士学位后加入贝尔实验室。1995年，他回国。这时，他的好友，也是UT斯达康的创办人吴鹰邀请周志雄加入UT斯达康，去管理UT投资的电信运营商吉通。

吴鹰给周描绘了一幅美丽的前景：几年后，吉通将是中国的MCI（美国的一家大型电信商）。周志雄当时在美国的工作是负责管理硬件设计的，虽然工资高，但"管的事不大"。"我一想在美国我永远做不了这么大的事，所以没多想就答应了。"周志雄做出这个决定迅速地让人惊讶。

2001年，软银和思科合作的软银亚洲信息基础投资基金成立。当时，软银中国当期资金告罄，周志雄觉得软银亚洲是"一个不能丧失的机会"，于是，和同事羊东一起加入软银亚洲，任投资主管，周志雄由此踏上了他的"风险之路"。

经典操盘　　盛大传奇

在创投界中，只要谈到最成功最经典的案例，没有不提盛大的。4000万美元，投资14个月后，在纳斯达克上市，20个月大部分退出，收获5.6亿，十几倍回报。这在中国风险投资业里，是一个不可多得的成功案例。

周志雄是软银赛富投资盛大的3人核心团队之一。而关于他本人在盛大的故事，则正如盛大最成名的业务一样，是"传奇"。

其实，对盛大一案如此迅速上手来自于周志雄对游戏行业的多年观察和研究。在投资盛大之前，他曾在2000年研究单机版的游戏，结论是盈利受盗版问题的拖累无法实现。中国最早做网络游戏的是联众，但是联众的收费模式不是向用户直接收取，而是向电信收取。这种收费模式一直影响联众的规模。

在盛大开始融资之前，他已经在看网络游戏行业。最早看的是在北方很火的华义的《石器时代》。周志雄知道盛大在做《传奇》游戏，在南方很火，唯一不知道的是他们能赚那么多钱。

起初是汇丰把盛大的案子通知阎焱的，阎焱把这个案子用电子邮件通知团队，周志雄在第一时间作出反应："这个项目如果盛大的数字是对的，绝对值得做，我一定要做这个项目。

2003年，从谈判，到调查，以及投资后一头扎进盛大到后来的上市路演，周志雄在盛大泡了整整20个月。他在盛大有专门的办公室，整天在盛大出出进进，几乎被认为是盛大的一员。以至于他自己也说："我在盛大的经历是在职业生涯中最激动人心和美好的一段经历。"

周志雄的技术背景，在公司层面的运营经验，和他的国际背景对盛大的许多决策有了重大的影响。在盛大的20个月，周志雄帮助盛大建立了多层的管理架构，员工期权激励机制，和盛大一起制订横向和纵向发展战略，代表盛大谈判新的欧美游戏代理，配合盛大的电视战略，并购了一个在美国硅谷的跨平台网络游戏技术公司和物色可能并购的其他公司；和软银的其他同事，包括韩国的同事一起一次次地把Actoz拉回谈判桌，和负责盛大上市的高盛一起撰写部分上市招股书，和上市团队一起路演和参与最后的定价等。

为了更好地理解盛大，年届40的他开始学习玩游戏。他试图在玩各种游戏中判断韩国游戏和欧美游戏的不同，各种游戏类型的盈利模式，技术应如何改进和创新，如何引入新的盈利模式，服务如何改进，如何形成横向发展和纵向发展战略等等。

就在一切蒸蒸日上时，韩国的游戏公司把传奇的服务器源代码泄露了，并在网上公布出来。这等于现在玩家无需经过盛大，只要在网吧安上"私服"软件就可以免费或花很少的钱玩了。盛大的业绩大跌。

但周志雄看清了盛大在其中的角色与定位，他判断说"私服"带来的用户体验无法长久，应不值钱。果不出周所料，盛大的业绩在"私服"出现四个月以后回升。

冷门投资成就周氏风格

周志雄总是能敏锐地把握住机遇，创造高额利润，他操盘的盛大只是神话故事的开始。有时，周志雄甚至会根据自己对产业的判断，攒出一个项目来，他将之称为："Roll Up"。比如ADU（爱迪友联）项目，就是周志雄将13家很强的地方网络营销企业联合起来组建的新公司。他解释这种好处："原来是一堆小公司，合起来就是一个大公司。"这种大公司在产业里不但拥有话语权，也创造出了新的商业模式。这种十分冷门的投资，成为周志雄的周氏风格。

同样冷门的其实还有周志雄对橡果国际投资。橡果国际的创始人杨东杰曾经多次遭到风险投资商冷遇，他们认为橡果不过是个过时的电视购物公司。周志雄却发现在中国网络渗透率与电视渗透率存在巨大差距下，它

可能成为新品牌销售的一个绝佳渠道平台，见第一面后不超过一个月他就迅速做了投资。

他这种独特的投资眼光被全球最顶尖的风投公司KPCB相中，于2007年4月，成为募集金额3.6亿美金的凯鹏华盈（KPCB中国）基金的创始合伙人之一。

周志雄离开了软银赛富，走进凯鹏华盈，因为他不想再仅仅做一个挣大钱的风险投资。他骄傲地表示："伟大的风险投资一定会从一个产业的高度来考虑投资，不一定要是大手笔，不一定高回报，但要敢于投资新的领域，扶持新的产业发展。如果一个产业因为一家风险投资的投资而变热，继而变成熟，那这家风险投资就是伟大的风险投资，对我来说，最有成就感的莫过于我投资的企业由于我们的投资而对整个行业造成了巨大的影响。"立志要做亚洲最大风险投资商的软银赛富，现在的轨道已偏向PE（私募股权基金）中的Growth Fund（成长型基金），更看重短期回报，也是投资比较成熟，金额尺寸比较大，回报周期比较短的企业，而不是处于创业初始阶段的企业。而KPCB投资的案例大多以小搏大，通常都是在企业创业早期开始投入数额不大的几百万美元，而且投资的企业大多是对产业有重大突破的企业。这很符合周志雄的投资想法："我希望做的是，时间略微长点，倍数稍微高一点，特别有意思的案子。"

（张晶）

后　记

　　中共江西省委宣传部、江西省文明办、江西省教育厅、江西出版集团等有关单位自2006年起陆续编辑出版了《中外道德楷模100例》《中外道德警示100例》《中外和谐楷模100例》《中外创业传奇100例》《中外应对危机100例》《社会主义核心价值观100例》《中外应对网络舆情100例》《红色经典传奇100例》等单行本，旨在帮助和引导广大干部群众特别是青少年更加全面地理解和准确把握社会主义核心价值观、社会主义荣辱观、社会主义和谐观的深刻内涵，帮助和引导各级领导干部正确分析研判网络舆情，切实提高处置网络舆情和应对各种危机的能力。

　　本系列书出版后在读者中引起了热烈的反响，形成了鲜明的特色。为了使这套丛书能更好地适应市场的需求，方便广大读者的阅读，现将其统一整合为《100例经典系列丛书》，交由百花洲文艺出版社进行重新修订和再版。

　　由于编者水平有限，不足之处在所难免，敬请广大读者批评指正。

编　者

2016年11月

图书在版编目（CIP）数据

　　中外创业传奇100例 / 刘上洋主编. — 南昌：百花洲
文艺出版社，2016.8
　　ISBN 978-7-5500-1858-7

　　Ⅰ.①中… 　Ⅱ.①刘… 　Ⅲ.①企业管理－经验－世界
Ⅳ.①F279.1

　　中国版本图书馆CIP数据核字（2016）第182132号

中外创业传奇100例

刘上洋　主编

出 版 人	姚雪雪
责任编辑	童子乐
美术编辑	方　方
制　　作	张诗思
出版发行	百花洲文艺出版社
社　　址	南昌市红谷滩新区世贸路博能中心一期A座20楼
邮　　编	330038
经　　销	全国新华书店
印　　刷	江西千叶彩印有限公司
开　　本	720mm×1000mm　1/16　印张　25.25
版　　次	2017年1月第1版第1次印刷
字　　数	366千字
书　　号	ISBN 978-7-5500-1858-7
定　　价	35.00元

赣版权登字　　05-2016-253
版权所有，侵权必究

邮购联系　　0791-6894736　　邮编 330008
网　　址　　http://www.bhzwy.com
图书若有印装错误，影响阅读，可向承印厂联系调换。